国家教育部普通高等学校人文社会科学重点研究基地华东师范大学基础教育改革与发展研究所研究项目

世纪之交中国基础教育改革研究丛书

全国教师教育课程资源推荐使用资源

叶 澜 主编

叶 澜 白益民
王 枬 陶志琼 著

教师角色与教师发展新探

JIAOSHI JUESE YU JIAOSHI FAZHAN XINTAN

教育科学出版社

·北京·

总　序

为了基础教育的明天

叶　澜

　　"世纪之交中国基础教育改革研究"丛书终于与读者见面了。用"终于"一词，是因为从策划到丛书中第一批著作的出版，足足经过了五年时间，这完全不是因出版社的拖拉，恰恰相反，是教育科学出版社的耐心与期望，促成了这套丛书在两个世纪的交界之年诞生，使丛书的冠名获得了时间上的真实。在此我要深谢教育科学出版社的领导与责任编辑。用"终于"一词，还因为我如获重释。近五年内本人先后担任了两套丛书的主编，前一套是由上海教育出版社出版的"教育学科元研究"丛书，它是为"教育学科的明天"而作的六本著作的集合，被我称之为理论研究的"上天工程"；后一套就是这一"世纪之交中国基础教育改革研究"丛书，它是为"基础教育的明天"而作的七本著作的集合，被我称之为实践研究的"入地工程"。就其策划的时间而言，两大"工程"有前后，但就最终交稿的日期而言，则都在2000年的下半年。这意味着我在合作研究者的鼎力支持下，实现了教育研究"上天入地"的心愿。我将以充实而轻快的步伐，跨入21世纪。这怎能不让我呼一口长气，说一声"终于"呢？

　　在这套丛书编写的五年中，中国的基础教育有了喜人的发展，它不只是表现在数量的达标和质量的提高，更重要的表现是一支为基础教育的明天，在一定意义上，也是为中华民族的明天去探索、创造的队伍正在日益壮大。我们，参与这套丛书编写的研究人员，只是这支大军中的一个小分队，其中的每一个人都是自己学术领域中的奋斗者。我们还都是华东师范大学的毕业生，是"为了基础教育的明天"再一次走到一起来了。这套丛书也可看做是我们对母校培育的一份答谢，用不倦地学习、探索和创造写下的时代教育问题的答卷。丛书的出版正值华东师范大学迎 50 周年大庆之际，请母校接受我们这份用心血凝成的奉献。

本套丛书的七本著作涉及基础教育不同层次和诸多领域的改革，大致可分为三组。《新基础教育论》与《中国基础教育改革的文化使命》两本著作是从总体上，用历史、现实和未来的长"时间镜头"对基础教育改革的探究，可视为一组。《课程改革与课程评价》及《重建学校精神家园》两书又是一组，它们涉及的是学校教育中两个最为重要和基本的方面。关于学生与教师的研究组成了第三组。《学生自我发展之心理学探究》一书旨在揭示学生发展中作为内在力量的"自我"之形成，这是 21 世纪基础教育要培养具有主动发展生存意识和能力的人，所必然面对的一个新的重要问题；对于教师，未来新的基础教育的真实创造者，我们给予更多的关心。《教师角色与教师发展新探》，从道德、专业发展和美学的角度，对教师这个古老的职业作了时代的诠释。《学校教育研究方法》则是为帮助教师成为研究者而作。在一定的意义上可以说，这套丛书中的每一本都是为教师而写的。我们深信，没有教师的创造性劳动，就不可能有新的教育世界，而教师只有进行创造性的劳动，才会体验到职业的内在尊严与欢乐，才能在发展学生精神力量的同时，焕发自身的生命活力。

本丛书的撰稿人都力图在理论与实践的深度结合上，在体现立足现实、面向未来、锐意改革的精神意向上，体现该丛书之共性。我们现在能说的只是"都已尽力了"。我们期待着丛书的面世能引来志同道合者、批评者和帮助者。但愿我们的丛书能给读者送去新意和心意，能为中国基础教育改革添上一把力，抹上一缕新世纪的亮光。

目　录

1

第二编 教师审美论

第三编 教师发展论

导论

新世纪教师角色形象的再思考

这是一本与未来教师探讨关于教师职业的生命价值的著作。在此，我们研究的重点不是放在"育人"这一通常被人关注的教师研究的热门主题上；而是放在教师如何"育己"这一通常被人忽视，然而却是对教育质量、教师的生命质量具有决定性意义的问题上。这不仅是因为有关"育人"的研究在我们这套丛书中已有论述，更因为我们坚信，没有教师的生命质量的提升，就很难有高的教育质量；没有教师精神的解放，就很难有学生精神的解放；没有教师的主动发展，就很难有学生的主动发展；没有教师的教育创造，就很难有学生的创造精神。总之，教育是一个使教育者和受教育者都变得更完善的职业，而且，只有当教育者自觉地完善自己时，才能更有利于学生的完善与发展。

自然，教师的"育己"不是单指，或者说主要不是指那种脱离了职业实践的自我修养，这是对人生价值有追求的人都会去做的事。我们这里的"育己"，是指教师在职业实践中对完美职业角色形象的探究和实践，思考与行动。对于新世纪来说，新教育需要有新型的教师，同样也会孕育出新一代的教师。谁越早意识到这一点，谁就会把握职业生活中发展的主动权，谁就会在职业生活中创造和享受到教师这一特殊职业内含的欢乐和尊严。探究教师角色的新形象，就是为了重新认识教师职业，重建教师职业的角色形象，在一定意义上，也是为了重建教师职业的生命内涵。

全书由导论、教师德性论、教师审美论、教师发展论和结语五部分构成（一头一尾由叶澜撰稿，中间三部分分别由陶志琼、王枬、白益民撰写）。导论涉及到对教师职业内在价值的认识和新世纪专业形象的总体概述；第二、三、四部分是分述；结语是对教师如何实现发展的阐述，这是从现实出发走向更好的明天的道路之探索。虽然五部分由四人合作，但中间三部分的作者都是叶澜的博士生，所写内容是他们博士论文的组成，所以，学术精神上有着密切的相关性，并非拼凑之作，这是我们师生共同对自己从事的职业反思和探究的产物。以上是有关本书写作动机、特点和构成的简述，作为序之序列在最前。

一、教师职业的内在尊严与欢乐

这是一个看起来有点抒情，但实际上很实在，很值得每一位教师深思的问题。它关涉到教师职业价值的问题，关涉到社会尊师和教师自尊的深层依据，还关涉到教师群体的职业自我意识的问题，它是我们每个正在当教师，以及还将继续当教师和可能选择当教师者，都需要自问的问题：为什么选择当教师？当教师究竟意味着什么？

（一） 历史的反思

一种职业是否具有尊严与欢乐，具有怎样及何种程度的尊严与欢乐，一方面与职业本身创造的价值及其劳动性质相关，同时也与社会对这种价值、性质的认同与需求状态相关，还与从事这一职业群体的职业自我意识，以及他们用自己的事业实践创造出的社会职业形象相关。需要强调的是，对于同一种职业，这三方面不仅在不同的社会历史时期、不同的国家呈现出不同的状态与关系，而且在同一国家的同一历史时期，这三方面虽相关但并不完全一致。可见，这是一个相当复杂的问题。我们首先需要历史的眼光。

联系到教师职业，从中国的历史来看，总体上具有"尊师重教"和维护"师道尊严"的传统，尽管在一定的历史时期有过起伏。但是深入分析一下就会发现，几千年来，对教师职业的价值认识主要停留在社会功能上。所谓的尊师，主要只是看重这项职业承担的社会功能。简单地说，"尊师"只是为了"重道"和重"教化"。

中国先秦儒家中，荀子是明确提出"尊师"之说的代表人物。他把教师的地位提到与天地、先祖及君主并列的高度，言称："天地者，生之本也；先祖者，类之本也；君师者，治之本也。"① 荀子认为教育具有教化人的作用，所以他强调："国将兴，必贵师而重傅；贵师而重傅，则法度存。国将衰，必贱师而轻傅；贱师而轻傅，则人有快，人有快则法度坏。"② 古代先秦儒家的教育名篇《学记》则把师与道的关系概括表述为："师严然后道尊，道尊然后民知敬学。"③ 还进一步提出"能为师然后能为长，能为长然后能为君"，④ 把能否当好教师与仕途直接联系起来了。主张教书育人，以法治国的法家代表人物之一——韩非，干脆用"法"代替"道"、以"吏"代替"师"，提出了"以法为教"、"以吏为师"⑤ 的鲜明主张。虽然，法家所说的"法"与"吏"大不同于儒家的"道"和"师"，但是儒法两家关于教育者在治国、重道、教化、强法中的工具价值的认同却是一致的，而且法家用直接等同的简单化方式，更清晰地体现了教育者对于统治者的社会工具价值。

此后几千年的封建社会，朝代虽有更替，但教师职业的上述工具价值并无大变，随着历史的延伸，还逐渐形成了一套保障教师职业工具价值实现的官学、官教相通的制度与机构。因此，在中国封建社会中，与朝廷政治相关的教师的社会地位、实际生存状态，与兴什么道、统治者对所传之道的态度及需求程度紧密相关。一系列的制度、政令，甚至把教师个人的生命安危、富贵沉沦都与"道"系在一起。秦朝的"焚书坑儒"是"师"因"道"之变而丧命定罪的悲惨一例；汉朝由董仲舒提出并得以推行的"兴太学、置明师、以养天下士"⑥ 的决策，则是"师"随"道"兴的光明一例；身处后唐的儒家道统的捍卫者韩愈，写下传世名篇《师说》。他提出的"师者，传道、授业、解惑也"⑦ 的教师职业定位，作出的"道之所存，师之所存"的

---

① 孙培青、李国钧主编：《中国教育思想史》，第 1 卷，79 页，上海，华东师范大学出版社，1995。

② 同①，93 页。

③ 同①，93 页。

④ 同①，192 页。

⑤ 同①，255 页。

⑥ 同①，538 页。

⑦ 同①，538 页。

判断，还是强调"师"对于"道"的依存关系，但韩愈却因此而受毁，这可看做是为"兴道"而强调"重师"，并因提倡"重师道"而"遭毁谤"的奋斗一例。

可见，在中国古代历史上，具有大儒身份并有重要社会影响的知识分子对教师职业价值认识的基调是一致的，即强调"师"对于"道"的工具价值。虽然他们所持的"道"各不相同，也并不都与统治阶级所提倡的"道"、日常生活世界上所实践的"道"相一致，有的甚至还是激烈的反抗者，但都不否认"师"对于"道"的依存关系。这种认识对非官学系统的，处在中、下层教育机构中的教师具有统摄作用。尽管他们的社会地位不能与前者相提并论，但受到的文化浸润却为同质，故不太可能在对"师"与"道"的关系认识上与前者有本质的差异，即使有，无论在当时或后世，也不会产生大影响。只是在中、下层的教师那里，教职还具有维持生计的实用价值，他们对政治的关切大多不如前者，自然其中也不乏有志者，心存着有朝一日"中举升官"的不灭愿望。

"废科举，兴学校"拉开了中国近代教育的序幕。政治和教育制度的变化，使教育同时也使教师职业的价值发生了一系列变化。

首先，教师职业中不再存在政府官职的教职，有官职者若在大学任教只是兼职教师。普及教育的提倡，中小学的大量开设，师范教育的兴办，使教师群体的数量也大增。因此，教师作为一个独立的专职社会群体在组织上出现并逐渐得到强化。组织上的"官"与"师"的分离，对于教师群体职业意识的独立性和民主意识的产生具有基础性意义。

我们可以在近代教育家的言论中更集中和清晰地看到这一点。蔡元培先生明确主张教育独立于政党、独立于教会，提出"教育事业当完全交与教育家，具有独立的资格，毫不受各派政党或各派教会的影响"①。他在担任北京大学校长期间，要求北大的教授不谋官，力除大学的封建官僚习气。他对学生看轻专职教师，看重官员兼职教师，试

---

① 孙培青、李国钧主编：《中国教育思想史》，第 3 卷，166 页，上海，华东师范大学出版社，1995。

图通过此类师生关系获得升官之道十分不满，明确指出大学是研究高深学问的地方，而不是升官发财之阶梯。在学校行政管理上，蔡元培主张教授治校、兼容并蓄，这是对封建政治之道的文化专制主义的强烈冲击，无论在组织上和思想上均如此。

第二，近代教育在教育内容上的重大更新，分科教学得以加强。这使教师职业中传授学科的知识意识得到强化，对学科知识的掌握和具有教授这些知识的能力与方法，成为教师能否具有教职的基本条件。因此教师群体作为学科教师，即"师"与"学科"的关系意识加强，出现了与古代教师"传道"有所不同的"业务"意识以及作为"专业教师"的意识。需要指出的是，这里所说的"专业"不是指把教师职业本身作为"专业"，而是指教师承担课程所属的学科专业。师范学院（大学）分学科培养专业教师的体制，也强化了教师的学科专业意识。这种专业意识强烈程度与教师在何处任教相关。小学相对最弱，大学相对最强，这在一定意义上可以说教师传授科学文化的职业价值得到突现并被教师群体所认同。当职业教育产生和发展以后，相关教师的"业务"职能，还包括技术知识与技能的传授。

专业意识同样反映在思想家、教育家有关的言行之中。如孙中山先生主张"文学渊博者为师"①、"惟必有学识，方可担任教育"②，因为学生的学识之进退与教师相关。蔡元培先生在北大延聘教授，最重要的是看"学术造诣，若学术水平低，则不管有何背景，均辞退"③。这些均可视为典型的代表。

第三，从不同的政治立场出发，强调教师职业的社会价值。这在近代思想家和教育家的著述中表现得十分清晰，它常常与教育职能、目标的变革直接相关。如近代早期改良主义思想家郑观应的"教育为立国之本，国运之盛衰系之，国步之消长视之"④ 的高论，并力主办新式学校、育新式人才。北大首任校长严复则视教育为"教民主"、

---

① 孙培青、李国钧主编：《中国教育思想史》，第3卷，147页，上海，华东师范大学出版社，1995。

② 同①，148页。

③ 同①，159页。

④ 同①，78页。

"开民智"、"新民德"的主要手段。梁启超把新民的培养看做是能否进行政治改革的基础，教育应以造就国民为目的。为了达到这个目的，他积极倡导兴师范教育，培养新型师资。因为"师也者，学子之根核也"①，"欲革旧习，兴知学，必以立师范学堂为第一义"。② 孙中山先生称"教育者，乃引导人群进化者"③，而"教育进步，以政治为基础"，所以"教育，随政治为转移"。他视教育为革命之重要武器，建设一个新地方，也首在办教育，"非学问无以建设"。在国难当头之时，他大声疾呼"教育家须谈政治、理政治、引导人民谈政治"④，同时也把办师范视做教育之根本、当务之急。蔡元培先生的教育目标是养成共和国民健全之人格，他是按这种新型国家的标准来设计教育，新型国民也是他期待的中国新型理想共和国实现的基础，教师的状态、水平是能否培养出这样的新型国民的决定因素。胡适先生也强调，"教育是立国之本，亦为施行民主政治之基础"⑤，他自己身体力行，立志终身从事教育活动，在近代基础教育和高等教育领域中推行了多项改革，以实现他的强国富民和西方民主政治的理想。除此以外，还有国民党的党化教育，要求老师成为"一个党、一个主义"的信徒，并在学校中积极实施。

以上所述，显示了近代中国社会对教师社会价值的认识。与古代相比，进步的思想家、革命家已经关注到民生、民主、国强、国富等有关民族与国家独立、富强的社会发展问题，而不是只强调与统治者利益密切相关的"道"与"法"的问题。即教育者的社会价值由为君转向为民、为社会，这是教师职业社会价值的扩展和转向，是当时中国社会、教育变革带来的重要进步，但一旦反动、专制政治势力掌握了政权，依然会要求教师发挥作为维护、巩固统治阶级利益工具的

---

① 孙培青、李国钧主编：《中国教育思想史》，第 3 卷，122 页，上海，华东师范大学出版社，1995。

② 同①，122 页。

③ 同①，141 页。

④ 孙培青、李国钧主编：《中国教育思想史》，第 2 卷，148 页，上海，华东师范大学出版社，1995。

⑤ 同④，223 页。

作用，与封建社会在这方面的要求并无本质差异。

从中国近代与古代关于教师职业价值认识与实践的差异中可以看出，时代、社会的进步在对教师职业价值认识上发展的积极作用。但是，若从更抽象的角度，即从重视职业什么性质的价值看，近代社会对教师职业价值依然主要还是强调其对于社会的工具价值。只是这种价值由古代的传道变为近代进步人士提倡的传播科学、文化和知识，富国强民的技术；由服务于培养官僚和臣民，发展到培养推动社会发展进步、能参与民主政治的新民。至于教师职业对于从业者的内在价值问题，并未被尖锐地提出和进行过认真探讨。自然，教师群体在这方面的职业自我意识也不可能广泛觉醒。对教师职业工具价值的看重和职业性质属传递性的判断，作为历史的传统，深深地烙在我国教师的职业意识和形象中。作为历史的传统，它依然存活在今日的中国，以当代的形式和内容存活着。它妨碍了教师及人们对这一职业内在价值和劳动本质的思考和发现，因而也谈不上这一职业的内在尊严与欢乐的发现和体验。这是社会、时代造成的历史局限，而它的打破，也离不开社会与时代的进步。

（二） 现实的透析

中华人民共和国成立以来，社会政治进步与教育的发展就总体而言超过了以往任何时期。一解放，教师作为人民教育事业的主要承担者，被称为"人民教师"，获得了与其他劳动者同样的主人翁地位。教师职业对于社会的工具价值在内容和性质上都发生了变化。教师群体与其他职业群体之间形成了共同为自己的国家繁荣昌盛作出贡献的合作关系，同时也形成了相互交换自己的劳动，取得应有报酬的平等关系。这是政治制度的变革带来的教师职业劳动政治性质的变化，是教育劳动主体政治地位和社会地位深刻的翻天覆地的变化，它带来了教师工作热情的空前提高，也促进了教育质量的提高。

但是，由于解放初到文化大革命前这一段时间，中国社会的经济发展水平处在以农业为基础、向工业经济发展的阶段，社会主义计划经济的体制、生产力主要以人力为主的特征，社会产业结构相对稳定，技术进步缓慢等因素，使中国社会对人的培养并未提出超越近代工业社会经济发展水平的新业务要求，对教师劳动在智力上也没有提出新的要求。所以，与历史相似，社会、人们看重的依然是教师劳动的外在社会价值，依然把这种劳动的性质看做是传递性而非创造性的工作。在这一点上，体现了历史的传承而不是变革。所以，尽管社会赞美教师，但人们歌颂的只是他们对学生的爱心、默默无闻的奉献，像红烛一样燃烧自己照亮别人，像园丁一样用心血、汗水浇灌幼苗，像春蚕那样到死丝方尽，"红烛"、"园丁"、"春蚕"成了教师的象征；人们歌颂的只是老师为他人成长，对社会发展作出无私奉献的高尚精神，从而把老师职业的意义从现实提升到神圣。当然，这些歌颂无疑是必要的、也是教师受之无愧的，它反映了教师基本生存状态。但是，这些歌颂并未涉及到教师职业劳动对教师本人现实生命质量的意义；并未涉及到教师能否在日常的职业工作中感受到对自己的智慧与人格的挑战、对自己生命发展和生命力展现的价值，感受到因从事这一职业带来的内在尊严与欢乐的满足。所以，这种歌颂并不带来人们像对富有创造性的专业工作人员那般的尊重。尽管舆论宣传时常以一件件生动的事例，模范教师的个人事迹教育民众与教师，但是讲究实惠的人大多不选择当教师。他们主要看到的是大多数教师的辛苦与烦恼，生活缺乏休闲与情趣，换来的报酬也不高。对一些在事业上有高追求或才智优秀的人来说也不会选择当教师，因为在他自己和他人眼中，教师职业并不是实现高追求和需要优秀才智的职业。这是时代、社会对教师职业价值和劳动性质的局限，在人们、乃至在教师群体心中的折射。教师职业的尊严和欢乐，主要取决于社会公众的外在承认和给予，取决于过程的结果而不是过程本身；它是用其工具价值换来的。无产阶级文化大革命"非常十年"中教师遭受的灾难，在一定意义上从反面证实了这一点。当时由于教师被判定为资产阶级知识分子，作为反革命修正主义教育路线服务的人而被打倒批臭，不仅正常的工作权利被剥夺，而且人格受到侮辱。这表明，一旦教师职业外在的工具价值被否定，由外部给予的尊严与欢乐就会丧失殆尽。然而，教师职业的社会价值像其他职业一样是不可缺少的，"四人帮"时期的反对与否定，只是出于政治斗争的需要，他们希望确立的是服从于他们需要的教师工具价值。因此,随着文化大革命的结束,教师职业所固有的外在社会工具价值就得到了恢复,并给以加倍的重视。

粉碎"四人帮"后的中国,经过了 20 世纪 70 年代末的整顿恢复,很快走上了经济发展的新时期。经济发展还需要知识与人才,需要教育事业的加强与发展。为此,政府采取了一系列措施来调整、提高教师队伍的质量及积极性,从政策、经济及舆论上为教师多方面地位的提高作出了有力度的、持久的努力。"尊师重教"的口号又被响亮提出。邓小平同志关于知识分子是工人阶级一员的提出,使教师从窘困的生活状态中逐渐的、一部分一部分地走出。1985 年政府设立了"教师节",以此方式表示对教师劳动的尊重、促进社会上尊师重教风气的形成。这一切我们可以把它看做是对文化大革命造成的损失之弥补、创伤之弥合,是为未来经济、社会发展作的积蓄。但此时,对教师职业价值的认识并未有大的突破性的进展。人们还是按照习惯的模式歌颂教师,教师还是按照认同的职业意识,辛勤地工作。所以,当 20 世纪 80 年代末 90 年代初,改革开放、市场经济的浪潮在中国汹涌而起时,教师队伍又面临一次从未遭遇过的冲击,那就是市场经济体制带来的教师队伍人员的流失。教师"跳槽",成了当时热门的话题。教育部门、学校也采取过不少措施,想刹住这股"跳槽"风,但是并无大的作用,结果是想跳、能跳的都跳走了,不想跳、不能跳的留下了。有些人曾感慨地说,教师队伍中能干的差不多都走了,不能干的也走不了。这话虽然不完全正确,因为在不走的人中确实有一批不是不能跳,而是不想跳的人,他们热爱教师这个职业,但这类话和存在的事实,却不得不让我们思考这个问题,为什么人才流动的政策一执行,会有那么多人要离开教师职业?尤其是为什么其中有一批能干的人要离开这个职业?他们只是为了金钱和物质待遇吗?是的,我们曾这样认为过。也采取增加工资、解决住房等措施来增加教师职业的吸引力,国家领导人也呼吁全社会都要尊重教师,要让教师职业成为吸引优秀人才的职业。近些年来,由于发展社会主义市场经济的力量加强,国民经济结构调整的步伐加快,不少企业下岗人员激增,教师职业在人们心目中的"行情"见涨,广州市竟出现了 1 个教师职位 60

人竞争的局面，新闻记者就以"教师职业吃香，优秀人才千方百计挤入行"① 为标题在头版报道。这不禁让我们要问，争教位的人究竟是为何而来？其中真的都是优秀人才？教师职业究竟需要怎样的优秀人才？近十年来随着经济大潮起落而起落的教师队伍的变迁，使我们不得不思考、不得不重新认识与教师职业本身价值相关的一系列问题。

20 世纪 90 年代以来，中国社会进入了加快由近代向现代、由计划经济向社会主义市场经济转型的重要历史时期。信息全球化、知识经济勃发、科技发展加速等一系列时代风劲吹中国大地，使生活和感受到这个时代的每一个中国人，都企盼着新世纪中国有一个新的飞跃。教育在发展经济、增强综合国力、提高民族凝聚力和国民素质、培养一代新人和现代社会发展所必须的各种人才中的重要性被凸现出来。未来社会需要怎样的新人，成了社会发展所必须要清晰的问题。要培养出新的高质量人才又必须提高教师队伍的素质，必须吸引优秀人才充实教师队伍。为此，1993 年 10 月 31 日，第八届全国人民代表大会常务委员会第四次会议通过了《中华人民共和国教师法》，第一次以法律的形式规范了教师职业的性质、权利、义务、资格、作用、培养、培训、考核、待遇、奖励、法律责任等一系列方面。这部《教师法》，不但表达了政府要提高教师队伍质量和保障教师工作、生活条件的殷切心情，而且第一次用法律的形式指出了一些反映时代对教师职业的新认识和新要求。

首先，该法指明"教师是履行教育教学职责的专业人员"。与此相应，它首次提出了"国家实行教师资格制度"，并实行"教师职务制度"和逐步实行"教师聘任制度"② 以保证和提高作为专业人员的教师队伍的群体素质。这是对教师职业属专业性质的重要规定。是我国政府关于教师职业性质认识的重大进步。

第二，该法把教师的职责表述为"教师承担教书育人、培养社会主义事业建设者和接班人，提高民族素质的使命，教师应当忠诚于人民的教育事业"③。并通过具体条例，突出了老师传授科学文化，对学

---

① 《广州日报》，1999-11-08。
② 《中华人民共和国教师法》，第 2 章，第 7 条。
③ 同②。

生、社会、民族和人民教育事业的社会责任，对政府承担的义务。也赋予教师在专业领域内进行教育活动、开展教育改革；从事科学研究；参加专业学术团体和发表意见；参与学校管理以及指导、评定学生学业与发展等作为专业人员的权利。这些规定，尤其是有关权利方面的规定，反映了政府对教师作为专业人员的专业权利的认识与尊重。这在以往有关教师的论述中至少是不多见的。人们习惯于从义务的角度去规范教师，而较少思考或研究在教师的职业工作中，应该享有的权利，尤其是作为专业人员的权利。我认为，这是该法最具有历史性突破的重要贡献之一。特别是其中提到的教育改革、科学研究和专业活动等方面的权力，它突破了历来把教师专业活动主要局限在传授已有文化知识的范围内，显示出对教师劳动性质认识的发展。

1998 年 12 月我国教育部颁发了"面向 21 世纪教育振兴行动计划"，其中包括为大力提高教师队伍整体素质的"跨世纪园丁工程"，都突出了提高教师基本学历、加强在职教师的职后培训和加强骨干教师的培养等一系列工作。这与世界各国为提高教育质量，纷纷加强、提高教师队伍质量的措施力度的趋势相一致。1999 年 6 月举行了全国教育工作会议，会后中共中央国务院发表了《关于深化教育改革全面推进素质教育的决定》。决定中明确提出"实施素质教育，就是全面贯彻党的教育方针，以提高国民素质为根本宗旨，以培养学生的创新精神和实践能力为重点，造就有理想、有道德、有文化、有纪律、德智体美等全面发展的社会主义事业建设者和接班人"①。这是对 20 世纪 90 年代以来提出并大力推行的"素质教育"以中央重要文件方式所作的正式完整阐述，其中突出了培养学生创新精神和实践能力这一当今社会发展对人才提出的新要求。与此相应，在文件中还提出了对教师政治、思想、道德与业务素质等方面的要求，其中包括教师要遵循教育规律，积极参与教学科研，在工作中勇于探索创新等方面。显然，这是与贯彻素质教育密切相关的必议之题。文件在谈到对校长的要求时，也明确指出，校长"要率先转变教育观念，把领导教职工创造性地实施素质教育作为重要职责"，再一次突出了对学校工作、教

---

① 中共中央国务院：《关于深化教育改革全面推进素质教育的决定》，1999-06-23。

师劳动在创造性方面的要求。

由此可见，20 世纪 90 年代以来，我国政府对教师培养学生创造性以及与此相应的教师劳动的创造性方面的要求越来越强调。这是前所未有的现象，但却是人类文明、科学技术发展到今天的必然要求，是时代、社会发展到今天的必然要求，也是中华民族要改变在世界上处于落后贫穷地位的必然要求。我们做了一百年的强国梦，我们为此奋斗了一百年。一百年来，中国一次次地发出教育救国、教育兴国的呼唤。今天，历史的呼唤又一次在当代中国的上空回荡。然而，这并不是简单的重复，它加上了时代的强音：呼唤创造性！人们开始认识到，教育在今天，不能还只停留在完成传递文化、知识、技能上，停留在让学生只知学与继承，不思也不会创造的水平上。把学生生命中探索的欲望燃烧起来，创造的潜能开发出来，让他们能拥有一个充满信心、勇于开拓发展的积极人生，树立为中华民族的伟大复兴而奋斗的高远志向，才是当代中国教育特有的历史使命和社会价值。与此同时，教师劳动的创造性和作为教育专业人员的教师，其自身的创造意识和创造能力的问题也以从未有过的鲜明方式突现出来了。因为，"一个墨守成规的教师对于学生创造性的发展无疑是一种近乎灾难的障碍"①。

（三） 创造：教师职业内在
尊严与欢乐的源泉

论述至此，我们欣喜地看到，从教师职业的社会价值上看，仅停留在关注外在工具价值的局限开始冲破。正是当代中国进行着的深刻变革，正是当代人类社会信息、知识、科学、技术等方面的发展，为教育这个古老的事业，注入了"创造"这一强大的新的生命；正是对教师培养具有创造精神和能力的人的要求和对教师工作中创造性的要求，让我们找到教师职业对于社会而言的外在价值，与对于从业者教师而言的"内在生命价值"之间统一的基点，找到了教师可能从工作

---

① 叶澜主编：《新编教育学教程》，15 页，上海，华东师范大学出版社，1991。

中获得"外在"与"内在"相统一的尊严与欢乐的源泉，那就是两个赫然的大字——创造！

马克思在论及职业选择时，曾写过一段令人难忘的名言："能给人以尊严的只有这样的职业——在从事这种职业时，我们不是作为奴隶般的工具，而是在自己的领域内独立地进行创造。"[①]　显然，中华人民共和国成立以后，教师就不再是作为"奴隶般的工具"在工作。但到目前为止，就整体状态来看，我们这支队伍中的大多数人，恐怕还远未达到"在自己的领域内独立地进行创造"的水平。所以，重温和思考马克思的这段话，对于今天我们全面认识教师职业的价值，尤其是发现这一职业对于教师从业者而言的内在生命价值，是十分重要的。

我们认为，马克思的这段名言给予我们当前思考教师劳动价值的主要启发有两点。

第一，何以"独立地进行创造"的职业才值得选择？如果仅从这种职业的社会贡献角度去认识是远远不够的。在这里，马克思强调的是这种职业能给人以尊严。我以为给人以尊严的职业，是与人的生命的本质和高级需要的满足直接相关的职业，独立地创造，正是人的生命存在的本质方式，即使在生理学的层面上，生命的存在，也是通过个体与环境的能量交换，并以个体独立的方式，内在地完成新陈代谢这一生命物质转换的创造过程。人的智慧的发展、精神世界的丰富更是如此，没有可以不通过个体的经验、独立的体悟，就能完成将外在的知识、文化以及其他人的创造转化为自身的发展与成长。所以，说"独立地创造"是生命之树常青之源泉，决不是诗意的赞美，而是对生命本质的观照。同时，人的生命力也只有在创造活动中才能焕发，才能为社会作出了富有不可替代性价值的奉献。职业生活，是人成年以后生命活动的重要组成部分，其质量如何，在很大程度上决定了人的生命质量，同时也造就了个体的生命质量。因为，人怎样度过生命的日常方式，会决定人成为怎样的人。人要想成为有尊严的人，就应该选择富有创造性的职业，并作创造性的劳动去实现自己的生命价

———————

① 马克思：《马克思恩格斯全集》，第40卷，6页，北京，人民出版社，1982。

值，在创造性的劳动中，享受因过程本身而带来的自身生命力焕发的欢乐。

第二，马克思提出了一种新的择业立场。这对今日中国，在主体可以作出自主的职业选择的今天尤其有意义。他促使我们每一个已经选择当教师的人和可能选择当教师的人，都去思考这样的问题：你是否看到教师职业能给人带来的内在尊严？如果你已经认识到了这一点，那么，你的职业劳动的质量，是否已达到了因创造而获得内在尊严与欢乐的水平？这些问题，必将唤起作为职业主体的教师，反思和重建自己的教师职业意识和职业行为，使自己成为自觉创造教师职业生命和职业内在尊严的主体。如果没有这种反思和重建，即使社会提出了对教师劳动创造性的新时代要求，也不会自动地、自然而然地成为教师群体和每位教师的内在需要和实践。教师依然会停留在工具意义、外在价值水平上去从事这项工作。所以，职业生活的质量，不仅与职业性质、社会发展水平相关，还与每个人的职业自我意识与价值追求相关。正像在日常生活中，我们不难看到处在同一时空中的人，过着非常不同的生活：有的生活在没有今天的昨天，他们顽强地遵循着历史的规范；有的生活在没有明天的今天，他们不倦地追逐着时尚的翻新；有的生活在蕴含着明天的今天，他们坚定地用自己的生命，按自己理解和追求的明天，编织着不同于昨天的今天，他们的生命向着无限的可能性生活开放。他们的每一天，在创造人类文明的同时，也创造着自己的生命。在教师现实的职业生活中我们也能看到类似的差异，对教师职业价值的认识也有千差万别，但是，这一切都可能由我们通过观念的重建和实践的重创，向着使职业内在尊严得以体现和被更多的人体验的方向——这一符合时代发展和个人发展需要的方向转化。我在自己的教师生活中体验到，在当今的中国，教师完全可能成为富有时代精神和创造活动的人，教师是教育事业和人类精神生命的重要创造者。这项工作所面对的是成长中的、充满生命活力的青少年，教师若把"人的培育"，而不是把"知识的传递"，看做是教育的终极目标，那么，他的工作就不断地向他的智慧、人格、能力发出挑战，成为推动他学习、思考、探索、创造的不息动力，给他的生命增添发现、成功的欢乐，自己的生命和才智也在为事业奉献的过程中不断获得更新和发展。

我们深信在教师职业生涯中，"只有用创造的态度去对待工作的人，才能在完整意义上懂得工作的意义和享受工作的欢乐"①，才能使教师职业真正成为令人羡慕和富有内在尊严的职业，成为充满人类智慧和人性光辉的职业。

二、未来教师专业素养探究

未来教师的质量要求是对作为个体的教师之理想形象的探讨。它与教育一样，是一个古老而又常唤起人重新思考的话题。只要时代处在深刻变化的转折关头，人们在重新审视现有教育、找出它的问题、希望改变它的现状并赋予它新的使命的同时，总会提出教师质量问题，为教师重新画像。今日之中国正处在这样的时期。

21 世纪的来临，推动着中国教育的发展。教育界越来越深刻地意识到，新世纪对中国来说绝不只具有时间意义，更重要的是具有历史意义。20 世纪末，中国人民最终抛掉近代历史遗留给我们的"国耻"、"贫穷"、"落后"三顶沉重的"帽子"，挺直腰杆，大步迈入新世纪，谱写社会主义现代化的新历史。教育现代化蓝图的构建、对今日实践的积极改革，是这宏伟新篇章中的基石部分。近年来随着对基础教育新的质量要求与目标的明晰，随着课程、教材改革和学校内部教育、教学改革的深化，国内有关教师及教师教育的研究也日趋活跃。教师是教育改革的关键性因素的观点，越来越引起人们的关注。本文将集中讨论新世纪中小学教师的专业素养。因为，中小学教师是教师队伍中数量最大，对新一代的发展具有最广泛影响的人物，是 21世纪基础教育实现新的高质量的支柱，他们与民族未来的希望直接相关。

---

① 叶澜主编：《新编教育学教程》，15 页，上海，华东师范大学出版社，1991。

（一） 提高教师职业的专业意识

教师的专业素养是当代教师质量的集中表现，它应以承认教师职业是一种专业性的职业为前提。关于一种职业能否被称为专业，并不仅仅以学历或对业务提出一定的要求为标准。它是由与职业性质相关的综合性要求决定的，被公认的至少有三个方面的规定：首先，作为专业的职业实践必须有专业理论知识作依据，有专门的技能作保证。因此，从事专业工作的人员在任职前必须接受过规定的专业教育。同时，每一个专业还必须有与其他专业相区别的专业要求，方能具有独立专业的资格。第二，作为专业的职业属于公共事业，要维护服务者的利益，遵守职业道德。第三，作为专业的职业，在本行业内具有专业性的自主权。如对从业人员的聘用、解职、与专业业务相关的权力（如医生的处方权）不受专业外因素的控制。其表现形式有：专业工作者必须有专业资格证书，入职、聘用、解职有严格具体规定，专业内部有不同的职称以标志专业水平的差异，职称的晋升需经过专家评审等等。在上述三种标准中，我以为第一条是基本的，它直接决定了第三条。第二条反映了专业在社会系统中重要的社会价值、公众对它的需要和期望，因此专门提出了职业道德要求；但这种道德要求不是盲目的、靠宗教式的信仰就能实现的，它要求从业人员对自己职业的性质和意义有深刻的理性认识，从而能自觉实践，做到自律；所以，实际上与第一点的要求是依然相关的。除此之外，我们还必须看到，一种职业能否被称为专业，并非由职业内部自封即可，它是由其自身的性质决定的，与已经达到的发展水平密切相关。同时，只有被社会需要和认同，并确立了一整套制度后，才会真正获得专业地位。若某种职业从性质上看具有专业的意义，但实际专业化程度却不够，往往会被称为"准专业"，尚需经历一个专业化过程。

在对专业标准有了一般理解后，我们就有可能进一步讨论教师职业的专业性问题。随着社会的发展，人类对教师的需求与重要性的认识日益加强，在当今的时代更是达到了空前的程度。与此同时，社会对教育工作的复杂性之理性认同，也随着教育自身的发展而日益加强。1966年，国际劳工组织、联合国教科文组织发表的联合建议《关于教员地位的建议》中明确写到："教育工作应被视为专门职业（profession）。这种职业是一种要求教员具备经过严格而持续不断的研究才能获得并维持专业知识及专门技能的公共业务；它要求对所辖学生的教育和福利具有个人的及共同的责任感"①。在这里我们看到的是关于教育应该是专门职业的强调。20年后，在1986年美国卡内基教育和经济论坛"教育作为一个专门职业"工作组，引起世界广泛注意的报告——《国家为培养21世纪的教师作准备》中，人们看到的则是作为一个发达国家，为提高教育质量，促进经济发展，对提高教育职业专门化和提高教师专业水平上的强烈愿望，以及如何提高教育的专业化水准的积极建议。报告在"概要"部分集中表述了这些意向："美国的成功取决于更高的教育质量——取得成功的关键是建立一支与此任务相适应的专业队伍，即一支经过良好教育的师资队伍。要赋予他们新的权力委以新的责任，面向未来，重新设计学校。""为了建立这样一支专业队伍，……工作组号召在教育政策上做如下幅度较大的变革。建立一个全国教学标准委员会，……它负责确定教师应达到的高的应知应会标准，并为达到标准的教师颁发证书。""改组学校，为教师提供一个良好的教学环境，使学校充分享有决定最好地满足州和地方对儿童培养目标要求的权力。同时学校对学生的进步负责。""把取得文、理科学士学位作为学习专业的前提条件。""使教师的薪金和职业前途能够堪与其他专门职业人员的工资和职业前途相匹配。"② 从以上较为详细摘录的引文中，我们不仅看到了"专业"标准在教育中的一种具体表现，而且看到提高教育专业化水平，即使在美国这样一个发达国家，也是非常迫切且有大量工作要做的。这在相当程度上反映了世界教育发展的共同趋势。

在国内，教师职业的专业化还只处在初级阶段。尽管对教师就业

---

① ［日］筑波大学教育学研究会编，钟启泉译：《现代教育学基础》，443页，上海，上海教育出版社，1980。

② 国家教育发展与政策研究中心编：《发达国家教育改革的动向和趋势》，第2集，265~266页，北京，人民教育出版社，1987。

的学历标准早有规定，并且已列入了教师法，但与国际上不少国家，尤其是发达国家比，标准偏低。即使如此，还有相当数量的教师未达标。1995 年教师资格证书制度的确定是教师职业走向专业化的重要步骤，但该制度的实施与完善尚需时间。党和政府为提高教师的地位做了大量的工作，也收到显著成效，但与赋予教师职业的社会重任相比还不相称。从认识方面看，问题更为突出。在公众和社会舆论方面，对教师职业强调的要求主要是道德方面，诸如热爱儿童、有奉献精神、以身作则、认真负责等。对业务方面，突出的是传授知识的要求。中小学生所学内容的浅显性，使相当多的人并不看重教师作为专业人员的理论水平与特殊能力。再加上在市场经济大潮中多种消极因素的影响下，部分教师在敬业精神与师德方面的表现都有所滑坡，教师的形象在人们心目中原有的道德光亮也随之有所减弱。

在师范教育和教师继续教育方面，我们已有相当规模和多层次的教师教育体系，1997 年还开始了教育专业硕士学位的试点工作，说明教师学历层次的提高受到重视。但忽视教师职业专业化时代要求的倾向仍然存在，这与专业意识不清晰是直接相关的。办学部门、教育研究人员对教师专业性的一般概念与具体标准缺乏认真、广泛、深入的研究，在培养教师的师范学校教学计划中自然就难以全面体现专业目标要求，造成还是依传统的教师观去设计教师培养的方案，专业训练仅限于开设数量相当有限的教育学科课程与教育实习。在职教师继续教育中存在的是另一种倾向，偏重于围绕教材变化的学科知识再学习和教学方法、技能、备课等操作性训练。以上问题造成教师教育中职业专业性的功能未能得到充分发挥。其后果是：一方面，某些用人部门并不重视教师聘用过程中和就职后专业基本要求的达到和提高。有的人相信教师的成功是靠天赋和个人努力，有的人更相信高学历与一般能力在教师工作中的作用。另一方面，教师本人对职业缺乏专业感，缺乏以专业人员标准要求自己的方向感，有关教育行为的规范更多来自传统和上级。我们认为，后者是更值得引起重视的消极后果。它会导致即使努力工作的教师，也未必能对高质量的教育作出富有成效的贡献，导致教师自身的发展受阻。

由此可见，要建设一支能胜任 21 世纪中国基础教育重任的新型队伍，必须加快教师职业专业化的进程，深入研究对未来教师专业素养的要求，而提高教师的专业意识与水平，则是未来教师培养的核心任务。

（二）未来教师专业素养的基本构成

具体地说，我们探求的未来教师专业素养主要包括下列几个方面。

首先，未来教师应该具有与时代精神相通的教育理念，并以此作为自己专业行为的基本理性支点。教育理念是指教师在对教育工作本质理解基础上形成的关于教育的观念和理性信念。有没有对自己所从事的职业的理念，是专业人员与非专业人员的重要差别，也是未来教师专业素养不同于以往对教师的要求的重要方面。教育这个事业在 21 世纪将对人类社会、时代发展具有前所未有的普遍、持久、深刻的基础性价值，因此它要求从业人员有高度的自觉性、责任感和进行创造性的工作，尤其要求教师具有明晰和正确的教育理念。未来中小学教师的教育理念，主要是在认识基础教育的未来性、生命性和社会性的基础上，形成新的教育观、学生观和教育活动观。

基础教育是整个教育系统的奠基部分，不管时代如何变化，其基础地位是不变的，所变化的只是如何确定基础的立场和具体的任务。当代科学技术和社会发展的加速，使人们在确定基础教育的任务时更强调人对未来社会的适应能力，强调为人的终身学习与发展打好基础。因此，立足于未来、为了未来来确定今日之"基础"的涵义与基础教育的任务，成了当代基础教育与以往不同的特征，即未来性的特征。生命性在基础教育中特别被强调，因为基础教育的对象是处在人生童年期和少年期的学生。他们一方面年幼、缺乏生活经验，需要学习，一方面又处在生命中充满活力和潜力、多方面都需要发展和具有多种发展可能的重要时期。这是人生最集中的一段学习时期，对于每个人来说是十分宝贵但自己却不知晓其价值的时期。因此，教师在这一阶段的作用特别重大，他不只是影响学生发展的这一阶段，而且有可能对其一生产生作用。这是最需要优秀和出色教师的人生时期，需要珍爱生命、懂得生命的整体性和童年、少年期对于生命的独特重要价值，并善于开发生命潜力的教师。基础教育的社会性包括两方面的含义：一方面，基础教育的任务和内容要有助于学生认识社会、热爱本民族优秀文化传统，为未来社会培养合格和出色的公民。另一方面，基础教育和千家万户、生活社区、城市、农村有着千丝万缕的联系，因此向社会和全体公民负责，紧密依靠社会和社区开展工作是基础教育社会性的重要特征。对以上三个特性的认识为形成新的基础教育观、学生观和教育活动观提供了理性的依据。新的基础教育观是教育价值取向的定位。21 世纪的基础教育应把每个学生潜能的开发、健康个性（指个体独特性与社会规范性的有机统一）的发展、为适应未来社会所必需的自我教育、终身学习的意义和能力的初步形成作为最重要的任务。这与传统教育中把基础主要定位于基础知识、基本技能和技巧的训练有很大的区别。我们不仅强调基础知识等本身应随时代的变化而更新，更强调人与社会发展的需求在基础教育中的独特反映。"发展"作为一个中心词，在基础教育价值定向中应得到充分具体的体现。

学生观是关于教育对象认识的集中体现。传统教育中对中小学学生的看法，强调的是他们缺乏知识、能力和经验的一面，即主要看到的是学生的现在状态，而不是他的潜在状态、内在的积极性和发展的可能性；传统观念把学生发展的过程，主要看做是把人类已有的文化传递给学生的过程，忽视了学生作为学习主体的作用。新的学生观把学生看做虽有不足和幼稚，但却是具有旺盛的生命力、具有多方面发展需要和发展可能的人；具有主观能动性，有可能积极参与教育活动的人；把他们看做是学习活动中不可替代的主体。只有具备了这样的学生观，教师才不会把教育仅仅作为一个灌输的过程，把学生看做一个可装大量知识的瓶子，通过反复操练形成技能、技巧的人。除此以外，学生观还应该包括对学生差异性、个别性的尊重。正像美国全国专业教学标准署制定的优秀教师知识和技能标准中所指出的那样，"优秀教师热爱青少年，一心扑在学生身上，承认学生有不同的特征和禀赋并且善于使每个学生都学到知识。他们的成功在于相信人的尊严和价值,相信每个孩子内在的潜能。"①

教育活动是学校教育的实践方式,它是沟通教育理想"此岸"和学生发展"彼岸"的具有转换功能之"桥",是师生学校生活的核心构成。教师作为教育活动的策划者、承担者、指导者和评价者,必须围绕活动的目的与任务,为学生积极主动地学习,在学习中培养和发展能力,学会学习与创造提供可能、创设条件,使学生在活动中得到多方面的满足和发展,增强独立发现问题、解决问题的综合能力。

其次,未来教师的专业素养在知识结构上也不同于今日教师。它不再局限于"学科知识+教育学知识"的传统模式,而是强调多层复合的结构特征。

处于未来教师专业知识结构最基础层面的是有关当代科学和人文两方面的基本知识,以及工具性学科的扎实基础和熟练运用的技能、技巧。这是作为人类社会中知识分子的教师所必需的,也是要与充满好奇心、随时会提出各种问题的学生共处,并能进一步激发他们的求知欲、胜任教育者角色的教师所必需的,同时还是随着时代科学发展而不断学习、不断自我完善和发展的教师所必需的。在未来社会,每一个人,尤其是未来的教师都将是终身学习者,是精神生活的富有者,他应有强健的自然生命力——学习的需要、信心与能力。只有这样的教师才会从自己的生命体验中懂得终身学习的价值,努力在自己的教育实践中培养学生对学习的兴趣、习惯与能力。

具备1~2门学科的专门性知识与技能,是教师专业知识结构的第二个层面。两门学科的性质可以是临近、相关的,也可以是相距甚远的,由学习者根据本人的兴趣和能力进行选择。这部分知识是教师胜任教学工作的基础性知识。与非教师的其他专业人员学习同样学科的要求相比,教师有其特殊的专业要求。首先,教师应该对学科的基础性知识、技能有广泛而准确的理解,熟练掌握相关的技能、技巧。这不仅是因为不能把不准确和错误的东西教给学生,还因为只有在对知识和技能准确熟练掌握的基础上,教师才有可能花更多的精力去设计教学,在课堂上更多关注学生和整个教学的进展状态,而不是把注意

---

① 方燕萍编译:《教师应当知道什么、能够做什么》,载《教育研究信息》,1997(4)。

力集中到自己不要把知识讲错、习题做错上。其次，教师要对与该学科相关的知识，尤其是相关点、相关性质、逻辑关系有基本了解，这使教师有可能与传授相关学科的教师在教学上取得协调，在组织学生开展的综合性活动中相互配合。再次，教师需要了解该学科发展历史和趋势，了解推动其发展的因素，了解该学科对于社会、人类发展的价值以及在人类生活实践中的多种表现形态。这些知识的意义在于使教师能在教学中把学科知识与人类的关系、与现实世界的关系揭示出来，使科学具有更丰富的人文价值，同时也能激起学生发现、探索和创造的欲望，为人类和社会的发展作贡献的愿望。最后，教师需要掌握每一门学科所提供的独特的认识世界的视角、域界、层次及思维的工具与方法，熟悉学科内科学家的创造发现过程和成功原因，在他们身上展现的科学精神和人格力量，这对于增强学生的精神力量和创造意识具有重要的、远远超出学科知识所能提供的价值。上述四方面的要求都服务于教师教学的成功，使教师具有丰富的、扎实的知识底蕴，能在科学体系中把握自己讲授的学科，能使知识在教学中不只是以符号形式存在，以推理、结论方式出现，而且能展示知识本身发展的无限性和生命力，能把知识活化，在教学中真正实现科学精神与人文精神、理论与实践、知识与人生的统一，充分发挥学科知识全面育人的价值。

教师专业知识结构的第三个层面属教育学科类，它主要由帮助教师认识教育对象、教育教学活动和开展教育研究的专门知识构成。过去在教师培养中尽管也包括此类知识，但大多停留在一般理论与教学法方面，过于简单，并没有突出教师认识学生与教育工作所必备的知识。在这方面，未来教师要加强有关对象——人的认识、教育哲理的形成、管理策略、教育教学活动设计、方法选择、现代教育技术手段的运用及教育研究等方面的知识与技能。它们之必要都是由未来教师承担的工作和角色的丰富化决定的，也是与要求教师不仅是实践者，而且是研究者，教师不仅会教，而且有自己的教育追求与风格，能为教育事业和科学的发展作出创造性的贡献直接相关的。

教师专业知识结构的多层复合性，还体现在三层面知识的相互支撑、渗透与有机整合，而且这种整合了的专业知识表现为教师教育行为的科学性、艺术性和个人独特性，表现在教师精神生活的丰富性和发展性时，它才充分显示出教师作为一个专门职业对丰厚而独特的专业知识的要求，绝对不比其他专门职业低。

最后，当今社会赋予未来教师更多的责任和权利，提出更高要求和期望，教师要胜任就需要新的能力。在此，我们尤其强调下列三方面的能力要求。

第一，理解他人和与他人交往的能力。学校教育系统是一个人—人为主的工作系统。尽管随着教育技术手段现代化的加速，教师的部分工作将被计算机或其他技术手段代替，但是，学校教育作为人—人系统的本质不会改变，越是具有人性的丰富性的工作，机器越不能代替。技术手段的现代化恰恰是更强化了教师作为人的作用，其中最根本的是精神的沟通、情感的交流和个体人格的影响力。正是从这个意义上，我们强调教师理解他人和与他人交往的能力。这里的他人，首先是指学生。教师要实现有效的教育，要使学生积极主动地投入到教育活动中去，都离不开与学生对话和沟通，建立起你—我关系。教师还是群体中的一员，他需要与其他教师的合作。教师建立与家长合作和相互支持的关系、与社区各有关机构中人员的关系，都是形成教育合力和进行有效工作必不可少的。总之，教师的工作是为人、通过人与人之间的合作和共同活动，对人的发展产生积极影响的工作，故理解人和与他人交往的能力是最基本的能力。

第二，管理能力。这与前面提到的传统观点有共通之处，因为教师在学校教育活动中不可推卸地承担着组织者和管理者的责任。但我们理解的管理不只限于方法，首先，更重要的是按教育目的规划教育活动的决策与设计能力，这种能力对教育活动的有效性具有重要影响。其次是作为组织者与领导者的管理能力。对于教师来说，更要具有使管理本身也成为一种教育力量，把学生管理工作，变为锻炼学生、培养学生自我管理和团结合作能力的手段，变成让学生在为集体贡献过程中展现特长、发挥优势的舞台。教师具有这样的管理能力，就不会把学生仅仅作为管理对象，把他们管死，而是把学生组织起来，发挥他们每个人的聪明才智，为形成有利于每一个学生都得到生动活泼发展的集体，为人人能在集体中有自己的平等地位、能为集体作出自己的奉献，又能从集体中汲取力量、感受温暖、学会协作而共同努力。

第三，教育研究能力。具有科研意识、知识与能力，是所有专业人员的共同特征。因此提高教师职业专业化水平，必须强调有关研究能力的要求。以往对教育传递知识功能的强调，使人们忽视了教师工作的创造性特征。科研能力在此主要是指研究学生及教育实践的能力。教师的研究大量是结合自己的实践工作与对象开展的，因此，科研能力也是高质量教育和教师自身专业能力不断发展的必要条件。教师的研究能力，首先表现为对自己的教育实践和周围发生的教育现象的反思能力，善于从中发现问题、发现新世界现象的意义，对日常工作保持一份敏感和探索的习惯，不断地改进自己的工作并形成理性的认识。从这个意义上，教育研究成了教师作为专业人员的一种专业生活方式，他自己创造着自己的专业生活质量，这是教师在专业工作中自主性和自主能力的最高表现形式。教师研究能力的进一步发展则是对新的教育问题、思想、方法等多方面的探索和创造能力，运用多方面的经验和知识，综合地创造性地形成解决新问题方案的能力，这使教师的工作更富有创造性和内在魅力。同时，教师创造意识和能力的形成，在教育实践中的成功，会使他十分看重对学生创造意识和能力的培养，无疑，这是未来教育十分期望实现的价值。

具有教育智慧，是未来教师专业素养达到成熟水平的标志。它既是上述诸方面专业要求在教师身上实现综合的结果，又是教师长期全身心地投入教育实践，不断反思、探索、创造所付出的心血之结晶。教师的教育智慧集中表现在教育、教学实践中：他具有敏锐感受、准确判断生成和变动过程中可能出现的新情势和新问题的能力；具有把握教育时机、转化教育矛盾和冲突的机智；具有根据对象实际和面临的情境及时作出决策和选择、调节教育行为的魄力；具有使学生积极投入学校生活，热爱学习和创造，愿意与他人进行心灵对话的魅力。教师的教育智慧使他的工作进入到科学和艺术结合的境界，充分展现出个性的独特风格。教育对于他而言，不仅是一种工作，也是一种享受。

对人类的热爱和博大的胸怀，对学生成长的关怀和敬业奉献的崇高精神，良好的文化素养，复合的知识结构，在富有时代精神和科学性的教育理念指导下的教育能力和研究能力，在实践中凝聚生成的教育智慧，这就是我们期望的未来教师的理想风采。在我们的身边已经能找到这样的教师，然而在未来的社会中，这将是一支值得人们敬佩和国家引为骄傲的、由千百万教师组成的大军。中国教育的未来将在他们手中诞生，而他们，将在今天已经开始、随着新世纪临近而日益深化的教育改革的伟大实践中诞生。

第一编

教师德性论

第一章
从"教师是谁？"到"教师德性是什么？"的追问

一、教师是谁？

"教师是谁？"这是一个不大为人所提的问题。提出这样的问题意在弄清楚：教师以何种特殊性使其不似偶然凑在一起的等闲之辈，而是有特殊使命、特定尊严的一种身份的象征。"教师是谁？"与"教师是什么？"是相去甚远的两类问题，以"教师是什么？"提出的问题要求的是事实的陈述，是科学取向的，以工具理性为重；以"教师是谁？"提出的问题要求的则是具有主体参与性价值的陈述，是价值取向的，价值理性居于主导地位。提出"教师是谁？"是想把更适应于从事教育教学目的的人同那些不适宜于此种目的的人区分开来，从而通过某种共同品质把适合从教者组织成为一个自觉的教师职业群体，相互理解、相互信任、相互合作，为共同的教育理念而贡献自己的力量。关于"教师是谁？"是着眼于未来的对以往教师形象的反思，并试图建立起对未来充满希望的教师理想形象，它并不是需求一种占卜式的预言，而是需求一种理性的设想。

从教师出发，就是从教师所处的矛盾和困惑出发。关于教师的问题不仅仅是一个认识论的问题，不仅仅是出于好奇和求知，而且还是一个疑难、一个麻烦。教育疑难就是指：教师在教育教学过程中随时随地都有可能遇到的困难和窘境。教师疑难起源于他所处的一个个特殊情境，每一个新的教育教学处境对教师而言，都可能是新的疑难。教师的疑难根本不可能一劳永逸地得到解决，有可能每次都需要重新经历窘迫、困境、乃至危机，需要从头开始思考，只不过经历丰富、思维敏捷的教师在遇到新问题时，反应的速度快得多、处理这种问题敏捷些罢了。但不管怎么样，弄清楚这个前提性问题是十分有必要的，因为不搞清楚教师的身份、地位与处境，就难以认清并把握教师必须具备这样那样的德性和素质。

本来角色是指一个人在一定的系统内的身份、地位、职务及其相应的行为模式。在教育系统中，要求教师灵活多变并富有创造力，教师是人类社会文化科学发展中承前启后的中介和纽带，是对受教育者的心灵施加特定影响为其职责的人。因而社会期望教师成为理性的典范、道德准则的楷模（如身正为范、德高为师）、文化科学的权威、特定社会价值的维护者。所以，社会需要教师反映历史和现实中最美好的东西。从教育是一种特定的社会现象来看，教师总是体现一定的社会要求，不仅促进学生的学业发展，而且影响学生的"社会化"进程，从而使青少年一代的思想行为符合本社会制度的价值观、规范和习俗，从而保持特定社会形态的延续性。这就是教师的地位、职责和社会角色。但是，如果只从社会角度，站在特定意识形态的立场去界定"教师"的特定含义的话，教师不过是没有完全自主性和独立性的、满足培育社会需求类型的人的代言人、执行者，是维护社会公民素质不退化并且要有所提高的手段，是教育事业发展的卫护者和促进者，而教师本人作为人的尊严与需要，已经不得不退隐到了作为背景的地位。所以，在此种意义上讲，不管人们承认与否，教师确实时有某种程度的封闭感与孤独感：这不仅因为教师所从事的是一种个体劳动，而且也因为人们对教师从事的教育事业寄予了太多的不切实际的期望，由此教师往往会受到不公正的批评。

"教师就是在学生稍有不慎，做事（这里指做事造成的结果）没能如他所愿之时，便理直气壮地居高临下、盛气凌人的责备者吗？"

作为一个教师，他是否思考过：他到底在哪些方面在什么条件下才可能有"特权"与义务控制学生的行为及其后果？事实上，学生的学习就有这种恰当性。学生的学习生活本身就是一个连续的评定过程，教师不仅有评定学生学习的权力，还有评定的责任，而且必须帮助学生发展自我评定的能力。其实，从某种意义上讲，教师在受到外界临时性的强烈刺激时，必定会产生敏感性和冲动性，也就是说，必定会对该刺激有所反应。况且教师本来就不应该像是一位根据一部公正而抽象的法典来冷静地进行审判的法官，而应当是能够深刻感受周围一切的活生生的人。教师如果是出于良好的动机而做事急躁、考虑欠周的话，学生也可能会原谅、理解他的。但学生恐怕不会原谅那些态度冷淡，缺乏感情，好作长篇说教，总是对学生的思想、见解置之不理的教师。

教师对学生偏常态行为的最初的反应偏离有效的反应是可以理解的，但是必须作出矫正，采取机智、风趣与幽默的方法去克服之。这对学生尤其有效，一个充满乐趣的学习环境可以培养很高的创造力。另一方面，我们也要理解，有时教师的责备源于教师对学生的高期望，是"恨铁不成钢"心态之反映。但在这种时候，教师最好考虑这样的问题：自己如何才能既不带责备口吻，又可以让学生自己明白错误（如果称得上错误的话）之所在。而且，教师在使自己的情绪得到稳定、为自己创造一个至少可以暂时得到解脱的心境时，教师需要明白，他不能只是告知其学生关于许多问题的良好答案，他还须做到充分运用引导的方式去帮助学生自己思考出答案；更好的是，当学生争取用自己的语言形成他们的思想时，他保持镇静和忍耐，并引导学生思考出各种各样的解决问题的方案。教师还要想到，学生的动机、学习方式、社会性行为、人格、价值观念和态度，尤其是学生的自我观念，在很大程度上受到教师影响。教师希望学生顺从，是建立在这样假设的基础上，学校是为学生提供现成真理的地方，教师是现成真理的掌握者。从开始进入学校的那一刻起，大部分孩子就被这样教育——答案已经被找到了。更有甚者，学生被教导说，成功就是学习那些有限的答案——从教师那儿吸收，然后在考试的时候准确无误地反馈。可是，这并不是真实的世界进行变革的方式。如何去克服这种情形呢？最好就是勇敢地面对学生的不同状态与回应，承认它的存在，教师要以真实面目出现在学生的面前，充分展示教师自己的坦诚，这样更能让学生接受。因为没有哪个学生喜欢虚伪的老师，就像没有人愿意接收假钞票一样。每一个教师都需要做一个由他自己的经验、环境、教育和家庭造就的他，不论高低好坏，他都只能自己创造一个有自己特色的教育小花园。教师无须成为生产流水线上生产出来的批量产品——千篇一律、没有特色。也许只有有千差万别的老师，才有可能造就出个性丰富多彩的学生。

"教师就是自己在家不顺、在外受气之后，有权毫无顾忌地向学生'倾销'其怨气、发泄其无名之火的'愤怒之神'吗？"事实上，教师也是心绪要受到外界影响的普通人，教师在从教生涯中也许无法避免心情不佳，身心疲惫、心力憔悴的情形发生，所以，重要的不是讨论这种情形发生与否，而是要尽量避免发生，一旦发生，至少要使学生能理解与同情这种心情，会站在教师的立场上去理性、冷静地看待它，由此，师生之间的尴尬局面、不悦之情会很快化解掉。当然，从另一方面讲，教师在此时，也不得不考虑学生的感受，因为他与学生的每次"交往、互动"都是惟一的、不可重复的，因为经历过这种强烈的刺激之后，学生对教师的情感有可能再也回复不到原来的层面上了，这无疑会大大伤害师生之间健康的良好关系。我们赞同一个好教师应该是忍耐和宽容的，甚至是谦恭的，他十分尊重学生的感情，他更知道控制自己的情绪的重要性。

"教师就是在他'事业'亨通、荣誉满身之时，便可以在课堂上洋洋洒洒地大吹大擂的高谈阔论者吗？"虽然我们可以理解，作为人，谁不希望并喜欢别人分享自己成功的喜悦呢！但作为教师，最好还是思考一下让人分享其成功之喜悦的方式问题，选择一个让人悦纳的适宜的方式。如果换一个角度去看这个问题，当然也可以说教师完全有自己的权力为其成功感到快乐，有自己的权力体验其成功所引起的情感、情绪变化并在他人面前表现出来。只要是心理还很正常的人，只要他还有那么一点宽容和体谅之心的话，对容纳别人的成功之喜悦就根本没有问题的。当然，如果一个教师能以普通常识和乐观平稳的态度，去确认自己成功带来的变化和欣喜，可能就会比较让人感到安适自在些吧。假若一个教师在变得越来越成功的时候，却能在自己的成就里得到内心的平静，能在自己的感觉里因获得成功而泰然自若，那么，他的确是达到了一种了不起的、强而有力的精神境界。

"教师就是还未为学生和社会真正做出一丁点儿贡献什么的时候，便硬要别人和社会看重他、尊重他的索求者吗？"殊不知，这种索求、要来的尊重只不过换来了面子上的过得去，并未赢得他人和社会发自肺腑的尊重。教师的自尊心一般说来都特别强，"无功不受禄"是他们的工作准则，他们不会无缘无故去索要什么尊重的，教师很多时候付出了许多，却仍然虚怀若谷。而且，教师总是有股强烈的自我尊重的渴望和需求：包括生理上的安全感——远离对身体的伤害；情感上的安全感——没有恐惧；自我认同感——对"我是谁"的疑问有清晰的把握；归属感——有所依靠的感觉；胜任感——有能力、有信心做成事情的感觉；使命感——感到他作为教师的职业生活有意义和有确定的方向。从某种意义上讲，教师没有生理的安全与情感的保障，最佳的教学不可能发生。教育上的彻底转变都始于自尊——自我形象的树立，这关系到一个教师能否做好教育工作的问题。教师在从教活动中所获得的满足感和幸福感是其自尊感的源泉．自尊感好比一个人个性的精神核心，"自尊感是一个人的荣誉感、名誉感、健康的自爱心的最强大的源泉之一"①。

"教师就是在节骨眼上可以操纵学生的成绩能否及格、能否毕业、能否继续深造的命运之神吗？"教师似乎完全有权力摆出一副慈善的施舍者的面孔，让学生去祈求施舍。本来学生作为有骨气、有尊严的人应该有勇气不食"嗟来之食"的，可惜在当今的功利社会里，有人宁愿舍弃尊严而去乞求那点嗟来之食。究其原因，学生为何能够默默忍受教师的这种严厉控制呢？因为他们有求于他？亦或因为他们在还未长大成人，身心还未健全发展之时就已经沾染上了一种世俗的功利色彩，甚至于他们处于此种情况之下是在用"阿 Q 精神"抚慰自己的灵魂？也就是说，在他们看来，教师在某种程度上只不过是学生求

---

① ［苏］瓦·阿·苏霍姆林斯基著，杜殿坤编译：《给教师的建议》，421 页，北京，教育科学出版社，1984。

取升学机会或功名利禄之资本的手段而已，学生看中的是教师的工具价值而非他的精神价值，不奢求他会考虑学生的具体处境，也更不去奢求他是有血有肉有灵魂的人。这样去理解教师、这样去亵渎教师的人就怎么没有想一想另一方面呢：好的教师不只是让他的学生学完课程，毕业后安置好的工作，还会让他的学生在每天的生活中得到报酬——发现具有探索精神的生活是激动人心和价值自足的。

那么"教师是有可能与受教育者进行平等对话的民主倡导者吗？"在理论上讲，或许是有可能的；但在实践层面上，绝对意义上的平等对话之可能性就比较小。因为无论在生活阅历上、知识水平上、理解程度上，师生之间的差距是无可否认的现实，尤其是教师始终有让学生敬畏的一面。一般说来，学生对教师的敬畏起源于对教师人生智慧和教育智慧的惊奇，它不只是一种感情，还是一种理解方式，是对比自身更伟大的意义的洞察。对教师的敬畏是学生认识到了教师的内涵不只是它现存的样子，它还代表着更加丰富多彩的方面。

从比较公正的立足点看，其实教师从事的教育工作是一项物质待遇比较清贫的事业。但教师会遇到什么样的贫乏？"什么样子的贫乏？是没有钱而造成的生活的贫乏？灵魂的贫乏？精神的贫乏？潜力的贫乏？生命的、希望的、梦想的、期望的贫乏？如果在这些方面有所欠缺的话，再多的钱也无法改变这种贫乏的状况。"① 作为教师，您可千万别作被偷窃的牺牲品，别让自己赖以取得成就的能力和人格被人偷走了。如果您总被前途无望、一筹莫展的情绪所困扰而停滞不前，那么您的职业生活也就很难充满欢乐、趣味、承诺和认可。难怪有人说"最艰巨的胜利就是对付消极观念所取得的胜利"；② 是拥有坚定不移的信念所取得的成功，因为信念是一个充满完整人性的性格品质，是人的确信所具有的肯定性和必然性。由此看来，教师的人格不能清贫，教师的精神不能疲乏，教师的教育爱（当然教师不能把对受教育者的爱，仅仅设想为用慈祥的、关注的态度对待他们而已。）不能吝

① ［美］叶维尼·凯博士著，朱乃长译：《金钱哲学》，154 页，天津，天津人民出版社，1997。

② 同①，156 页。

啬！虽然有的教师为了生活的无可奈何而从教；有的为了有个工作、有事可做而从教；还有的则为了理想而在教育战线上不辞劳苦、奋力拼搏。教师要能达到，任凭窗外繁花似锦，向其迷惑，仍心如古井明澈见底，稳坐教室，不为所动的精神境界。这又谈何容易呀！一般说来，教师都有较强烈的自尊意识和谦虚谨慎的精神，十分爱惜自己的名誉、声望，不甘示弱；希望别人真正尊重自己的人格，渴望他人关心、同情、友爱和理解自己所从事的不平凡事业；要求在社会群体中有一定的地位和尊严。

从上面的分析可以看出，教师在某段时间内的感受怎样，取决于他对教师职业的看法、自己身心的健康状态、同学生的关系、他的世界观和人生观以及他是否从教育教学中获得了意义。当教师，既有个人的、主观的意义，也有客观的、社会的意义。教师要能面对并处理复杂的关系，就必须清晰地意识到：他是谁，他是怎样一个人，他以何种方式为人处事、教书育人，他承担的复杂任务，他对全体学生和每个学生的影响，他对自己职业和社会的贡献，他的世界观和人生观。所谓意识到，就是要有所准备，知道在规定的情境（不管这个情境是平静的还是纷扰的）中怎样去做，还要相信自己的决定。

在原初的意义上，教师是学生趋益避害的引导者，是学生健康成长、健康发展的促进者。教师理应激发学生的主动性，培养学生的独立思考能力和思维能力，教师只能教给学生最主要和最基本的知识，一个"不称职的教师强迫学生接受真知，一个优秀的教师则教学生主动寻求真知"①。作为教师，他的生命是一场灵魂与思想健康成长之伟大意义的奋斗，只能成功，不能失败。教师应该考虑其学生可能采取与自己不同的观察角度，敏于感受并欣赏这种差异，这样教师与其交往时就会心平气和，悦纳他人。

教师并非超理性之典范《星际大战》中的斯巴克（Spock），一个完全不受情感干扰的资讯处理器，它虽然有无限的冷静，却无自己的喜怒哀乐，无清晰洞察自己与他人感受并根据该感受去处理此问题的

---

① ［德］第斯多惠著，袁一安译：《德国教师培养指南》，123 页，北京，人民教育出版社，1990。

能力。教师也不是《星际大战》中的德塔（Data），它虽很惊讶自己有惊讶的感觉，却发现自己冷静的逻辑无法找出适合人类的解答。德塔深知情感是人类之所以为人的最主要特征，便努力去追寻情感，可是它缺少一颗人类所具有的心，尽管希冀友情与忠诚，却感受不到热情。斯巴克和德塔对语言、算术和逻辑之类的信息的处理十分在行，但对非言语的信息（诸如内心活动引起的情感、表情的变化）却无法深切感受到并妥善加以处理。教师不同于他们，他要既能按冷静处理人与事的逻辑去行动，也有敏锐掌握自己内心的感受，从教育生活中得到平静与满足，以及用自己的感性去丰富冷静理性的能力。事实上，正是教师的千般情绪、万般情感让教育丰富多彩而充满兴趣和生机，并无时无刻不在左右其对资讯、对学生行为动机、情感的相应处理方式。教师的十分耀眼的"人际智能"和"内省智能"是斯巴克永远也无法获得的。这里，所谓"人际智能"指了解别人的能力，包括别人的行事动机与方法，以及如何与别人合作，其精义是能够认知他人的情绪、性情、动机、欲望等，并能做适当的反应。所谓"内省智能"即指，对自己能有准确的认知，并依据此认知来解决人生的问题，其精义是能够认识自己的感觉，辨别其异同，作为个人行为的依据。内省智能的对象是自己，是自我认知的钥匙；人际智能的对象是他人，是了解他人的关键。①

探讨"教师是谁？"的问题归根到底不只是去探讨教师应该做什么，而最重要的还在于探讨教师应该如何度过其教育教学生涯才有意义，探讨关于他作为教师的方方面面问题。"教师是难？"指的是教师的本质以及教师个体的处境，指做教师意味着什么、根据什么来证明教师有能力做教师。

教师是有着清醒自我意识和角色意识的存在。教师要有非凡的道德勇气和经得起考验的人格力量，要始终与学生的命运息息相关，在任何时候不向邪恶势力低头，并勇敢地维护正义；要一生淡泊名利，耿介自守，要有足以感召学生的人格力量。对学生人格的培养和完善是教师不可推卸的责任。教师还负有推进知识之使命和维持道德、提高品格之使

---

① 柏桦编著：《EQ情商》，9页，北京，中国文史出版社，1997。

命，根本不能"只知苟且；只知规避责任；只知迎合意旨；只知从中取利；只知说假话；只知在夹缝中讨生活"。① 教师在某种程度上是人们向其看齐的理想形象。然而，理想之为理想就因为它并不现实存在，而只是作为人的一种精神目标来引导、完善和改进人生；正因为人不可能绝对完美，现实更是有充满丑恶和痛苦的一面，所以人需要这样一个比较完美的形象显示在他们面前作为人生的路标，人可以被丑恶与痛苦包围，但绝不认同它们，而要超越它们。人在许多时候的确需要这样一个形象来寄托自己的希望和所认同的价值。教师就意味着奋斗、期待、盼望；意味着继承、标新立异和创新。

当我们思考"教师是谁？"时，不同于思考某物是什么。后者是思考关于某个事物的知识，然后根据学到的知识去识别事物；前者指根据自己存在的形象去观察教师、体悟教师。我们观察人的方式和观察物的方式不同。对于物来说，我们是识别它；对于人来说，我们是与他相遇、相知、相交、相融和相促。相遇不仅仅意味着碰到，而且意味着赞同、参加与合作、共同长进。在认识物时，碰到的是"异"；在同教师相遇时，碰到的是"同"，我是怎么样的，我就感觉到他是什么样子的。研究教师问题是研究怎么样做教师（how to be teacher）和教师的生存（teacher's living），而不是教师的存在（teacher's being）。研究怎样做教师意味着教师动态的奋斗历程、一系列活动，作为教师身份的意义以及承诺。研究教师的生存，旨在使教师生活得好，生活得有质量、有力度，要排除对生存的威胁，摆脱心灵的幽囚，思想不被强制。生存意味着有表达意欲、实现自我意欲，有参与机会，求知的机会，交往的机会，有精神娱乐的机会。作为教师就意味着，他可能不经意中就会面临十字路口，要面临抉择，要采取行动。做教师就是要保持和激发对其愿望和成就的不满足感，并孜孜以求，做教师就是积极投入教育实践，就是行动，作出积极反应，就是要在教育实践领域里扮演一个恰如其分的重要角色。

众所周知，世界之所以有善与恶、美与丑、欢乐与痛苦的冲突，都是因为有了人这一"万物之灵"的存在。宇宙原本无所谓无情有

---

① 张汝伦：《坚持理想》，195 页，上海，上海人民出版社，1996。

情，有情的世界是人创造的，是人的世界。创造有情的世界亦是为了人之自身的目的，是为了人能真正过人的生活。归根到底，人需要从人的角度出发去思考一切、判断一切、选择一切。虽然结构主义者福柯认为，世界开始的时候不需要人，世界结束的时候也不需要人，但问题在于，不管世界是否需要人，人却需要世界，因为人是最名副其实的社会动物，不仅是一种合群的动物，而且是只有在社会中才能独立的动物①；不管世界是否需要教育，人要过像样的人的生活总会需要教育。教师作为既有人之共性、又有其特殊职业性印迹的社会存在，不但离不开世界，更离不开人。他所从事的教育工作是一种与人的精神密切相关的工作，也是一种精神的事业。所以，教师需要有专业精神——教师德性，教师对其卓越的专业知识之能力的运用，关系着受教育者的精神利益。教师对教育世界总是开放的，能不断地获得新颖的、新型的教育经验，他对感知到的教育现实作出回答的可能性，几乎是无限地变化的；他对新的事物，对新鲜、新奇的体验开放着，他对自己开放着，他还对受教育者开放着。在师生之间，不管是老师还是学生，每一个人都在寻求着他人的认可。因为只有通过他人的认可，单个的人才可能在自己特殊的使命中证实自己。学生对老师的认可意味着老师确信没有白白地劳动，确信通过提高自己的特殊性分享了师生的共同的使命。认可说明了差异之中的共同性。这里，彼此的认可总是以师生的差异为前提。

总是提出教育问题以寻求答案，是教师的理智活动的事情；而不断面对教育难题以寻求解决方案，则涉及到教师生涯的处境，它是在处境艰难、理智困窘的时刻产生的。总面临教育问题是因为教师知道得太少而极欲知道更多；总面临教育难题是因为教师知道得太多太杂，并且他知道的各种知识、各种方案又相互矛盾冲突。教师的难题产生于他们意识到了自身存在与外界要求、期望的矛盾，即教师是谁与教师应该是谁之间的矛盾。在教师的反思中，教师不得不考虑：他对自己来说意味着什么，对他人——学生、学生家长、学校领导、同事、教育管理人员等来说又意味着什么？教师对自己的思考来自良心

---

① ［美］赫舍尔著，隗仁莲译：《人是谁？》，译者序言，贵阳，贵州人民出版社，1994。

的呼唤，也来自理智的好奇。教师是探索有意义的存在的存在，是追求超越自身存在、实现存在并获得意义的存在。教师的最高价值取决于他对学生有用，取决于他的社会工作效果。对教师自身而言，他是不充分的，如果他不为自身以外的目的服务，不对受教育者有价值，那么他作为教师就没有意义。同所有其他需要不一样，"被需要"的需要，主要是使学生得到满足，而不仅仅是自己得到满足，它是满足超越欲望的欲望，是满足渴求的渴求。只有一个真正的教师才懂得作为教师的意义在于奉献、在于给予。这只有在面对面地与学生相遇时，在满足更高的需要时才能体会到。教师不是以某种潜在方式贮存能量的场所，而是有个人经验和个人思想的具体个人——他被要求与现在有所不同，即理解、承认、应答和超越现状。他是可以被提出要求的人，有能力对要求于他的作出积极响应的人。

二、教师德性是什么？

1. 教师德性与道德、伦理规范的关系

要分析清楚教师德性与教师道德、教师伦理的关系，首先应分析一下道与德、道德与伦理的关系。

道与德的关系是人的本然存在方式（"道"）与可能的存在方式（"德"）之间的关系；也是人的内在的心性（"德"）与外在秩序规范（"道"）之间的关系。道与习、性关系理论问题相联系；德与方法论问题相联系。道是存在方式，德是存在方式之目的性（拥有道、了解道的最终目的是为有德）。从根本上讲，道与德的关系要解决的就是，人作为自然的存在与自由的存在这种双重存在的关系问题。人之道是自由之道，人既是本然的存在，又是自由的存在。作为本然存在，任何一条客观规律、真理都是对于人之存在的必然限制，人不可能超越客观规律去做成任何事情，但另一方面，客观规律只说明了人之活动的客观界限，它无法说明人在这一界限内的自由行动。

获得好的教师生活方式是得道（比如获得了教师德性）而不是得利，即好不是由利而是由道而得，这里只在原本意义上使用"道德"

这一概念。如老子主张遵从道的生活而反对遵从礼教的生活。"伦理"表明的是社会规范的性质，如荀子曰："故学至乎礼而止矣，夫是谓道德之极。"①；韩愈曰："凡吾所谓道德云者，合仁与义之也，天下之公言也。"② 而"道德"表明的却是生活本意的性质。道德是一个存在论概念，是一个作为伦理学基础的特殊的存在论概念。由此可见，伦理规范是生活中的策略，而道德——作为生活的本意，却在伦理规范之上。无论如何，伦理规范是必需的，但这只是一个事实而不是一个问题。在英语中，道德（moral）一词的词源来自拉丁文中的"moralis"，其意思是"关于品格"的，而"一个人的品格不过是他的那些一贯地以某种方式来行为的一类导致他过一种特定生活的气质"③。道德问题才是伦理学的根本性问题。道德与伦理规范有不同的维度。伦理规范即指"道德关系及相应的道德规范"④，它是被约定的规范，所以伦理规范问题是"按某规范 A，行为 B 是否是被允许的或是否应该"。道德是一个前规范概念。道意味着本然的存在方式（人之道是自由之道），对于自然存在，德实际上被强化为道的必然发展方式，自然之道必然有其德。对于道来说，德（人之德就是自由地创造生活）就是目的。道德表现为"以善恶为标准，依靠社会舆论、传统习惯和内心信念的力量来调整人们之间相互关系的行为原则和规范的总和"⑤。规范有可能违背人道目的，所以伦理规范的正当性必须由道德原则来作批判性明证。而且，伦理规范必须服务于道德，必须经常依照道德的要求来进行修正。严格说来，伦理学问题主要包括两个问题，一个是基础性的问题——即道德问题，另一个是与之相关的技术性问题，即由道德引向伦理的方式问题——即伦理规范问题。具体地说，教师伦理学的首要问题是教师道德。教师道德是研究教师伦理规范的依据，教师道德只有被作为个体的教师真正理解、接受并转化为一种内在需要和外在职业行为中时，才成为教师德性。

---

① 《荀子·劝学篇》。
② 韩愈：《原道》。
③ ［美］麦金太尔著，龚群等译：《德性之后》，51 页，北京，中国社会科学出版社，1995。
④ 冯契主编：《哲学大辞典》，983 页，上海，上海辞书出版社，1992。
⑤ 同④，1601 页。

2. 教师德性的涵义

对教师德性的认识，涉及到普通伦理学的基本理论问题。伦理学亦称之为道德哲学，是关于道德理论和道德实践的一门学问。道德理论是随着社会生活本身的变化而变化的，任何一种道德理论都有其社会学的背景。"古代道德哲学从人的内在品性出发，使个人与社会融为一体，每个人在社会中的位置和应做的事情都来自他在该社会中的角色。这种角色与功能的内在根据使得个人与社会密切联系在一起。德性就是一个人在社会中要履行的品质，通过德性，个人可以达到与社会的和谐。"① 也就是说，理论本身是社会现实的反映，理论体现了一定的社会现实。同样我们研究过去的关于教师德性的论述的目的主要在于，从中探索对我们现在的研究有什么新的启发，看看他们曾经把握了时代提出的哪些问题，他们看待教师德性问题的独特角度、特别的方法、富有个性的思考方式，蕴含了什么样的理论价值和精神营养。

按照情感主义的基本论点，道德言辞和道德判断的运用，主要是个人情感、个人态度和个人好恶的表达，而这使道德行为者虽然从似乎是传统道德的外在权威（等级、身份等）中解放出来了，但其代价却是，新的自律道德行为者所表述的任何道德言辞都失去了全部权威性内容。情感主义者认为．道德理论并无绝对的合理的权威，所谓的权威只是主观的、相对的，如尼采的以意志为基础的超人道德和萨特的以自由为基点的存在主义道德。情感主义以一种极端的形式阻止了人类对德性、目的和实践合理性的持续追寻。虽然，"由于伦理学——既作为一门理论学科，也作为一门实践学科——的全部意义是使人能够从其现时状态达于其真实目的，所以，排除任何本质性的人性概念并抛弃任何目的概念，给一种道德图式所留下的就只有两种其关系完全含糊不清的要素了。一方面是某种确定的道德内容：一组被

---

① 高国希：《走出伦理困境》，内容提要，1 页，上海，上海社会科学院出版社，1996。

剥夺了其目的论情境的禁令；另一方面则是某种未经教化的天然人性观。"①

由此可见，伦理学决不仅仅是一门纯粹制定规则或标准的学问，相反，它首要的任务是告诉人们如何认识自己的生活目的，并为实现一种美好生活的内在目的而培植自我的内在品格和德性。这是我们思考教师德性应确认的一个必要前提。

前面探讨了那么多与教师德性相关的一些问题，那么到底什么是教师德性呢？本文所论的教师德性即指：教师在教育教学过程中不断修养而形成的一种获得性的内在精神品质，它既是教师人格特质化的品德，也是教师教育实践性凝聚而成的品质。教师德性是内在的，需要在教师的教育实践中形成。教育实践对教师来说，既是为完成社会赋予责任的付出，同时，又是个人各种需要，尤其是精神需要获得满足的生命历程之组成，是获得与奉献的统一。教师德性不是指教师先天就具有的某种与生俱来的素质，即并非孔子所说的"天生德于予"②。而是一种后天获得的职业角色品质，就如荀子所谓的"化性起伪"、"积善成德"和"继善成性"。这就是说，教师德性是教师获得教育实践之内在利益的必须品质，是有益于教师的整体生活（包括教师的职业生活和私人生活）的品质，是与对学生而言的好的追求相联系的。教师德性的最基本要求，应该是对学生的无害（non-maleficence）、无欺（deception）、公平（fairness）和有益（beneficence），在于满足教师自己和他人的精神需要。

教师德性的具体表现，包含这样几层涵义。

第一，教师德性是一种能使教师个人担负起其教师角色的品质，即实现教师之特殊性目的的品质，是教师能充分实现其教育潜能的品质。教师德性将不仅维持教育实践使教师获得教育实践的内在利益，而且也将使教师克服其所遭遇的伤害、危险、诱惑和涣散，在对教师善的追求中形成他们的精神支柱，教师内心不断增长的自我认识和对善的认识。

教师在教育实践活动中获得的利益有内在利益和外在利益之分，

---

① MacIntyre, A. *After virtue*, Notre Dame, Ind. : University of Notre Dame Press, 1982, second edition, pp. 54 - 55.

② 《论语·述而》。

这两者有着一种不同的关系。外在利益是指教师在一定的社会条件下，通过教育、教学实践活动所获得的权势、地位或金钱。这种外在利益是看得见的、实实在在的利益，它指教师所获得的某种钱财和名誉（如优秀教师的荣誉和奖金或奖品）。外在利益的特性决定了某个教师得到的更多，就意味着其他教师得到的更少或者根本就不能得到了；外在利益在本质上是竞争的对象和产物，在竞争中，既有胜利者也有失败者。而内在利益则是教师从事的教育实践本身内在具有的，除了从事这种实践活动，任何其他类型的活动不可能获得。因而这种利益只有依据参加该实践活动所取得的经验和体悟才可以识别和判断，那些缺乏相关经验的人是无法判断的，它是在追求教育实践活动本身的卓越的过程中获得的。拥有教师德性就必然可使教师获得教育实践活动的内在利益——一种完完全全精神的东西，当然它并不能保证教师在获取外在利益时必然取胜。但其实现有益于参加教育实践的整个群体以及教师本人。教师的公正、教师的真诚和宽容在教育实践中是有着内在利益的，在不同的社会环境里的不同教师，是作为一个特殊的社会角色、社会身份的承担者与其自己的工作环境打交道的。然而现在我们的大多数人的实践活动并不能获得其内在利益，因为现代性诞生的关键时刻就是生产走出家庭，为非人格的资本服务，这种劳动的意义仅仅在于，一方面为生物性生存和劳动力的再生产服务，另一方面为机构化了的贪欲（资本利润）服务。

第二，教师德性还表现为，教师的道德意志在履行教育教学责任和义务的过程中所体现出来的道德力量。教师德性是由其自身的立法理性施加的一种道德强迫，其力量的大小由它克服教师因偏见或倾向性而造成的教育障碍之大小来衡量，比如说喜优厌差是教师必须克服的"劣根性"。教师德性是与其自然感情相关或约束其自然感情的破坏作用的个人意志力。说某个教师有德性，是指教师的内在的天性合理地得到改造、发展而养成一种符合教师本质的品质；教师真正形成赋有深刻的职业印迹的教师德性的时候，那一定是达到习惯成自然，德性与天性融为一体的程度。教师德性真正要成为个人的德性，就要与本人的天性相容，或化为第二天性。否则，它就是外加的东西，就不是德性了。因而，只有顺着教师的自然天性培养发育他自己的德性，正如老子所说"道之尊，德之贵，夫莫之命而常自然"①。

假如没有教师内在的职业德性的调适，假如教育教学秩序的维持完全依赖规章制度。那么，规章制度只有在它被弄到无所不在这样令人无法忍受的地步时才是足够的，但同时也可能物极必反。假若没有教师德性之目标——教师对自身的完善和学生的幸福的追求，具有多方面积极意义的教学的真正发生就将成为问题。

第三，教师德性还表现为，在教师对为师之道体验的基础上所形成的内在的、运用自如的教育行为准则。这种支持其行为准则的道德力量在教师克服教育障碍时才显现出来。所谓教育障碍，在此是指教师的种种与其道德意图相冲突的自然倾向和外在倾向。具有德性的行为准则不允许教师把自己或学生仅仅当做手段（这意味着他的漠不关心）。教师的道德情感、良知和良心、对学生的爱、自尊和自重都不是责任和义务，只不过是他本人的一种真切感受和需要而已。

教师德性总是不断发展的，又总是有从头开始的一面。说它不断发展，是因为教师德性在某种程度上是一个不可致达而又必须企及的理想；说它总是从头开始，是因为教师的德性总是受到其性情偏好以及所处具体教育环境和社会环境的影响，在这种情况下，教师德性之准则虽然已经确立，但却始终受到外界的纷扰。师德准则不能像生活技巧方面的准则那样总以习惯为基础。就教师德性是基于其内在自由这一点而言，含有教师积极地对自己加以控制的意思，即教师必须把自己的全部力量和偏好都置于自己理性的支配之下；而且，这种支配不只是消极地制止做什么事，还更应是积极地促使做什么事，教师不应听任自己臣服于情感和偏好之中。教师德性的真正拥有和养成，在于教师内心的安然若泰，借此方能把教师道德原则果断而又审慎地贯彻到教育行动中去。

---

① 《老子·五十一章》。

第二章
教师德性的核心构成

一、教师善

当我们把"善"作为一个概念时，"善"意味着什么？"善"是指愉快？幸福？健康？财富？安全？或者其他别的什么？而且，当我们谈论善时，是对谁行善？是对我们自己？我们的孩子？我们的朋友？我们的国家？还是对社会？人类？生存环境？我们所说的善，是指现在，还是将来？还是下一代或下一个世纪？

以边沁和密尔等人为主要代表的功利主义认为，自利、趋乐避苦是人的天性，能否给人带来快乐和幸福是人之行为是否为善的根本标准；但与此同时，功利主义也要求对狭隘的利己主义有所约束，因为个人受到他人和社会的制约，只有对他人利益有所关心，自己的个人利益才可能得到保障。一般说来，人们认为"善就是善，而非他物"①。所谓快乐、幸福、满足等等均为好的事物，而不是善本身。"快乐是好的，但快乐并非就是善，如果快乐便是善，那么也等于说，快乐是善与快乐是快乐具有同样的涵义。"②"善本身是所有好的事物所共有的东西，而它本身并非是一种好的事物。"③"善"就是指道德

---

① ［美］马斯洛主编，胡万福等译：《人类价值新论》，138 页，石家庄，河北人民出版社，1988。

② 同①，139 页。

③ 同②。

意义上的好和策略上的好。尽管我们在选择中总是两善择其大、两恶择其小，但同时必须对善有着绝对意识，否则任何一种善都将消解在相对善之中，也就没有什么是善的问题了。事实上，凡是本身就具有道德价值的行为都是绝对善的；凡是相对善的行为只不过是权宜之计，只是技术性的处理，即使具有善的性质，也只不过是在某种程度上反映着对绝对善的尽可能尊重。现在，最基本的"善"就是要求人类要有接受和创造各种模式，识别和解决各类问题和建设性地驾驭各种各样环境的基本能力，正如斯宾诺莎所言："所谓善是指我们所确知的任何事物足以成为帮助我们愈益接近我们所建立的人性模型的工具而言。"① 这种能力因人而异，但事实上在各种场合，通过适当的社会和文化熏陶，这种能力可以得到加强。

在中文里，"善"具有吉、美、良、好的含义，它是中国传统道德的价值目标和伦理基础，"彰善瘅恶"② 就是例子。广义的善就是"好"，一切可欲、一切可以使人快乐、给人幸福的对象，都可称之为"善"，称为"好"。但这都是指非道德意义上的"善"或"好"。比如，一个人身体好，衣食住行之爱好固然是"好"，却不是道德意义上的善。人的行为的目的在于利益。而满足人的物质的、精神的需要，就是利益。合理（正当且合法）的利益就是广义的善。道德意义上的善，是狭义的，是指涉及人伦关系的好的行为③。亚里士多德认为，善是人类本性意义上的目的，是人作为一个种类所特有的追求目标，善对人类最终意味着幸福，即拥有善，就会使一个人幸福④。在我们的传统文化里，"善"的观念植根于"生"的观念，是求"生"意识乃至求"生"意志的产物。"善"字从羊，与膳同义（膳是后来的字），可见"善"与民生最基本的需求联系在一起（"美"字与繁体"义即羲"字也从"羊"，这恐怕是受了求"善"趋向的制约与影

---

① ［荷兰］斯宾诺莎著，贺麟译：《伦理学》，157 页，北京，商务印书馆，1958。

② 《尚书·毕命》。

③ 冯契：《冯契文集·人的自由和真善美》，第 3 卷，205、206 页，上海，华东师范大学出版社，1996。

④ ［美］麦金太尔著，龚群等译：《德性之后》，14 页，北京，中国社会科学出版社，1995。

响）。善的根本目的是"生"。"善"不但包含求生的实用目的，而且包含求生的实际手段，这就是协调人际关系，以社会求生存、以整体求生存、以合作求生存。"善"字中的"苦"，本是两个"言"字，金文写做：善 𦎫 𦎫 𦎫 𦎫，《说文解字》云："善，吉也，从誩从羊。此与義、美同意。篆文善从言。言，直言曰言，论难曰语。"由此看来，金文中的"善"字实际就是一个生动的画面：顶端是"羊"（食物），下面是众人相互间的"直言"。以"羊"为目的，以"直言"（协调化的群体）为手段和依托，而"直言"的实质又是"直心"；"直心"即"十目所见之心"，就是"德"。"德"本字作"惪"、"悳"，即"外得于人，内得于心也，从直从心"，也就是公正无偏，不偏不倚之意。如果处理人际关系时，做到了以公正为凭借，以整体、社会协作为基础的话，一般说来是高效的。总的说来，"善"以"人"为核心（凡对人有益的就叫"善"），起源于物质生活，而归结为精神追求（"德"）①。

教师善，在本文中是一个教师伦理学概念，指对受育者合理的共同利益的谋求、对教师责任与义务之毫不推卸的遵循、对受教育者人格尊重和对受教育者发展负有高度责任的认同。广义的教师善，包含教师自觉自愿关注受教育者的外化利益与精神利益的品质。教师善是教师德性的核心，因为教师对社会、国家、民族以及对生命的责任主要体现在对学生的责任上。要构成教师善，必须具备两个条件：其一，教师善的特殊对象是受教育者，教师善的实现场合是教师自己与其受教育者发生关系的场合，不与其受教育者直接发生关联的行为，无所谓教师善与恶。所谓教师善，必定是给受教育者带来益处的行为。但给受教育者带来益处的行为并非都是教师善的结果，这还得看教师行为的动机。不自觉地为受教育者做了有益处的事，是好，但不一定是善，我们知道，有时教师的一片好心也有可能造成不良结果，虽然说它算不上不道德行为，但也不能算作善。其二，教师善的实现涉及教师对自己的教育、教学活动，对受教育者的内心态度——内在动机。教师把内在善良动机和情感，付诸教育活动之中，则变成客观

---

① 马中：《中国哲人的大思路》，854 页，西安，陕西人民出版社，1993。

的教师善行。一个教师如果没有教师善的知识，没有对教师善的尊重和信奉，他也就失去了作为教师的价值；一个教师如果不以教师善去调控自己的教育教学行为，失去了教师的良好意愿，他就可能会变成一个没有教师良心的人。由此可见，教师需要把教师善修养成为其职业道德、职业生活的现实行为、习惯和信念。

在某种程度上，教师善就是指，教师能充分调动积极的教育情感和坚定的教育意志，去践履笃行符合教育规律的教育信念，它是以肯定自己与他人的生命及其生命的价值与意义为前提，并充分展现教师的力量。例如，当前一些教师面对片面追求升学率的大气候，束缚于"灌—记—练—考"的教学模式，目睹青少年学生负担加重、体质下降等问题，内心时时感到矛盾和徘徊。一方面在理性认识上，他们熟知教育学、心理学的理论和原则及其方法；另一方面在情感、态度和行动上，却视培养"面向现代化、面向世界和面向未来"的新人为可望而不可即的理想，视受教育者的"全面发展"为现实难以达到的理想人格。至于教育改革中出现的新知识、新方法，则被他们称之为华而不实的理想模式。这种状况就不符合教师善的标准。原因在于这些教师对教育规律、教育真理执着追求的情感和意志不很强烈，而且缺乏肯定性价值评价。如果我们以一种更合乎人性的道德标准，以一种教师能够追求并达得到的教育理想来衡量教师；如果我们把那些促进受教育者身体和精神健康发展和社会可持续发展的行为称之为教师善；如果我们把那些实现这个理想、关心自己和受教育者，并为每个受教育者的和谐、最佳发展而孜孜不倦工作的教师称之为具有教师善者；那么我们的教育的希望和生机就不会消失，我们的受教育者的朝气与活力就会越来越旺盛，自尊感和自信心就会永存。

二、教师公正

教师公正就是指，教师把每个受教育者应该得到的合理需要、合理评价给予他。作为教师个人的德性，教师公正含有优秀（excellence）或完美（perfect）的意思，表示教师个人的内在品性——给予他自己或他的每一个受教育者以应得的教育善之品质。换言之，教师公正，即是指教师在从教生涯中表现出来的正大光明、质朴和公道的品质，具体说来，"是指教师在教育学生的态度和行为上，公正平等，正直无私，不偏袒，不偏心，对待不同相貌、不同性别、不同智力、不同个性、不同出身、不同籍贯、不同亲疏关系的学生，一视同仁，按照党的教育方针，满腔热忱地关心每个学生，热爱每个学生，从每个学生的不同特点出发，全心全意教育好学生。"① 在此，教师公正的意思是指教师遵守教师公正行为规范和规则。但我们不能不注意到这样的事实：有可能一个遵守教师公正规范、规则的教师会是一个没有教师公正德性的教师，因为他也可能只不过是由于惧怕受到惩罚才遵守教师公正规范的。所以，没有具备教师公正德性的教师，无论多么完备的教师公正规则、规范；在该教师的内心里，只不过一纸空文罢了，无法对其品性发挥其效力和作用。由此看来，只有当教师不仅具备关于教师公正的知识——即能认识到该规范、规则，而且在认识到的基础上自觉地尊重教师公正的时候，才称得上一个真正具有教师公正德性的教师。

下面首先让我们来看几个有违教师公正德性的事例，然后再逐个进行剖析，并在此基础上对教师公正德性作进一步的分析。

事例之一：一小学五年级学生用老师给的"人"字造了这样一个句子："老师是人。"结果，这学生吃了该老师的两根大红"甘蔗"（即一把大叉）。这学生不服气，斗胆去问他的这位老师："我说'老师是人'不对，那老师就不是人了啰。"这下可不得了了，老师被气糊涂了，便口不择言地骂了"小流氓！混账！"之类的脏话，而且还责令该学生在本班全体师生面前作检讨。该学生受到如此打击，却仍不服气，拒绝承认自己有什么错。可怜这孩子还没有学会"察言观色"、"见机行事"的"本领"，还不知道如何做就可以使自己处于有利境地而不吃"眼前亏"；相反，他却还保持着是非分明的"孩子气"，这位教师对此无可奈何，便责令其家长严加管教，弄得其家长下不了台。这位老师缺乏的是反思自己的行为，他为什么不这样想：这个学生极有可能是带着一颗如耀眼的火星般的愿望——想好好学习

---

① 王正平：《人民教师的道德修养》，228～229页，北京，人民教育出版社，1993。

的愿望来到他的班级里的,这种愿望一直滋润和照亮着该学生所关切的情感世界并鞭策着他的学习。但这次教师对他的挑剔和粗暴态度,就可能熄灭其如火星般热切的学习愿望。这位教师为什么把"教师是人"的造句判为"死刑"?是因为在日常生活中人们从来就不用"某某是人"的表达式(这样表达似乎有嘲笑或讽刺之意图)?要真这样,他又干嘛不直接向该学生解释清楚,相反却对学生的追问大发雷霆?还是他怀疑这孩子有不良动机,存心在讽刺自己?要这样认为,就证明他自己的胆怯,证明了他做教师做得并不光明磊落,证明他把教师的公正之良心抛在了九霄云外。

事例之二:某重点中学在毕业会考时,出了"你最熟悉的人"这样一个作文题目。其中一个学生是这样构思的:我的班主任老师是我平时最熟悉的人。可是,今天,她屹立在考试场里,眼如老鹰,鼻如猎犬,表情冷漠。我的心一阵紧缩,我最熟悉的人,此时却变成了我不认识的甚至可怕的难以捉摸的陌生人……结果,这位学生的作文被判为"死刑"——不及格。师生之间的关系为什么就无法达成一种富有人情味的相互尊重、相互理解的美好的和谐呢?

事例之三:也是某市某重点中学发生的类似事情。在1996年的初中升高中的考试中,出了一个让考生续写的作文题目:"一个没有月亮的晚上,一位老大爷正走在一条没有路灯的马路上,突然一不小心掉进了路边的坑道里……"其中有位考生是这样立意的:慢慢地,坑道周围站满了看热闹的人,人群中还有那位掉进坑里的老大爷的儿子,而且这儿子还骂道:"这老头真是瞎了眼,别人都没有掉进去,他偏偏掉了进去。"如此这般,闹闹嚷嚷地过了不少时光,也不见有人下去把老人救上来。就在围观者看热闹的心理已完全得到满足,并且快要散去的时候,从围观者的外面冲进来一个蓬头垢面的男子,毫不犹豫地跳进坑里,用头把老大爷顶了上来。后来有人把老人送进了医院。老人苏醒过来的第一句话却是:"那个救我的人好臭!"据说,那个救这位"嗅觉还未完全失灵"的老人的疯子却仍旧在那坑里发疯。无独有偶,这位考生的作文也得了个不及格的分数。

面对这样的可能有些极端的事例,我们到底如何来评价把这两篇不同凡响的、很有创见并且立意不俗的作文判为"失败"之作的老师呢？不知他们是否会想到自己的不公正评判可能引起这样的后果：那两位学生由于受了教师主观任性的评判之后，他们的心里布满了阴云，甚至这阴云慢慢占据了他们的整个心灵，使心灵再也没有容纳别种东西的空隙了，其思想会变得紊乱，对所见所闻茫然无知；而且从此对教师充满了失望和不信任感，不论教师再教导他们任何东西，他们都会抱拒斥态度，因为没有人能够在一个战栗的心灵上写出平正的文字。在某种意义上讲，学生的智力自由和表达自由是一切自由的根源。如果教师熄灭了学生敏锐的思想火花的话，也就扼杀了学生的精神生命力。从教师伦理学的角度来分析上述事例，这几位教师破坏了合作有效性公正——有效合作的相互性。破坏了合作有效性公正之规则的教师，首先伤害到的是学生，"教育上的错误比别的错误更不可轻犯。教育上的错误正和错配了药一样，第一次弄错了，决不能借第二次第三次去补救，它们的影响是终身洗刷不掉的。"① 当然，也有可能在某种特定的情况下，教师做这种不公正的事情会不利于他本人的利益。教师不根据优秀善之公正规则去行动，就会首先伤害到他自己——损害了自己的形象。

本来教师公正表现为师生利益的适当交换和分配，它是保证每一个学生获得理应获得的学习条件和合理评判的必要措施。教师公正从其积极的方面来看，是一种师生互相尊重的合理分配方式；但从其消极的方面来看的话，它又是一种报应式的惩罚方式。事实上，这种惩罚方式是教师公正自身的保护机制，如果缺乏这种自身保护机制，则教师公正将会不堪一击甚至于不攻自破。所以教师公正必须是针对每一个教师和学生的公正，它意味着一种师生之间的就"事"论事的恰当性，而决不是就"学生"论事的某种方式。苏霍姆林斯基在其《和青年校长的谈话》中指出，所谓公正，就是尊重与严格要求相结合。在学校生活中，没有也不可能有什么抽象的公正，教育上的公正，意味着教师要有足够的精神力量去关心每一个学生。既然教师公正原则所要处理的是分配问题，那么学生至少直接知道其中有一种事情是他们希望获得的权益。这也就是说，某种东西蕴含权益；权益蕴含某种

---

① ［英］洛克著，傅任敢译：《教育漫话》，22页，北京，人民教育出版社，1985。

东西。因而，教师公正的分配性就表现为这样两个原则：第一，授权原则——学生的"贡献"蕴含他要获得的"权益"，而且其"贡献"至少必须等于而不能少于该权益。换言之，"贡献"是学生所能够提供的好东西，而"权益"则是学生想要得到的却是由教师提供的好东西，这两者以互通有无的方式进行对等交换。第二，承诺原则——教师这一权益角色蕴含着责任与义务，但其学生希望获得的"权益"必须至多等于教师所承担的责任与义务。这意味着如果学生要想得到好的东西——"权益"，他就必须同意贡献好的东西——"贡献"。由此可见，教师公正具有对等性和互换性。

教师公正的对等性首先表现为等价交换原则，即教师以某种方式对待其学生，学生也以同样的方式对待教师，但这种情况，只有师生双方在某种环境中，具有几乎完全同等的自由和能力时才有可能被有效地得到执行。所以，教师公正的对等性又必须进一步表现为，教师给同样的事情以同样的待遇，而给不同的事情以不同的待遇。教师公正的对等性原则并不能解决需要教师公正处理的所有问题。这就像教育机会均等只能使每一个人的能力按其潜能得到发展，并不能保证每个人具有同等能力，所以这一均等不能对谋求发展的机会提供更多的均等意义。因此，教师公正还需要一个估价原则——一个关于判定价值的形式公正性原则，它才是具有实际意义的原则。也就是说，我们只能根据教师和学生的关系或在场师生的关系来论证某种标准 X 的公正性。但这种在场师生的关系必须被看做普遍有效的关系，尽管在处理某个具体问题时只涉及到某些师生，它在理论上却应该对每个师生都有效。比如说教师公正能够激发起学生对教师的亲切感、安全感、理解感、信赖感和共鸣感就是普遍有效的观点。由此可见，教师要想做一个公正而有良心的教师，就必须把灵魂的高尚与精神的纯洁联系起来。而如果一个教师总是私心重重、患得患失，精神境界不高，把个人利益看得太重的话，就极有可能在处理学生的事情上表现出偏私、不公正。

三、教师责任感

人既应该对人有责任，也应该对自然有责任。这种责任感的培养主要会落到教育上，教师责任是社会及其群体对教师个人职业角色的期望，教师对这种期望的认同与承担就是教师责任感。教师承担起责任的首要前提是分清任务，认识到在规定的具体情境中所应承担的任务，学会在不同情境中如何跟学生发生相互作用，选择恰当的策略。当然，任务可能不是明确地规定好了的，但每当教师对学生的现实需要作出反应时，任务就会清晰地显现出来。

如何使学生感到在学校安然自在、不受拘束，而且觉得学校充满创造的活力，是教师义不容辞的责任；帮助学生发展学习的一般动机，使每种学习活动切合学生，唤起对各种学习材料和生活问题相互联系的意识，以及创造有利于学习的情境，也是教师必须承担的责任；关注每一个学生的发展，努力开发每个学生的潜能，同样也是教师的责任。诸如此类，无须多言。每一个真正具有责任感的教师，会用自己对教师和教育的理解，明确自己的责任，并在特定的教育情境中尽心、尽力、尽责。

要做到上述那些，教师就得有清醒的教育意识。这样的教师，会有教育理性和教育智慧的力量、师爱和师生协作与精诚团结的力量、能正确评价以各种不同形式表现出来的学生精神风貌的卓越性，能在与学生的利益和幸福协调一致并且不损害他人的利益和幸福的情况下寻求自己的利益和幸福；促使学生发挥更高形式和更高层次的自我潜能，增加其团结、友爱、洞察力和理解。教师只有具有了这种卓越的教学、教育才能，其肩负的教育责任与义务才有可能成为现实。

黄宗羲在《续师说》中有这样一段话："嗟呼！师道之不传也岂特弟子之过哉？亦为师者有以致之耳。师者，所以传道授业解惑也。道之未闻，业之未精，有惑而不能解，而非师矣。"而今，道之广闻，业之专精，学生有惑不愿解，亦非师也。从某种意义上讲，作为一个教师，首先教育自己，把自己造就成一个真正意义上的有高度职业责任感的人。试想，要是人们放心大胆地、不加思考地把受教育者的道德、心智及其灵魂信托给教师，而教师却并未意识到这一伟大重托，那将会是怎样的一种不幸呀。无论如何，在教育界"安身立命"的教师，必须以受教育者的一切为最高旨趣。假如作为一个教师，又并不对受教育者感到有趣味，他根本就不适合做教师，那又何必自造樊笼作贱自己的生命呢。

教师不但要注重自我造就，而且还需要废弃自己的某些陈旧观念（如教师说的学生就得听，教师有正确答案在手作为验证学生的标准等）。因为教师的这些观念有时完全是出于思想的懒惰而形成的，只不过是一种偏见的看法而已，并非一条具有普遍价值的真理。教师没有真正属于自己的思想，就没有自己的真理；而没有属于自己的真理，也就会没有在真理范围内的精神自由。

真正的教师责任是一种完全自愿的行动，是对学生需要所表达的反应。教师有责任感意味着他有能力并准备对学生的需要采取行动，尤其指关注学生的精神需要。但稍微不慎的话，教师也可能把责任变成控制学生，所以需要教师尊重学生，以此来弥补责任可能"变质"的不足。"尊重并不是惧怕和敬畏。根据它的词根看，尊重意味着能够按照其本来面目看待某人，能够意识到他的独特个性。尊重意味着关心另一个人，使之按照其本性成长和发展。"[1] 但如果教师没有对学生的充分认识和理解，也就不可能有对其学生的尊重，因为没有充分的了解，关心和责任都有可能盲目。教师要更多地关注学生，更多意味着有不同的选择，意味着每个学生都会有机会在某些事情上取得成功——并且经常地成功。教师要明白："一个发育很好的头脑、一种学习的热情，以及把知识融合到工作中去的能力，是通向未来的关键。"[2] 一方面，学生是他们自己认定的那种人，他们可以成为自己想成为的那类人；另一方面，他们也经常变成别人所期望的样子，当教师每天将那些期望通过语言、态度、气氛和身体语言流露出来时，他

---

① ［美］弗罗姆著，孙依依译：《为自己的人》的附录《爱的艺术》，253 页，北京，生活·读书·新知三联书店。

② ［美］沃斯、［新西兰］德莱顿著，顾瑞荣、陈标、许静译：《学习的革命》，258 页，上海，上海三联书店，1998。

们的期望就会潜移默化到学生的行动中去。

　　教师能够履行其职责与义务的巨大力量在于为学生作出榜样。教师是怎样表现自己，以及在哪些方面表现自己，根据这一点，学生就可以得出结论：人一般是些什么样的人，什么是善良，什么是理想。因此，教师的人格能吸引学生，便能以其思想——生活观点、信念、道德——伦理原则，智力的丰富性和热爱教育及其教育者的品质的完美性来鼓舞学生。例如，教师要尽可能地持乐观态度是很有道理的，因为如果教师表现悲观情绪和在其解决问题的方法方面采取玩世不恭的做法，那学生还有什么希望可言呢？所以教师必须用热情武装自己，采取行动，克服困难。教师的教学需要超越短视的实用性，鼓励提问、相互作用和研究不同的假设。他们在教学中要表现出好奇心和思想开放，并随时准备自己的假定将由事实来检验，甚至承认错误。传授学习的兴趣，尤其是教师的责任。而且教师和学生间确立的强有力关系是教学过程的关键所在。虽然知识可以以各种方式获取，并且远距离教学和在教学方面使用新技术已表明卓有成效，但是，对于学生，尤其是尚未形成稳定的学习态度以及对自己的定位想像还不充分、尚未掌握思考和学习方法的学生而言，教师仍是无法替代的。试想想，对善于教学生思考、让学生产生更努力深入某个问题的强烈愿望的教师，有谁不敬佩他呢。

　　这里，还要说明的是，教师对学生的爱并不只是责任或义务的产物。柏拉图曾将爱视为一切道德和精神进步的基础，甚至是一种非常特殊的普遍的本性。但激情却是一种由横在路上的障碍来培育的爱的形式。一个对教育充满激情的教师无疑会把学生视为活泼而丰富的创造者。但是，教师对学生的爱不可能无缘无故地产生，并非教师行为规范规定教师要对学生有爱的热情，教师就可以做到。爱是一种心灵相通而产生的一种情感，而不是意志或意愿。教师之所以爱学生，不是因为他想要这么做，更不是因为他应该这么做，而是当师生通过接触、了解和不断交流之后，出自内心深处的一种悦纳其学生的内心体验，是心甘情愿的付出，是一种想到自己学生的存在就产生的愉悦或关切、关注。但是，任何出自强迫或强制的行为都决不是出于爱的行为，教师的义务和责任从某种程度上讲，是一种强迫或强制，教师依靠教育法律、法规而自制也是一种强制，所以，师爱不是由义务或责任而产生。但从另一方面看，根据教师的能力向学生行善，不管他们是否为教师所爱，这却是一项义务。由此可见，社会把教师热爱学生作为一项道德来规定，也就有些未及真意了。教师对学生的爱心需要耐心培养，而无法强行灌输和强迫产生或接受。但要求教师对学生有仁爱之心则并不过分，即对学生行善，这种仁善会使教师产生对学生的关爱，但这种关爱只不过是一种道德责任而不是道德情感的范畴了。

第三章
教师德性的养成

教师伦理学的理论首先要成为教师的道德理想，并进一步形成道德信念，才有可能真正成为教师的德性。教师德性之出神入化的体现是教育智慧，教育智慧是一种"既美其道，有慎其行"① 的德性，教师在关心其学生的每一个方面、特征的完善的同时，还关注学生的所有各个方面和特征的和谐；能够把对其学生的同情态度与应有的严格要求结合起来；能够针对每一个个别情况深思熟虑地、随机应变地对待学生；能够行为灵活地应对具体情况。教师德性的实践理性需要善的知识、公正的意识和责任感。教师德性有一个发育生成的过程需要培养。研究教师德性的养成是研究教师德性不可缺少的组成部分。

一、教育实践是形成教师德性的基础

教育实践是"由在特定环境中如何实现教育的重要目的的信念指导的行动"②。作为教师，"谁如果想成为一名出色的教育者，谁如果愿意把自己的生命献给这一伟大而崇高的事业，那么，谁就应该努力使自己成为富有历史感和时代感的人，成为热爱人、理解人、善于研

---

① 董仲舒：《春秋繁露·玉杯第二》。

② Walker, J. C. An assay review of vivine, problembased methodology：Research for the improvement of practice, *Educational philosophy and theory*, vol. 28, no. 2, 1996.

究人的人，成为深刻地了解社会与教育相关的一切，并对人类社会未来充满信心的人。只有这样的人，才能在为使人类与社会变得更美好的教育事业贡献自己智慧、力量与生命的同时，使自己也变得更美好。"① 教师要使自己更富教师德性，当然只有在教育实践过程中才能变成现实。从理论上讲，实践就是通过任何一种连贯的、复杂的、有着社会稳定性的人类协作活动方式，在力图达到那些卓越的标准——这些标准既适合于某种特定的活动方式，也对这种活动方式具有部分的决定性——的过程中，这种活动方式的内在利益就可获得，其结果是与这种活动和追求不可分离的。但另一方面，对人们实践行动的解释还必须对特殊行动境况的了解，而这些特殊的境况是哪怕最有效最系统的规则也无法完全把握的。而且，无论规则是多么系统周全，任何一套规则都无法给所有可能的偶然事件提供指导。这就需要求助于我们对实践的公正和合理性的理解和恰当运用，公正和合理性不仅是外在的规则和秩序，而且更重要的是人的一种内在能力和德性。推而广之，我们可以把这种对实践含义的阐释演绎到教育实践之中去。在教师的教育教学实践领域，教育实践的利益和标准两者及其权威，就是以这种排除了所有主观主义和情感主义的判断方式发挥作用的。教育实践，既要获得其内在利益，也涉及到卓越的标准和服从规则。教师要想通过教育实践养成其教师德性，就要接受它的标准的权威性，使自己的教育态度、选择、爱好和兴趣服从这些标准；就要把教师道德理论化为思想方法，同时要身体力行，化为自己有血有肉的道德人格。

二、反思与自我修养

（一）　教师对时代风尚的反思

"康德曾说过，人是两个世界的公民。一个是日常的经验世界，

---

① 叶澜：《教育概论》，338 页，北京，人民教育出版社，1991。

即自然世界；一个是灵魂和精神的世界，即自由世界。"① 由此看来，每个人都会受这两个世界的影响，教师也不例外，而经验法则又总是受该时代的价值取向的支配。现代的主要价值取向是有效性，其经验法则就是简单因果性。既然越快越好、越省事越好、越彻底越好，那么，立竿见影的因果性当然就会成为人们思维判断的主要圭臬。鉴于这样的理解，有人认为目前教师亦受到此种影响，并存在着这样五个方面的师德问题：1. "人在曹营心在汉" ——缺乏事业心；2. "做一天和尚撞一天钟" ——缺乏进取心；3. 对待后进生冷漠无情——缺乏热情与爱心；4. 经不起金钱诱惑——物欲熏心；5. 师表意识淡薄——形象扭曲。

与人类对现代社会的经济、科技和政治文明生活所抱有的日益增长的确信相比，人类对自身的精神生活，尤其是道德生活以及由此形成的诸种伦理学观念，却始终缺乏这种共有的确信和理解。"的确，在这个世纪，人类在物质财富领域创造了足以傲视前人的成就。不但阿波罗登月成功，交通工具的快速便捷和通讯手段的日益先进让人津津乐道；而且信息高速公路和经济持续发展的前景也让人兴奋不已。消费主义和商业文化制造的繁荣前景更使人对未来充满信心。" "然而，本世纪精神境界的时尚却是怀疑与否定，以至于这个世纪在思想文化上可以被称为'怀疑与否定的世纪'，不但上帝死了，而且人也死了。各种时髦纷呈的'后……'只表明原先认为天经地义的东西——受到批判与否定。在这个世纪，似乎没有什么是神圣不可侵犯，不可怀疑与否定的。"② 这就使当今人类的道德实践处在了十分深刻的危机之中：1. 社会生活中的道德判断之运用，是纯主观的和情感性的；2. 个人的道德立场、道德原则和道德价值的选择，是一种没有客观依据的主观选择；3. 从传统意义上讲，德性已经发生了根本的改变，并从以往社会生活所占据的中心位置退居到了生活的边缘。而今天在我们的教育领域里，对于怎样控制和管理教师的行为知道得很多，但对于什么样的人类教育经验才符合教师的需要却知道得很少，所以，虽

① 张汝伦：《坚持理想》，26页，上海，上海人民出版社，1996。
② 张汝伦：《实践哲学的意义》，载《读书》，1997（5）。

然现在给予教师的职责与自主逐渐在加强，但他们的实质性训练却很少，社会为其提供的支持也不适当。

我们现在的社会病态还表现在缺乏有明确社会身份的自我形象。就社会性现实而言，人们通常把摆脱了身份、等级和出身等封建传统对个人的制约的现代的自我看成是历史的进步。但是这种不具有任何必然的社会内容和必然的社会身份的自我，却是当代道德问题的最深刻的根源所在，它已丧失了人类传统德性的根基。因而进入现代以来，客观的、非个人的道德标准丧失了，道德判断的标准只能出于自己，对任何事物都可以从自我所采取的任何观点出发，每个人都可以选择那种他想成为的人以及任何他喜欢的生活方式。这种自我可以是任何东西，可扮演任何角色，采纳任何观点。因为他本身什么都不是，自我不过是角色之衣借以悬挂的一个"衣架"。自我已被消解成了一系列角色扮演的分离的领域，并不是像前现代那样把自我作为一个从诞生、生活和死亡联结起来的整体看待的。这种社会现实导致了道德的解体和道德相对主义，它既使我们在理论和实践上丧失了对道德的明辨力，又使我们无从有客观的标准来判断和识别善恶。另一方面，它也使道德处于严重的无序状态之中，人们会接受从不同的背景条件下产生的互不相容的道德观念和道德标准。它们都加入到当代的道德论争中来，受到其影响的当代道德生活，就成了一个有着许多不相容的道德观点和道德观念的大杂烩。

在社会日益现代化的今天，教育规模的扩大和现代科技的发展使得学校管理层要把越来越多的精力放在筹措教育经费上。经济杠杆和市场规律使得学校教育日趋商业化。事实上，教育正在成为一种新兴的商业和生意。学生及其家长是顾客，教师是"练摊的"。好像每个教师都将会变成"人格市场"上的商品，师生之间的一切关系也会仅仅变成消费和表面交往的关系。这样，每一个教师似乎都只不过是"一包东西"，一包由其交换价值——学识、威信、文凭、地位、已经取得的成功和未来的成功机会等等混合而成的"包裹"。教育的源头活水——"学"正在逐渐枯竭。这表现在教育者和受教育者的关系上。师生比例在扩大，师生关系在淡化，再也不可能像古代教育那样，师生朝夕相处，切磋学问，情同父子，教师以传道授业解惑为职志，学生以求学敦品为目的。现在，从事教育工作者也像其他任何工作一样，是一种职业，是一个饭碗。师生比例的扩大和专业划分越细，使得师生之间的接触大大减少，甚至几近于无的地步。教师和学校的聘用关系使得许多教师把从事教育工作看做是出卖自己的智力和知识，这在本质上是一种商业行为，因而不可能像从前那样和学生结成情同父子似的感情。

现代教育的主导思想是为社会培养需要的人材。但社会的需要不断在变，教育却是人类社会和人类文明得以健康发展的百年大计，长远利益所在。如若让百年大计和长远利益服从不断变化的眼前需要，必然会违背教育和科学的规律，不断新增一些闻所未闻的短线专业而压缩甚至取消长线专业，使得教育越来越像专业技术培训班，而不是人性和人的才能全面发展的主要手段。本来社会发展归根到底是为了人，是能让人更好、更全面地发展自己的才能，是为使人成为一个真正的、有人格的、有个性的人。可是，目前为社会需要的教育却和为有个好工作而受教育的思想联系在一起了，按照现代社会的市场经济规律，社会需要就意味着挣钱多的职业。虽然人类需要实用的知识对付眼前的需要，但毕竟也需要普遍的知识给自己确定长远的目标和选择。教育不能全盘技术化，不能把人的教育当做商品、工具或材料的生产来看待。

坚持教育是人的教育，是人的事业，在当今来说具有特别重要的意义。教师现在所能做的是在自己所从事的教育工作中尽量体现和突出人性。师生间建立亲密的人性关系，教学中突出知识的人性内容或人性意义，最重要的是唤醒学生通过教育达到自我完善的意识。

其实，教师为善为恶应当反求自身，因为我们的优秀道德传统并未为其设立保险公司，岂能替教师负此重大责任。教师不自树立，一一推诿传统或时代风气不好，祈求良好的时尚，这乃惰性的表现。

（二）对师生关系的反思

师生关系是一种事际关系和人际关系的整合。一个人代表某些事务功能而出现与代表着特定人格而出现所形成的关系显然有所不同。

前者看上去虽然也是人与人的交道往来，但实际上是一种事际关系。在生活中，人常以法官、律师、商人、教师、医生等身份出现，此时人表现为人物，而人物代表着某种职能，所以，当与某种人物打交道时实际上只不过是与某种职能打交道。后者则是以人对人的交往，这种交往不是人物间的职能性关系，而是人与人心灵的沟通和交往之间的关系。在某种程度上讲，事际关系是外在利益关系，利益分配得当则风平浪静、安定和平。否则就有冲突、矛盾，因为师生之间的事际关系可能是单向性的、不平等的，甚至缺乏人性沟通的关系。人际关系则是相遇相处的关系，相待和谐就产生积极健康的情感，否则就产生敌意、冷漠和孤独。很显然，只有在这两种主体间的事际关系和人际关系中才会出现公正问题。

师生之间的人际关系不是就事论事的工作关系，而是以人对人的"私人交情"和交往。就其可能性而言，人—人关系有三种："我对我"关系、"我对你"关系、"我对他"关系。"我对我"关系一般是指知识论意义上的自我反思关系，另外，也指存在论意义上的创造性。这种关系是最直接的无障碍的关系，我所真正尊重的价值在其中几乎不受影响地得以呈现，每个人都会希望成为一个在人性上尽可能卓越而完善的人，故这一关系是揭示做人道德的最根本层次。"我对我"原则指我将尽可能如此这般地做人，意味着能够如此这般地做人，在此，教师公正表现为自尊、自重，即对得起自己的人格和良心。"我对你"关系指一种免除压迫即两个自由人格的共处，一种人格对等的交往，妥当地理解师生之间的我与你的关系就是把这一关系比较保守地看做是对另一个人的人格尊重和自由存在的承认，这是各种具有实质意义的美好人际关系的预先交往（如相互理解、相互信任、相互体谅、互尊互爱），这种关系是不涉及外在利益的纯粹的待人方式。"我对你"原则指我将按你的自由和尊严来对待你，当且仅当你也按照我的自由和尊严来对待我，在此教师公正表现为人格对等。"如果在教师的眼里看来，学生只不过像是一种什么容器，可以把一定的知识和技巧灌到里面去，那么，这样的看法不会促进他对学生的爱，相反地，倒是把他在从事教师职业之前还有的那么一种平常的人对儿童的喜爱的情感，也给窒息了。当教师把每一个学生都理解为他是一个具有个人特点的、具有自己的志向、自己的智慧和性格结构的人的时候，这样的理解才能有助于教师去热爱儿童和尊重儿童。"[1] "我与他"关系是在利益中的处世方式，由于受利益支配，"我"总是把他人当成某种对象、东西、手段，而让自己充当主体。这种关系并不美好，但却无法消除，只要存在着利益分配，我与他的关系就是自然而然的。"我对他"原则即我将按照某种规范 N 对待他，当且仅当他也按照 N 对待我，这里意味着一个人对另一个人在社会合作方面的公正原则，在此，教师公正体现为对规范的同等遵守。违背了"我对他"原则即表明某一方不遵守规范，例如，一个教师虽然认可了某种教师伦理规范却又违反它。这意味着他只希望别人遵循该规范而自己并不遵循。

合理的、理想的师生之间的人际交往表现为师生心灵上、情感上的融洽，并不存在谁为谁的利益关系，也没有谁主谁次的权力不均衡。这种心灵的交往可促使师生产生相互感知、相互理解、相互信任和相互吸引的互动效应。师生关系的升华——由师生之间的事际关系上升到人际关系，主要取决于教师的工作作风和他的人格品质，取决于师生彼此之间的信赖。"信赖在多大程度上不可避免，也就在多大程度上不可否认。只有当人们不能获得自己所依赖的东西时，就会倾向于去信赖；而在人们能支配事物的地方，大概就不会有人去赞同一种总是需要冒险的信赖关系，而是更喜欢保障自身，所以人们总力争以支配代替信赖。然而，一个人想支配另一个人的那种人际关系必然走向终结，只有作为信赖关系，只有尊重同类的不可支配的人格，人际关系才能够存在。"[2] 这种关系的质的飞跃可以使教师和学生都保持积极的情绪：教师由此对其职业生活充满热情，并对学生富有同情心和宽容、谅解的情怀；而学生则变得思路灵活、思维敏捷，从而提高了创造性和增强了智力效应。

虽然教师对学生的爱，主要是给予（这种给予是教师潜能的最好

---

① ［苏］赞科夫著，杜殿坤译：《和教师的谈话》，35 页，北京，教育科学出版社，1980。

② ［德］潘能伯格著，李秋零、田薇译：《人是什么——从神学看当代人类学》，32 页，上海，上海三联书店，1997。

表达，教师从其给予行为中，可以体验到他的力量和能力）。教师给予学生的是他的生命的活力、他的喜怒哀乐、他的兴趣、他的理解、他的知识、他的幽默以及其生命活力的全部表现方式。但与此同时，也意味着接受的一面，所以教师亦会受到他的学生的教育，师爱的主动性包含对学生的关心（爱是对其所爱的人的主动关注）、责任、尊重和认识。教师必须把学生看做值得尊重的人，承认学生的感情是重要的、宝贵的。教师首先就必须在思想观念上以平等的地位对待学生，因而他们不只在那里，"接受和被保护"，而且也在"付出和共同分担"。教师有了这样一种意识，就能真正爱学生和自爱了。我们应该知道，如果一个连自己都不爱的教师，是不可能有爱学生之心的。所以要教师真正能爱学生，首先就得培养起他们爱自己的感情和宽容的情怀。因为，一个人的意志力并非能够转变一切，人格中富有忍耐的品质，心情就会比较平静。由此而生的宽容，便不会只是从热情中流露出来的，而往往还是人心经过反复思维斟酌和超越感所产生出来的。

教师的宽容是指教师虽然具有管理学生的权力和知识，但是对自己不赞成的行为、意见和看法进行阻止、干涉应作审慎选择。在这里，所谓不赞成既可以是道义上的，也可以是与道义无关的（即不喜欢）。当某一行为或习惯在道义上不被赞同时，对其宽容则常常被认为是自相矛盾的：宽容似乎要求承认错误的东西是对的。但实际上，宽容常常是一个事关程度的问题，它要求作出正确的给不同意见留有余地的判断。

但这种宽容与纵容、漠不关心断然有别。所谓纵容，可以认为是过分的宽容，漠不关心之所以与宽容有明显的区别，是因为漠不关心的行为既不是赞同的，也不是不赞同的，而且漠不关心体现的是单纯的被动，宽容却意味着主动的限制因素。在那些遵从宽容的人看来，可把宽容看做是不容异己（拒绝容忍那些理应容忍的东西）与纵容（容忍不应容忍的东西）二者之间的中间项，但他又不至于发展到漠不关心的程度（拒绝对应该作出判断的事情作出判断）。一般说来，许多有关宽容的争议所关心的都是宽容的合理范围和限度问题，这又通常与宽容的道德基础或对宽容的理由的不同解释有关。由此可见，宽容是一个有道德意义的态度和立场，它与不容异己、纵容以及漠不关心的界限，恰恰是它的道德立场所在。一般说来，宽容可以遏制骚乱，带来秩序。教师宽容的目的是反对不宽容，即对学生的行为、思想、言论和生活方式不能横加没有法律或道德伦理依据的干涉。宽容首先是对批评的宽容，批评既是宽容的标志，又是宽容的保证，也就是说，教师要经得起学生的批评指正，"只有接受批评才能排泄精神的一切渣滓。只有吸收他人的意见才能增加精神上新的滋养品。"① 宽容和批评是健康的师生关系必不可少的两个因素。宽容之所以不同于纵容与漠不关心，就在于它有自己严守的道德界限。只有具有强烈道德责任感的教师才能说宽容，这正如只有对那些能够自律和负责的人，我们才能说："干你想干的，一切都会很好。"对于错误和有害的思想和言行，主张宽容的教师也必须给予针砭与批评，否则就是冷漠和纵容。从某种意义上讲，教师的宽容也是理解其学生的一种方式。教师对学生的宽容，仅仅承认学生拥有发表自己见解的权力还不够，还必须承认学生的见解本身是有意义的。雨果曾说过，世界上最浩瀚的是海洋，比海洋更浩瀚的是天空，比天空更浩瀚的是人的心胸。作为一名教师，更应有宽广的胸怀，宽厚的慈爱之必，不对学生斤斤计较。

（三） 教师的自知和自我理解

一个教师为了具有教师德性，他必须在参与复杂而日益扩展的教育教学任务之时有自知之明。但许多教师却把自知当做自然发生的事情，或把它看做学校之外的问题。这种观点，与为了教书本知识而教书本知识的成见相结合，形成了不把人视为最为核心的教育课题的态度。事实上，教师的自知会真正导致较大的教师自主权、创造性和较少歪曲对教育现实的认识。自知并非理所当然的，也不是只要想到了自己，就知道自己了。实际上，要经历认真而持久的内部反省与外部影响的过程，才能对自己产生主观的与客观的认识。随着个人生活的进展、新的活动领域的扩大，教师就要置身于新情境和新人物中并以

---

① 徐特立：《徐特立教育文集》，76 页，北京，人民教育出版社，1979。

新的方式行动，即他已改变了。这意味着，自知不是一个静态的过程，它是一个动态的过程，这过程必然随着教师个人精神生命的成长与发展而保持。自知也含有知道一个人行为的可能结果的意思，对个人的局限性和实力的合理认可。自知的功能在于：个人在特定的情境里，知道展现在面前的不同选择和选定某种行动过程的理由，以及意识到行动的后果。我们大多数人为自己的认识与行动的独特方式，然而，当我们面对实际的课堂教学时，遇到与自己很不一样的学生时，经历陌生的、多方面的问题时，许多人就会发现自己的不足或不适，因而可能感到惊慌。其实，处理人的情境问题所涉及的技能，与读、写或解决假设性问题所涉及的技能，迥然有异。它包括诸如倾听、感觉、知觉、交往、移情作用和灵活性这种解释性的技能。而且，教师的态度、感情、目标、价值、信念和过去经验都影响着他的教育行为。所以，教师必须全身心地进行自我考察，以便逐步认清他对人与人之间的情境处理得如何和行为的合理性。教师必须选择做他认为正确而合理的事。这样做，他所选定的是做一个自由而负责的人，有目标地计划自己的命运。只有当教师坚持不懈地去做时，他才会对工作的困难、压力置之度外，对默默无闻无怨无悔，并能看到他工作的价值和意义。

通过直接互相交往的方式向别人学习，也是了解自己，使自己发展的一条良好途径。随着注意从学习书本知识与间接信息向学习人的机智与经验移动，教师就使自己卷入种种不同的生活方式，并理解范围广泛的一系列生活。正是在这种个人参与的真实过程中，正是经历对抗和互相作用的互让过程后，教师体验到、考虑到和懂得了人际关系的错综复杂。正是通过这些能动的经历，教师才有可能从一个自我中心的人转变成为一个有能力对受教育者的心灵施加影响与进行调节的人。一个人只有具有深刻的自知之感，才能保护其不致坠入错误表述、偏见和虚假意图的深渊。

教师理解自己，不但含有认识自己之意，而且还涉及跟别人对自己的态度、看法以及自己对自己的认识达成"协议"。教学是个透明度比较大的活动，在此，教师的一举一动和所作所为，都是显而易见的，都处在学生敏锐的洞察之中。教师的感情或心境，他的安全感，信任与自尊都通过其教学行为表现出来。其实，不怎么为一般人所承认的事实也有存在的可能性，即一些教师所面临的极其自然的情绪是害怕和担心：害怕和担心个人的准备不足，害怕和担心遇到意外的对抗而不知所措，害怕和担心在学生面前丢面子，害怕和担心举止不合体统，害怕和担心学生们及其他们的一切出其不意的举动。可是，社会上则把教师想象成很有信心的、很有知识的人，其实，这无形之中给教师增加了另一层恐惧——害怕和担心辜负社会的期望。教师经常体验到挫折、愤怒、疏离和寂寞之感。所有这些问题都需要妥善解决，而教师自知、心理安全和信任的发展有益于解决它们。一般说来，凡是靠拼时间、拼精力来取得教学成绩的教师，从长远看，不会是最有成效的，这就有点像我们平常所说的过犹不及。他可能被工作弄得精疲力竭，因为他试图用这种方式赢得各式各样理智的和情感的报偿是不现实的。从另一方面讲，那就是教师需要保持自己的本色，尽力而为，即以己之长攻克困难，而不是刻意迎合世俗的意见不一的要求。

面对诸多需求时，我们不得不思考这样一个问题：教师如何保持心智健全和良好的精神状态？使教师任务的澄清与肯定，适当技能的获得、人格和调节能力的发展、心智健康的保持，以及人生观的阐明成为教师终身的过程。成功的教师总是诚心诚意地追求他们的工作意义，不知疲倦地为扩大其知识与能力而奋斗，并保持其自我概念，遇到不断变化的环境会有条不紊地进行自我更新。教师必须实事求是地对待自己，以便履行期望于他的责任，他必须尽可能时时、事事把握住自己的态度和看法，以便像从生活中那样从教学中吸取意义。这样，它将会帮助他自己始终保持方向感和目的感，对自己在做什么有很清醒的意识。

如果在教师德性的养成过程中，有哪一个教师想撇开自身经验的影响，就像想避开白天而满足烛光一样愚蠢可笑。因为教师需要通过直接经验从自然而然的教育过程中获得真正的教育认识和作为教师形象的自我认识，并通过师生交往获得沟通与理解。

第一编 教师德性论

三、教师德性的价值

一个有教师德性的教师也意味着他有了教师自由。教师自由意味着，任何一种创造好的教师职业生活之可能性，都可以供教师选择，并且有待于教师作出选择，而决不意味着某种可能性已经被别人为他选择好了。一个教师只有在同时拥有外在自由和内在自由的基础上，他才能自己去追求各种值得追求的好的教师职业生活。所谓"外在的自由指个人在社会中的行为所能遭遇到的强制压力（coercion），已经减少到了最低程度的境况"①。而"人只有对生命有清楚的自觉，对生命的资源有清楚的自知的时候，才能发展内在的自由，他才能依据生命的自觉及其资源，以自由意志去追寻人生中道德的尊严与创造的经验。在实质层面，这种道德的尊严与创造的经验是不能在自我封闭系统中获致的；一个人必须与真正的道德与创造的实例相接触，受其启发，才能去追寻"。② 至于什么是值得追求的或好的教师职业生活，都会在教师内心的自由状态和理智状态下明显起来，此刻，好的教师职业生活与教师所意愿的事情是一致的。而教师内心处于非自由状态时，则可能导致教师道德价值的晦暗性。这时，教师容易把某些手段误以为是目的，如以为获得了教师荣誉就是过上了好的教师职业生活。事实上，一个教师拥有多少自由，他就拥有多少创造好的职业生活的机会，故教师自由本身不是价值，而是教师价值的前提。教师自由是一切有意义的、有价值的教师职业生活的前提。自由不是放纵，不是随便想做什么就做什么，因为真正自由的感受是建立在创造的、心灵开朗的过程之中的。自由需要纯正权威的滋养，才可能有意义。一个真正自由的人需要有自由的素养和理性的素养。存在主义认为存在即自由，自由并不根据什么。只有他决定做什么，他就应有自由做什么。爱想什么就想什么、爱做什么就做什么的自由，有可能会不尊重人类过去的历史。教师自由表现为拒绝权、选择权和创造权，即教

---

① 林毓生：《中国传统的创造性转化》，68 页，北京，生活·读书·新知三联书店，1998。
② 同①，82 页。

师有不接受坏的教师职业生活的自由，有选择过好的职业生活的自由，亦有创造好的职业生活的自由。可是，教师尽管拥有教师自由这一能力，但并不拥有教师自由这一权力。教师的自由权力只是预付性的，因为教师之自由选择有着多种可能性：一个教师可能选择去做一个像模像样的教师——一个具有教师道德价值并力争过好的教师职业生活的教师，也可能选择做一个差的教师；有可能选择做些有益于学生精神成长的善事，也可能选择做些不利于学生的坏事。既然存在着这种自由选择的不确定性，所以，教师自由权的有效期限完全取决于一个教师所选择的是什么。

教师德性对学生而言，表现为一种与正直同源的德性以及乐于为学生服务的态度，指教师工作带来的利他价值。如果只想到对于教师来说，学生应该怎样，那就根本没有教师公正可言，因为教师只不过是根据他们所喜欢的行为规范企图去安排学生的命运。对于任何一个学生来说，他都有着自己的学习生活目的和存在意义；对于任何一种教师与学生之间的关系——无论是事际关系还是人际关系来说，这种关系都有着它们自身的存在目的。前者要求的是教师善，后者要求的是教师公正。一个教师的所有教师善都与他的学生的存在有关，故教师善虽然总是教师个人的，却必须以与他的学生的关系为保证，在这种意义上，教师善蕴含着对教师公正的要求而教师公正又服务于教师善。教师善之原则和教师公正之原则都不以教师伦理行为规范为准则，因为道德原则高于一切伦理规范，任何教师伦理规范都必须由教师善和教师公正原则来进行最后裁决。教师善即指教师过上了合情的职业生活，教师公正即过上了合理的职业生活。除了合情合理的教师职业生活，我们无法想象还有什么是合乎教师道德目的的职业生活。而且，教师善不是风平浪静的安宁，安宁只是不痛苦，教师善是充满活力的、非常积极的和激动人心的幸福。"教师的世界观，他的品行，他的生活，他对每一现象的态度都这样或那样地影响着全体学生。"①教师德性对学生的影响是任何教科书、任何道德箴言、任何惩罚和奖

---

① ［苏］加里宁著，陈昌浩、沈颖译：《论共产主义教育和教学》，157 页，北京，人民教育出版社，1981。

励制度都不能代替的一种教育力量。拥有教师德性的教师，会不为势利、名誉、金钱和地位所动；不为规章制度所拘束；不为陈规旧习所迷蒙。相反，会一切以学生的心理、问题、困难、愿望、个性、创造力等为参照，会以最纯朴、最敏锐、最强烈、最真诚的情怀去对待学生。

对教师本人而言，拥有教师德性就会产生一种对教育、教学实践而言的内在价值，即对教师自身而言的一种高尚感。比如，教师所教的学生取得了好成绩时，教师由此会获得内心的愉悦体验；教师自己取得了对教育实践而言行之有效的科研成果后而获得的成功感。但是，当教师对其教育成就，比如教会了学生读写算、运用思想和处理抽象关系，从而使学生有了一般的胜任感与信任感等等而沾沾自喜、心花怒放之时，是否想到了某种不足？例如，教育的结果主要是书本上的，学生学到的是从一系列静态的、占主流的观点出发去看待世界与人自身的；学到的是是非、对错、美丑、可用不可用的两分法思维方式；学到的是为获得成功或出人头地而与人无情竞争，却很少甚至不会去反省一下个人想获成功到底是怎么回事，到底为了什么，或与人友好合作会有何感受；学会了尖锐地分析问题，却很少去领会问题的全部意义与内蕴；学会了善于提出假设性问题，目的是验证同样是假设性的实践；学会了遵守公认的法则和条例，而不去审查其合理性。因为这些方式比较容易驾驭，而且是众所周知的。如果教师在面临实际的、具体的教育教学，面对千差万别的学生个体，遭遇陌生的、多方面的复杂问题之时，突然意识到了上面的这些不足，那么他作为教师的职业德性的确是在发挥作用了。

教师德性是教师敬业乐教的内在动力，是贯彻教育方针、提高教育质量和效益的内在保证，是提高教师各种素质、加强精神文明建设和教师队伍建设的催化剂，是调节各种教育因素充分发挥合力效应的粘合剂，也是学校取得社会良好评价和有力支持的感召力之所在。无论如何，教师是对他人和社会承担着特定责任的人，需要具有立体、开放的思维方式；需要有意识或无意识地影响学生，做到学高为师、身正为范；需要成为理性的拓荒者，不但对人生坦然、对专业有建树，而且对人类要有贡献。

拥有教师德性的教师可堪称名副其实的人师了。而人师本身就是一部非常生动、丰富、深刻的活生生的教科书，一个具有巨大教育力量的榜样。人师达到了高于并超越教材的境界，能够给学生远比教材多得多的东西。人师对学生的心理了如指掌，能够想学生所想，想学生所疑，想学生所难，想学生所错，想学生所忘，想学生所会，想学生所乐，以高度娴熟的教学技巧和机智，灵活自如、出神入化地带领学生在知识的海洋里遨游，用自己的思路引导学生的思路，用自己的知识丰富学生的知识，更为重要的是，人师能在教学实践中用自己的高尚思想品德熏陶感染学生的思想品德，用自己的智慧启迪学生的智慧，用自己的情感激发学生的情感，用自己的意志调节学生的意志，用自己的个性影响学生的个性，用自己的心灵呼应学生的心灵，用自己的灵魂塑造学生的灵魂，用自己的人格塑造学生的人格。人师的教学境界会达到不教之教，即教的不是书本里现存的事实知识，而是无法物化在书本中的一种人生智慧。人生智慧是一种心灵的彻悟，是一种有美感体验的豁然洞见。学生一旦形成了教师和他自己用全部身心滋养出来的人生智慧，其对学问和人生就会有一种全新的感受和深层的把握，生存境界就会更加崇高。

第二编

教师审美论

第四章
教师之"魅"在何处？
——"工作着是美丽的"

> 美是到处都有的。对于
> 我们的眼睛，不是缺少美，
> 而是缺少发现。
>
> ——《罗丹论艺术》

"教师职业美吗？""教师职业具有吸引从业者的魅力吗？"这些问题不仅值得政府部门和社会各界深思，而且要求每一位从业者做出理性的应答。可以说，对这些问题的认识直接影响着教师对自己所从事职业的价值判断和行为选择，并最终决定着教师的职业态度、工作业绩与生命质量。

要揭开教师职业美的奥秘，首先就要弄清美是什么，美在何处。然而美学家们对此众说纷纭，莫衷一是，从来没有一致的意见。从"美在和谐"（毕达哥拉斯学派）、"美在体积的大小和秩序"（亚里士多德）、"美在关系"（狄得罗）到"美在理念的感性显现"（黑格尔）、"美在距离"（布洛）、"美在移情"（里普斯）、"美在下意识"（弗洛伊德）再到"美在生活"（车尔尼雪夫斯基）、"美在人的本质力量的对象化"（马克思）……各派观点归纳起来，大体上可分为三类：一为"美在物"即客观论；一为"美在人"即主观论；一为"美在物与人的关系"即主客观统一论。

抛开概念上的纠缠，就美的内涵而言，一个事物之所以美，之所以能唤起人们的喜爱之情和愉悦感受，是因为其中包含了人类最珍贵的特性——自由创造。它把人类与动物区分开来，使人不仅能够按照事物的客观规律进行生产，而且能够按照人所特有的需要进行生产，并在积极地改造对象世界和自身世界的过程中确认自己的本质，获得自我的实现和发展。自由创造就是合目的性与合规律性的统一，是人类生命的灵魂，也是美的根本所在。因而，美就是人的自由创造的本质在生命活动中的感性升华。同时，美与审美相依相生、共生共存，没有审美，就没有美的存在，美总是审美体验的结果。因而，审美与美又是同一的，美就在审美当中，美就在审美的活动里。在这一意义上，美既是审美体验的对象，又是审美体验的产物。

本章试图从教师职业美的现象考察、教师职业美的领域分析、教师职业美的形态探究等方面入手，努力去剖析教师职业的魅力之所在。

一、"生存"、"享受"与"发展"——教师职业美的现象考察

职业是随着社会分工的出现而出现的。所谓职业，是伴随着收入，完成一项分工的连续性活动。它必须具备以下三个要素："（1）为了获取衣食资源的连续的人类活动（生活的维持）；（2）完成社会所期待的职务分工（任务的实现）；（3）自觉履行个人的天职做出奉献的生活（个性的实现）。据此做出定义，所谓职业是个性的发挥，任务的实现和维持生活的连续性的人类活动。"① 由于我们所处的是一个"职业社会"，因此，职业与人们的生活乃至人生就有了不可分割的联系。马克思和恩格斯曾经分析了"具有自然力、生命力，是能动

---

① ［日］近藤大生等编著，宇欣等译：《职业与教育——职业指导论》，12 页，北京，春秋出版社，1989。

的自然存在物"① 的人的三种不同水平的存在：生存、享受、发展。指出，人之区别于动物的根本特征就在于人的超越了动物性单纯生存状态的自由自觉的活动，它将人从动物中提升了出来。在人们现实的职业生活中，生存、享受、发展这三种状态更表现了人们对生活世界把握程度以及对自我超越程度的区别，也体现了人们对生活理想与职业理想的不同追求。

将职业与美及审美联系起来，则是一个复杂的难题。美学史上对美与审美的认识大体上经过了一个否定之否定的发展路径。苏格拉底把美和效用相联，认为美必定是有用的或有益的，衡量美的标准就是效用，有用就美，有害就丑，而美就是善，善也就是美，由此成为"功利说"的始倡者。美的"功利说"肯定了审美与生活的联系及其对实践的影响，有它的积极作用，但由于未看到审美活动的相对独立性，使审美成为理性的附庸。康德反对这种观点，提出了"非功利说"。他认为，美的特点就在于不涉及利害计较，因而不涉及欲念和概念，他从既无关感官利害又无关理性利害两个层面把美与欲、美与善区别开来。"非功利说"在某种程度上道出了审美活动的内在禀性，使审美成为一种独立于认识活动和道德活动的生命活动形态，有其重大的意义。但由于把审美活动与功利性对峙起来，把审美看成是人离开现实进入概念的结果，也使美学背离了现实生活，走上了贵族化的道路。当代美学否定了传统美学的非功利说，主张审美活动不但要从现实生活中超越而出，与求真、求善的活动相区别，更要重新回到现实生活中，与求真、求善活动相融合，因而旗帜鲜明地树起了"超功利说"的大旗。尼采所推崇的酒神精神便体现了他对超然于善恶之外，享受心灵自由和生命欢乐的审美人生的求索。这样，审美活动就从最初的伦理道德上的"功利"追求经过对感性和理性的"非功利"否定而走向了强调生命体验的"超功利"的定位。人们对美与审美的探索所经历的这一认识过程为我们将职业与美相连进而研究职业美提供了一种有益的启示。

对教师美以及教师职业美进行研究更是以往很少涉及的领域。

---

① 《马克思恩格斯全集》，第42卷，167页，北京，人民出版社，1979。

"教师"这一概念在不同的时代有着不同的表述，古今中外的思想家和教育家也从不同侧面为教师职业作过界定。我国汉代的扬雄认为："师者，人之模范也。"① 唐代的韩愈则提出："师者，所以传道、授业、解惑也。"② 苏联的教育家加里宁对"教师"做了更明确的表达，他说，"教师"这个词有两种涵义："按狭义解释，这是专门学科的讲授者；按广义解释，是指有威望的，明智的，对人们有巨大影响的人而言的。"③ 在顾明远主编的《教育大辞典》中，"教师"是"学校中传递人类科学文化知识和技能，进行思想品德教育，把受教育者培养成一定社会需要的人才的专业人员。"④ 这些定义，有的是按教师的作用而说的，有的是以教师的职责而言的，有的是从教师所应具备的品质而提出的，它们都在一定程度上揭示了教师职业的某些特征，但也有不足：或是只强调了教师的某一方面，或是把教师局限在学校教育的狭小范围，因而失之偏颇。我们认为，所谓"教师"是指肩负着培养年轻一代的神圣使命，承担人类科学文化传承任务的专业人员；教师职业则是由这样的专业人员在社会分工条件下所从事的藉助于文化培养人并实现文化承续与发展的连续性活动。教师职业美便是这些专业人员在连续性的职业活动中所展示出来的自由创造的本质力量。

正像军人是由战争造就的一样，教师其实是由教育活动造就的。在人类产生初期，由于传授生产经验和生活经验的需要，便有了以口耳相传为主要方式的教育活动。象征着智慧与力量的长者承担着对年轻一代的教育任务。我国自古相传：燧人氏教人钻木取火，有巢氏教民构木为巢，伏羲氏教民以猎，包牺氏教民以渔，神农氏制作耒耜、教民农作，嫘姐发明养蚕取丝……这些都可以看做是教师的祖先，但这并不是"职业"意义上的教师。作为"职业"的教师的出现是在人类社会有了脑力劳动与体力劳动的分工之后。我国春秋时期的孔子为了推行他的政治

---

① 扬雄：《法言·学行》。

② 韩愈：《师说》。

③ ［苏］加里宁著，陈昌浩译：《论共产主义教育》，189 页，北京，中国青年出版社，1958。

④ 顾明远主编：《教育大辞典》（1），230 页，上海，上海教育出版社，1990。

主张，率先办起了"私学"，主张"有教无类"，无论是统治阶级的子女还是平民百姓的子女，只要付出一定的酬劳，都可以被收为徒。这样，世界上第一次出现了以"教"谋生并把"教"当成是自己主要生活方式的从业者，"教师"以及教师职业就此诞生。

从教师职业产生以来，由于从业者的动机不同，对待这一职业的看法不同，因而在职业发展水平上也存在着差距。据美国国家教育协会对美国中小学教师的调查，有71%小学教师的入职动机是"希望和年轻人一起工作"；有59%中学教师的入职动机是因"对学科专长有兴趣"；多数超过40岁的教师（特别是女性）计划继续教书，直至退休，但有41.4%年岁低于30的教师却未定向；更重要的发现是：①若再有选择，很少教师愿意再教书；②只有10%的教师愿意继续教书直至有好机会来临；③有超过5%教师肯定计划尽早离开这行业①。在我国拥有一千多万之众的庞大的教师队伍中，由于从业者对教师职业的认识不一，入职动机各不相同；工作后对教师职业的感受不一，引起的对教师职业的体验和态度也有差异，因而带来职业发展水平上的明显不同。上海市一项面向中小幼教师1500份的问卷调查显示：从业者对教师职业的评价有很大区别②：

表4-1　对教师职业的评价

评　价　内　容	认同率（%）
是牺牲自己为国家和社会作贡献的工作	19.6
是既作贡献，又有乐趣的工作	59.8
是一种职业而已	20.2
是一种枯燥乏味的工作	0.4

对教师职业美的研究需从现象的考察入手。以我长期在教师继续教育活动中对广大教师的观察和与他们的接触来看，可以依据马克思

---

① 郑燕祥：《教育的功能与效能》，105～106页，香港，广角镜出版社有限公司，1986。

② 参见孙运时、桑锦炳著：《站在时代高度，重塑教师形象》，载《上海教育科研》，1998（1）。

恩格斯对不同社会状态下人的自由程度的不同而经历的生存、享受、发展三个层次的划分，将教师的职业存在状态也分为三种，即以此谋生和养家糊口的生存状态、体验人生和品味幸福的享受状态、服务社会和完善自我的发展状态。由这三种不同的存在状态，我们可以看到教师职业美所发生的阶段及呈现的方式。

（一）"生存型"的教师
——无奈的苦捱

处在仅以生存为目的状态下的教师把自己所从事的职业看成是进入生活或者获取地位的一种基本手段，以此获得一份固定的收入，用以维持生计。事实上，教师这一职业并不是他们的所爱和首选，他们是不得已而为之。以这样的心态来从教，就可能出现对教师职业如下的认识以及相应的表现。

1. 把教师看成是知识的搬运工

在这些教师看来，既然别的工作不一定做得来，那就只好教书了。反正教书也无非就是知识的输出，就是把知识从书本装进学生的大脑里，就像是把书从这一个仓库搬运到另一个仓库。因此，照本宣科、填鸭灌输是最容易不过的方法，机械训练、题海战术是再简单不过的事情。他的工作就是按部就班的运作，就是循环不已的重复。与其他职业的操心劳累相比，他觉得自己不需要付出太多的精力和体力，只要按照已有的惯性去做就行了，因而发给学生堆积如山的习题并不意味着自己不加选择，而正是以知识轰炸和强化记忆表明对学生的负责；搬上讲台陈旧发黄的讲稿并不意味着自己不思进取，而恰是以斑斑陈迹和流逝岁月证明自己的教学阅历和工作年限。如此一来，教师变成了知识的"搬运工"；教师的职业活动变成了单调乏味的简单重复。于是，日复一日的教学不过是多年以前备课内容的再次复述；每天的上课不过是书本知识向学生头脑的强行填塞。长期机械的劳作确实使他呈现出一种如工匠般的熟练。但是，这种熟练非但没有给他自身以及学生的身心发展带来积极有益的影响，反倒使他由于思维总是在旧有的轨道上运行而导致教学能力的退化，他的灵性和活力也被磨灭。这样的教师充其量只能算是一个毫无思想、毫无创造性的"教书匠"。不仅别人而且他自己都不可能从职业中得到美的享受。

2. 把教师的工作看成是无可奈何的选择

这一类教师从感情上提不起对教师职业的兴趣。只是由于每月的薪水对他有一种约束，使他或是出于良心或是出于无奈而不得不尽一份教师的义务。虽然也在忙忙碌碌地工作，但他仅仅是在履行职责，对于他来说，教师这一职业始终是一种"异己的存在"，他是在为别人工作，他所做的一切都是为薪金而做的"交换"，他在职业中找不到快乐和幸福，他也无法融入自己所从事的工作之中。另有一些教师把每天的工作都看成是一种痛苦的煎熬，45 分钟的上课时间显得漫长而又单调，学生在课堂或课后提出的各种问题看起来毫无意义或极为可笑。在繁重的教学任务和激烈竞争的压力面前，他的全部感受只有一个字——"烦"，"人生苦海何处是岸？"无聊与苦闷弥漫着他的心境，绝望和无奈充斥着他的心房，存在主义所说的"阴性心情"伴随着他，因而做一天和尚撞一天钟，牢骚满腹，抱怨自怜，动不动还拿学生撒气。学生在这种阴郁情绪的笼罩下变得谨小慎微，看老师的脸色行事成为学生行为的基本规则。"授课者是些没有给自己找到职业乐趣的不幸的人，这是一件很糟糕的事，他们也使孩子们成了不幸的孩子"①。它不仅可能导致孩子们双重人格的形成，还会给他们幼稚的心灵投下沉重的阴影。这些教师对自己的职业已经失去了起码的热情和积极的态度，哪还谈得上去潜心钻研？又怎能以审美的心境去感受职业生活中丰富的内容和美好的意蕴？

3. 将教师职业当做寻找"更好"职业之前的跳板

"身在曹营心在汉"、"这山望着那山高"是一部分教师思想的真实写照。没有长远打算，也不想深入钻研，更不要说将自己的一生都系之于教育事业。"对他们来说，教书只不过是获得更好的职业之前

---

① ［苏］戈里曼著，王玉林译：《当代的教师是什么样的》，载《理论探讨》，1995（2）。

用以谋生的权宜之计罢了"①。虽然置身于喧闹的课堂和火热的校园之中,但学生的成长仿佛与他无关,社会的要求也距离他很远,他始终是一个局外人在冷眼旁观着学校生活,倒是校园以外的生活吸引着他。他也将大部分精力投入到课余的兼职中。他不是以学校主人的身份出现在校园里,也不是以学生朋友的形象出现在课堂中,更像一个以一种短期的姿态在学校工作的"临时工"。他所关注的不是教育的改革、学生的进步,而是他自己的待遇和他所认为的更好的发展机会。因而,教师职业成为他暂时委曲求全的栖息之所,学生则成为他人生旅途未曾引起他注意的过客。这样的教师甚至还算不上教师,更遑称人类知识文化的传播者和创造者。如第斯多惠所说:"尽管你也许会凭三寸不烂之舌,说得天花乱坠,尽管你也许得到了全部的聪明才智与知识,要是你不追求尽善尽美,不为真、善、美服务的话,那么我们可以这样武断地说,你只不过是一个空话连篇的可怜虫,一个叮叮当当的小铃铛而已,你再也不会属于'人类繁殖'的一员。"②

专栏之一: **学生不喜欢的教师**

有个学生在日记本上这样写道:

"她一天到晚喊叫,弄得我们胆战心惊,动不动就要请家长,还骂家长呢,怪家长不管孩子,骂我们是流氓、坏蛋,就差骂娘了。昨天沃伏卡带来一本侦探小说,我们整整看了一节课,她看见了也不说话,也许她心里还高兴呢,因为课上安静了。她也希望我们少出些不及格的,但是她教的课,我们实在听不懂。前两天宁卡带来一条小活鱼,用瓶子装着,那还学什么代数!大家在课上传着看。普普通通一条鱼,本来没什么看头,不过比她嘟囔的代数有意思。她让交出瓶子,我们不交。她暴跳如雷,从同学手里夺过瓶子就往地上摔。瓶子破了,水流了一地,鱼张着嘴,眼看就要干死。沃伏卡说:'您怎么又要像老鹰那样耍威风?'她尖叫起来,提着

---

① [美]马萨莉,赵大砥译,马立平校:《评师范教育》,见瞿葆奎主编,李涵生、马立平选编:《教育学文集·教师》,550 页,北京,人民教育出版社,1991。

② [德]第斯多惠著,袁一安译:《德国教师培养指南》,25 页,北京,人民教育出版社,1990。

鱼尾巴就往窗外扔，还让我们把碎玻璃扫走，把地板擦干净。谁也不动一动，值日生呢，早跑了……但愿明年换个老师！我看，她就是跟马一起干活，有自尊心的马也会踢她的。"

资料来源：刘昌炎编译：《教师是什么样的人》，《外国教育动态》，载 1982（5）。题目为本书作者所加。

至于那些品质恶劣、道德低下、素质极差的一小部分所谓"教师"，只不过是混进了教师队伍、披着教师神圣的外衣却败坏教师声誉的害虫。他们根本不具备当教师的起码资格，何谈职业的生存状态？

（二）"享受型"的教师
——吃苦也是享受

在享受状态下，教师的职业成为他们参与生活、体验人生的重要途径。他们并不否认作为人的基本生存需要，但是，他们不安于此，不愿意在浑浑噩噩中枉度一生，而是有着更高的人生追求。因而，他们怀着满腔的热情投入工作，并在教师这一平凡的职业中找到了自己的位置。他们快乐地与学生交往，欣慰地享受着自己教学中的成就。学生的每一次获奖，自己得到的每一项荣誉都成为他们生活中的大事和引以自豪的家珍。带着这样的心态从事教师职业，就可能出现以下几种情况。

1. 把学生的成长当成教师最大的快乐

"教师最大的快乐就是创造出值得自己崇拜的学生，教师的成功就在于让更多的学生超过自己"[①]。对这些教师而言，教书的意义便是学生的成长和进步，特别是看着学生一天天长大，他更有一种由衷的

[①] 引自全国特级教师、重庆市梁平中学张学钊老师在广西"21世纪园丁工程"大会上的报告：《做一个善于学习的教师——我的教学之路》。张学钊老师说，她是把陶行知的"先生创造学生，学生也创造先生，学生先生合作而创造出值得彼此崇拜之活人"名言融入自己的理解后作为自己从教的座右铭的。

第二编 教师审美论

喜悦：这是他辛勤劳动的最好回报，也是他全部付出的价值所在。虽然他可能一辈子默默无闻，当不了作家、科学家、工程师、演员……也可能终生得不到什么值得炫耀的荣誉或奖章，但他有引为骄傲的已成为作家、演员、科学家、工程师的学生，有功勋卓著、成绩斐然、值得他崇拜的弟子，有他曾经为之付出心血和青春的年轻一代的人生，还有什么比这更快乐呢？他已经别无所求，这就是他所渴望的生活。透过学生的成长，他看到了自己劳动的果实，感受到了自己倾注心血的回报。意识到教师对学生的未来有所影响，这成为教师职业信念的重要支撑。贺斯金斯（Jin Haskins）曾经分析了教师这种由衷的喜悦："他带着一种与年青人共享知识宝库的温馨心情，迈进美好的一天。到了太阳西斜时，除了若有所获的满足感外，更觉得美好的一天是过得如此的快。如果能加倍延长可有多美好啊！"① 魏恩（Richard Wynn）也说："当你将一个一时糊涂而做错事的学生说服，师生彼此之意见沟通的喜悦是多么甜美啊！又当你将一个聪明的学生，培育其更聪明，往更高的理想迈进，又是多么的欣悦啊！我们都为着培养我们的美好世界而快乐无比地努力，更在享受这神圣职业的芳馨。"② 有人曾围绕着教师的"苦乐观"对 260 名中小学教师进行过一次调查，调查结果表明：80% 的教师认为最使他们高兴的事就是学生在学习、工作中取得成就；最使他们感到有乐趣的是看到学生的学业和品德的不断提高；最使他们感到头痛的事是碰到学习不动脑筋的学生③。这些教师已经把他们的苦乐与学生的进步紧密地联系在一起了。

2. 对平凡的工作充满热爱

"做一个教师，如果你热爱你的事业的话，那么，吃苦也是享受"④。对这样的教师来说，孩子那灿烂天真的笑脸是天底下最美丽迷

---

① 转引自林永喜著：《师范教育》，52 页，台北，文景出版社，1986。
② 同①，80 页。
③ 张相轮、钱振勤：《教学美学》，267 页，南京，江苏教育出版社，1998。
④ 引自全国特级教师、上海七宝中学毛荣富老师在广西 "21 世纪园丁工程" 大会上的报告：《实践·探索·创新——我的语文教学之路》。

人的图画，教室里传出的琅琅读书声是世界上最美妙动听的音乐，校园是地球上最纯美圣洁的净土。尤其与尔虞我诈的商界和物欲横流的世俗相比，教师职业更有着不可多得的"清高"和"宁静"，他陶醉在由这一职业带给他的清净之中。所有的辛苦和压力都变成了一种愉快、一种他乐意去迎接并以欢乐的心境去化解的"美差"。即便是在条件极其艰苦、生活非常清贫的情况下，他也怀着极大的热忱、带着浓厚的兴趣，无怨无悔地做着每一件事。恶劣的环境并没有击退他的斗志，微薄的薪水也没有磨灭他的情怀，他依然对教师寻常的工作心驰神往，对教师平凡的职业充满了热情。只要一听到上课铃声，他就精神振奋，所有的疲劳都不翼而飞；只要一走上讲台，他就激情荡漾，浑身都洋溢着蓬勃的生气。他觉得自己喜欢教书也最适合教书，只有在教室里，在学生身边，他才能找到自己存在的位置。国外有人曾以"愉快的一天"为题，了解教师们因什么而感到愉快，结果显示，教师们所认为的"愉快的一天""发生在当教师怀着渴望去学校，感受到热情和使不完的劲之时。在这一天中，教师感觉到他或她与学生的距离伸手可及，在预定的计划和教学单元里，他使许多学生带着兴趣完成了任务，而教师则圆满地结束了这一天的工作"①，于是，他没有空度这一天。这些教师已经把他们的兴趣与自己的事业放在了同一个砝码上，为了爱——爱孩子、爱学校、爱事业——而当教师。

3. 在付出和给予中获得内心满足

对这样的教师来说，选择教师职业便意味着某种无止境的付出和牺牲，意味着放弃荣华富贵和高官厚禄，意味着蜡烛般的毁灭和粉笔般的磨损。为了年轻一代的成长，他甘做吐丝的春蚕、教育百花园的园丁、攀登知识高峰的人梯、学生求知路上的向导。在给予和付出中，他有一种来自于心底深处的满足，他愿意就这样一生一世在教师这个职业之路上走下去。陶行知曾经对教师职业特征做过这样的分

---

① Kniker, C. R., Naylor N. A. *Teaching today and Tomorrow*, Columbus：C. E. Merrill Pub., 1981, p. 49.

析："教育者应当知道教育是无名无利且没有尊荣的事。教育者所得的机会，纯系服务的机会，贡献的机会，而无丝毫名利尊荣可言。"① 也就是说，教师职业是服务与奉献的职业，是无名无利也无炫耀资本的职业，"捧着一颗心来，不带半根草去"是教师职业的真实生活。因而，选择这一职业并无怨无悔地坚守自己的信念，便是一种伟大精神的展现。特级教师于漪充满激情地说："作为一名真正的教师，是用生命在歌唱，用生命在实践，为了我们辉煌的社会主义事业，为了我们可爱的学生，'请将你的脂膏，不息地流向人间，开出慰藉心底的花儿，结成快乐的果子'。假如我有第二次生命，我仍然毫不犹豫地选择教师这崇高而又神圣的职业，因为'给'永远比'拿'愉快。"②

专栏之二：　　　　　　　　**学生喜欢的教师**

教室正在上生物课。

教师刚想讲课，跳出一只绿色的东西。

"青蛙？这是列沙带来的吧？"

"是我带来的。"列沙笑着承认了。

"你看，欢蹦乱跳的，从哪儿弄的？"

"爸爸从挪威带回来的。"

"你爸爸出门回来了？带回的青蛙多吗？"

"就这一只。"列沙不笑了，他觉得不自在起来，因为耽误上课了，他后悔不该这样淘气，去它的吧，这青蛙！……

"我说，你能把这青蛙借我用用吗？我现在正在七年级讲两栖动物。我想借去给他们看看。行吗？"

"好的。"列沙高兴地同意了。

"那你快放好了，别让人踩坏……"

学生们又安静下来，他们在等候老师讲解剖学，忽然听见有咀嚼声。

"有人在吃东西吧。"老师断定：这是卡沙特金。

---

① 华中师范学院教育科学研究所主编：《陶行知全集》，第1卷，256页，长沙，湖南教育出版社，1984。

② 于漪：《于漪语文教育论集》，714页，北京，人民教育出版社，1996。

一个小胖子站了起来，他有滋有味地嚼着。

"又是什么糖吧?"

"香肠。"小胖子差点噎着。

"你别急，不然会噎坏的，你慢慢嚼，我们等你。"等了一会儿又问，"都咽了吗? 好，你讲讲，现在你的口腔、胃、肠里发生了什么事情。"

"这和香肠有什么关系?"小胖子莫名其妙。他没有料到自己会上圈套。

"我们不是刚刚讲完消化系统吗? 别耽误时间，大家都在听你讲呢……"

措手不及的小胖子只好乖乖回答。

"他答得对吗?"老师习惯地问，"还有什么补充和纠正吗?"

没有人补充，也没有人纠正。老师记了个五分。只字不提香肠、耽误课、破坏纪律的事。既然答对了，就给好分数。老师还很高兴，因为学生是毫无准备的。

课继续上下去，这回就开快车了。学生们瞪着大眼，聚精会神地听老师讲课。解剖学本来干巴巴的，老师却讲得津津有味。

下课了，学生们把老师团团围住，打听什么书里有她刚才讲到的学者的事迹。

资料来源：刘昌炎编译：《教师是什么样的人》，《外国教育动态》，载 1982 (5)。题目为本书作者所加。

这些教师已经把"教师"这一职业看成了自己的全部生命，并把生命全部灌注到"教师"这一职业中。

（三）"发展型"的教师
——创造的幸福

在发展状态下，这些教师怀着崇高的服务社会的理想走进教师职业中。他们不是把这一职业当成满足物质需要的功利手段，也不仅仅把这一职业看成是给予和付出之后的心灵满足。他们相信，教师职业就应该以培养出社会所需要的栋梁为己任，以学生主动积极的发展为最高目标，并围绕着这一目标而孜孜不倦地勤奋工作。同时，教师本人也会通过自由而富于创造性的劳动实现自我的发展与完善。以这样的心态从事教师职业，就可能产生如下选择。

1. 把教师看成是教育活动的反思者和研究者

"教师成长和发展的第一步，就在于教师自身的反思、教师自身对自身的评价和教师自身的自我改造"[1]。因为，最终唤起教师生命力的是教师自身，惟有教师本人才能为自己描绘出真实的形象。这就是"反思型"的教师。"反思"是教师以自己的职业活动为思考对象，对自己在职业中所做出的行为以及由此所产生的结果进行审视和分析的过程。这样的教师"会对他的教学计划、教学行为以及教学中施之于学生的影响进行评述与分析"[2]，会对发生在自己周围看似平常的教育现象进行思考与探究，会对自己所从事的教育实践进行判断与反省。而教师对职业活动的反思、在职业活动中的反思和为了更好地从事职业活动而进行的反思使他在自我觉察的反思中寻到自己发展的有效途径。同时，这样的教师不再满足于仅仅作为知识的传声筒或教材的扬声器，而是把自己当成一个理性的有思想、有见解、有独立判断和决策能力的人，他时时关注着学科发展的动态，处处搜集着教学反馈的信息，并高屋建瓴地进行研究。教室就是他的天然实验室，学生就是他最好的实验合作者，而他在学习中所接触到并认同的教育教学理论成为他实施改革的指导思想。于是，教学与研究成为他职业生命的两条腿，缺一不可；反思与研究也成为他的一种专业的生活方式，成为他职业发展的内在需要。教师便在反思与研究中获得了新生。

2. 以终身自我教育作为教师生涯的推动力

这些教师渴望着以自己有限的生命投入到无限的发展之中。他已

① ［日］上寺久雄著，赵一奇等译：《教师的心灵与风貌》，63 页，北京，春秋出版社，1989。

② Fueyo, V., Koorland, M. A. Teacher as researcher: A synonym for professionalism, *Journal of teacher education*, November-December 1997, vol. 48, no. 5.

经意识到，"进行终身自我教育，这对教师来说是一种义不容辞的神圣职责"①。教育者必先受教育，教师只有不断地进行自我教育，才具备教育学生的资格。而教师的自我教育，是对问题的自我发现、自我探究、自我解决、自我提高的过程，这也是教师迈向成功之门的必由之路。基于这样的认识，他把自我的发展与职业的要求结合起来，把教学的成功与持续不断的学习结合起来。他从不安于已有的成绩，始终像一名田径场上的起跑者，以昂扬的生气、精益求精的态度、学而不厌的精神超越自己。尤其在社会急剧变革、知识总量剧增的今天，他更清醒地看到：只有高素质的教师才能保证高质量的教育水平，也才能完成社会的重托，而高素质的教师是在终身教育特别是自我教育的过程中形成的。因此，他积极地从多方面、多渠道充实自己。学习和进修不为一纸文凭，也不为薪水提高这些纯粹功利的目标，而只为自我的充实与完善。这使他的职业发展呈现出更强的主动性和自觉性，也使他的职业生涯焕发出更加旺盛的生命活力。这样的教师已经成了自己职业发展的设计者和实施者，成为终身学习者和自我教育者。

3. 视教师职业为不仅给予也在收获的有意义活动

对这些教师而言，教学就是他毕生的事业，是他心甘情愿投入其中并不断从中收获快乐的职业。他不愿意自己仅仅是一种"春蚕到死丝方尽，蜡炬成灰泪始干"的悲凉形象。他相信，在付出的同时他也在收获，而且是巨大的收获。他在体验着双倍的幸福：他向学生所付出的积极情感不仅使学生体验到快乐，而且学生给予他的回报也让他感受着绵延的快乐；他不仅在教学活动中享受着学生进步带给他的幸福，而且他也在职业活动中感受着自我发展带来的幸福。同时，他也在收获三重的快乐：学生的健康成长使他意识到自己生命的延续，家长与社会的感谢使他看到自己生活的价值，品德灵魂的净化使他永葆未泯的童心。于是，他的自我价值在服务社会的创造性活动中得以体

---

①　[德] 第斯多惠著，袁一安译：《德国教师培养指南》，25 页，北京，人民教育出版社，1990。

现，他的个人理想融入到社会的进步当中，而教师这一职业成为他参与社会创造、实现自我理想的有意义活动，成为他个人幸福生活和持续发展的不竭源泉。

专栏之三：　　　　　　　　优秀教师的标准

全国标准署试图从以下五个主要方面确定和认证在改善学生学习中卓有成效、展示高水准的知识、技能、性格和敬业精神的教师。

（一）全身心致力于学生及其学习

1. 教师最基本的信条是所有学生都能掌握知识。优秀教师热爱青少年，一心扑在学生身上，承认学生有不同的特征和禀赋并且善于使每个学生都学到知识。他们的成功在于相信人类的尊严和价值，相信每个孩子内在的潜能。

2. 承认个体差异并以之调适教学。优秀教师不仅了解每个学生的兴趣和困难，而且知道他们的生活习惯、兴趣源和考试成败的原因。优秀的教师从实践中不断学习。

3. 通晓学生发展和学习的进程和方式。

4. 公平地对待学生。

5. 不仅仅培养学生的认知能力。

（二）熟练掌握学科知识和教材教法

1. 理解学科知识是如何创立建构并与其他学科相联系的。

2. 掌握传授学科知识的特殊知识和技能——教材、教法。

3. 用多种途径学习知识。

（三）负责管理和监测学生的学习

教师应对所有学生都寄予高期望，做学生学习的辅导者。

（四）勤于思考，从自己的教学实践中学习和总结知识

1. 优秀教师崇尚教育事业，认识其复杂性和艰巨性，能作为行动研究者终身致力于这一职业的发展。

2. 优秀教师研究自己的教学，懂得请他人观察和点评课堂教学对提高教学水平的意义。同时，他们紧跟科研步伐，从中吸取改善教学的最新研究成果。

（五）教师是"学习村"的成员

　　1. 全国标准署倡导教师发挥更为积极更富创造性的作用：课程分析和建设、协调学校教学、参与学校专职教师的专业发展和校方决策活动。

　　2. 与家长协同作战。

　　3. 善于利用社区资源。

资料来源：方燕萍编译：《教师应知道什么，能够知道什么——美国全国专业教学标准署制定优秀教师知识和技能标准》，载《教育研究信息》，1997（4）。题目为本书作者所加，有删节。

　　这样的教师是以生气唤醒生气，以激情感动激情，以理想鼓舞理想，以人格塑造人格。他已经不仅仅是"经师"，更是"人师"。

　　上述三个层次反映了教师职业存在的不同状态："生存型"的教师主要是从生计出发，站在功利的角度，以被动和消极的眼光看待自己的职业，他从事这一职业更多是出于无奈，因而感到困惑和痛苦；"享受型"的教师主要是从兴趣出发，站在非功利的角度，以对教育事业和学生的热爱来对待自己的职业，他从事这一职业是因为自己喜欢，因而感到快乐和幸福；"发展型"的教师主要是从自身和社会需要出发，站在超功利的角度，以完善自我、为社会作贡献的立场看待自己的职业，他从事这一职业是为了过一份更有意义的人生，因而感到崇高而有价值。从"功利"到"非功利"再到"超功利"，体现了教师职业状态的升华。所谓"超功利"是针对"非功利"和"功利"而言的，其义主要有三：一是指教师职业已从外在转向内在，即不是以外部世俗的功利事物而是以内在的情感体验为媒介；二是指教师职业从现实转向理想，即不是以当下的现实活动而是以超越的理想追求为目标；三是指教师职业从被动转向主动，即不是以强制的约束而是以自觉的发展为动力。就审美的立场而言，在"生存型"的教师身上，我们看到的是对职业的厌恶和疏远，教师与职业是分离的，难觅美的踪影，他只是"subsistence"；在"享受型"的教师身上，我们感受到了他对职业的热情和积极的审美态度，教师与职业是融为一体的，审美活动蕴藏于教师的职业生命中，他是在"life"；在"发展型"的教师身上，我们体会到了他对提升自己的迫切愿望和富于创造性的教育智慧，教师是超越于职业的，是以"教育家"为发展目标的，他一直在"grow"。因此，虽然同样是作为"教师"，但是，职业存在的不同状态使得教师的含义有许多不同，真正的教师是那些把自己的生命融进职业生活中，并从职业中得到快乐和发展的人。拥有这些教师，不仅是学生的幸福，也是社会的幸福。应该说，"享受型"与"发展型"的教师都能从职业中获得深刻的审美感受和强烈的精神震撼，因而也是初入教师职业的每一位教师所追求的一种境界和目标。

还需提到的是，教师职业"生存"、"享受"、"发展"这三种存在状态并不是相互拒绝相互排斥的："享受型"与"发展型"的教师同样有"生存"的需要，不同之处在于他们不是将生计的需要摆在教师职业的首位而是将其看成不言而喻的事情，他们所追求的也不仅仅是物质功利的满足更是精神生活的充实。"发展型"教师也有"享受"的需要，区别则体现在他们已经超越了朴素的兴趣而具有了更多的理性，有了更清晰的自我发展意识。因而，"生存"、"享受"、"发展"三种存在状态显示出一种由低至高的提升。同时，教师职业"生存"、"享受"、"发展"这三种存在状态也不是截然分离水火不容的。就个体而言，一名教师可能在他的职业生涯中依序经过这三种状态：首先是由于生存的需要而走进教师职业；在工作中逐渐培养起了对这一职业的感情，便开始享受由这一职业带给自己的快乐；进而意识到教师这一职业也为自己提供了成长与发展的舞台，便自觉地提升和完善自己。也可能初入职者是由于从小受到某种影响而萌发了做一名教师的志向，他是直接从享受状态起步的；在教师职业活动中他逐渐产生了强烈的服务社会、报效祖国的理想并落实在自己的平凡工作中，他便进入到发展状态。当然也可能有的教师一辈子只停留在生存状态，终日为裹腹生计而奔波、整天为蝇头小利而计较，毫无志向，碌碌无为。就群体而言，在一个学校、一个地区、乃至一个国家中可能"生存型"、"享受型"、"发展型"三种状态的教师并存。它说明了从业者对教师职业的不同认识和不同态度，以及由此而决定的不同行为选择和不同发展水平。

二、"对象"、"学科"与"过程"——教师职业美的领域分析

职业没有高低贵贱之分，但有美丑之别。退一步说，即便所有的职业都含有美的因素，但其表现的程度是不同的。苏联学者克留科夫斯基在他的著作《人是美的》一书中提出，衡量一个职业美不美，可以有这样几个指标：内在的、外在的；道德的、技术的；主体的、客体的。职业的美主要表现在技术特征、创造特征、道德特征和形式特征上[1]。我认同这一观点。一种职业之所以美，正是因为其中体现了人类自由创造的本质力量，并在感性中得以升华。以此来考察教师职业，我们便发现，与众多的职业相比，教师职业极具美的特性并焕发出迷人的光彩。就技术特征而言，教师职业是一种技术性较强的职业，它需要经过专门化的训练和长时间的学习，一个合格教师在上岗之前大约要接受 3～4 年的特殊培训，他既要掌握"教什么"的专门知识，又要具备"怎样教"的教育能力，因而，教师是专业技术人员[2]；就创造特征而言，教师职业也是最富于创造性的职业，教师在平凡的工作中进行着创造性的劳动，并因为这种创造调动起他的智慧，无现成的模式可套用，也没有一成不变的方法可沿袭，因而可以说，培养人的工作是最富于创造性的工作，从事这一职业的人也应该是最富于创造性的人。有研究表明：教师每小时作出 30 个与工作有关的重大决定，在有 25 至 40 名学生的班上，与学生之间每日交往 1500 次，[3] 这种复杂不定的情形更要求教师具有创造品质和创造能

---

① 参见 [苏] 克留科夫斯基著，刘献洲译：《人是美的》，北京，国际文化出版公司，1989。

② 对教师职业是否称得上专门职业、教师能否算是专业人员还有不少争论。通常人们认为，专门职业或专业人员必须具备这样一些条件：需要长期的专业教育；具有专业自主权；有较多的自由时间；有严格的专业规范和伦理要求；具有不可替代性。国外一些学者在将教师职业与医生、律师的职业进行比较后，更倾向于把教师职业看成是"半专门职业"或"准专门职业"，教师则是准专业人员。

③ 参见伯克著：《职业化：对发展中国家教师和师范教育工作者的重大意义》，载《教育展望（中文版）》，1997（3）。

力；就道德特征而言，教师职业也是道德示范的职业，为人师表、以身作则的师表形象不仅源于社会的需要，也是教师职业自律的要求，尤其在家长、孩子无法选择教师的情况下，教师这一职业就比其他职业更为强调职业道德，"德高为师、身正为范"的古训便是突出的反映；就形式特征而言，教师的职业活动又都表现为生动形象的特点，青少年形象思维的活跃、对具体情境的依赖要求教师的教学深入浅出、循序渐进，而当教师以丰富多彩的课堂活动和气象万千的教学情境展示出教师出神入化的教学艺术和精湛独特的教育智慧之时，教师职业的美便蕴含其中了。正是由于教师职业这些"美"的特征使它与许多一般的职业区别开来而具有了诱人的魅力。因此，我认为，教师职业是美的。教师职业中含有吸引从教者去欣赏、去体验、去创造的美的因素。有了教师职业美的存在，才有了教师审美活动的展开；有了教师的审美活动，又使教师职业的美更放异彩。

教师职业活动的领域是广阔的，但大体表现在三个方面：首先，就教师职业活动的对象而言，教师主要面向的是人，尤其是具有无限发展可能性的青少年；其次，就教师职业活动的内容而言，教师主要承担着学科的教学，并通过学科的教学实现人才的培养与文化的传承；最后，就教师职业活动的实施而言，教师的职业活动又都体现在教育过程中，以教育过程来促进师生的互动，展现教师的生命智慧。由此，教师职业的技术之美、创造之美、道德之美和形式之美便主要表现在对象的美、学科的美和过程的美几个领域，显示出教师职业所特有的魅力。

（一）对象的美：生命的灵动

教师职业的劳动对象不是无生命的自然物质材料，而是具有思想、感情、个性和主动性、独立性、发展性的活生生的人。其中，正在成长中的青少年构成了教师职业劳动的主要部分。他以童稚无邪的目光、以充满好奇的探索、以展翅飞翔的灵魂成为教师职业之美的重要领域。因此，这里所说的对象的美，主要指正在成长中的青少年身上所焕发出来的生命的美。具体表现在以下几个方面。

1. 在主动参与中生长

虽然作为教育对象和学生的身份使他们有一种鲜明的"学生感"和明显的"向师性"，但是，教师的劳动对象并不是简单地模仿教师的言行或被动地接受教师的教诲，而是主动地表现出自己的喜好和选择，用自己的大脑吸收精神营养，并对教师的活动采取认同或排斥的态度。教师无论如何努力，也不可能代替学生思考，而只能让学生自己去明白事理；教师的书教得再好，也不可能取代学生自主的学习，而只能为学生提供一张寻宝的地图。学生既不是教师想让他怎样、他就会怎样的"木偶"，也不是教师想怎样捏、就可以怎样捏的"泥土"。他们是富有主见的、能动精神的人。这种主动性"不仅越来越多地体现在接受教的学习活动中，而且体现在自我教育中，体现在对教的活动的积极参与中[1]"。传统教育常常把学生看成是被动的知识接受者，是等待着教师大量填塞知识的"容器"，否认了教育对象的主动性。这就磨灭了教育对象的灵性，抽去了教师职业美的精华，从而失去了影响教师职业发展的最有效的力量。

其实，学生是以他们主动的精神、情感和行为参与着教师的职业活动，对教师发生着影响的。离开了学生的主动性，就没有教育活动，也没有教师职业活动的美。正是有了学生的主动参与和积极体验，才会有浓厚的热情和积极的思维，才会有身心自由和谐的发展，才会有师生灵魂的碰撞和精神的汇合，也才会有教师职业活动的自由进行。从这一意义上可以说，教育对象的主动性为教师职业展示了一幅生动鲜活的美丽画面，它揭示了教师职业生活的真谛：教师正是学生主动成长的指导者。苏霍姆林斯基曾经以"思维课"为例做了这样的说明：每周他带着孩子们到果园、树林、河岸边和田野里，"课本"就是周围的世界，孩子们每出去参观一次，就把大自然的书读上一页。他们以自己的眼睛、自己的心灵去认识世界。"儿童学习看出并且通过亲身体验去认识事物跟词之间的深刻的联系。在这种思维课上

---

① 叶澜：《教育概论》，14 页，北京，人民教育出版社，1991。

所取得的效果，是任何书本和任何课程都无法给予的：孩子们不仅是用智慧，而且是用整个心灵来感知周围世界的。他们深刻地感觉到词的情感色彩：词好比是一点火花，去点燃思维的火药。在思维课上，孩子们不仅是听，而且是用感官去感知这些词语，如：晚霞，夏天的薄明或暮色，闪烁的群星，柔和的风。这些词语的声音，在孩子们的意识里永远地跟鲜明的、难忘的、激动人心的画面结合起来了，因此就成了他们意识中带有深刻个性的东西。"① 当学生带着一种高涨和激动的情绪进行主动的学习时，他会在学习中感受到真理的伟大、智慧的迷人，体验到发现的喜悦、创造的快乐，这种情绪激荡着学生的惊奇、陶醉、骄傲、自豪的情感世界，构成了学生成长的重要部分，也成为教师职业富有魅力的内容。

2. 在独立探索中起飞

每个学生都有一种独立的倾向和独立的要求，这是作为人所具有的共性。不同之处在于学生在学校的学习过程就是一个争取独立和日益独立的过程。从读书写字、说话听话，到饮食起居、绘画唱歌；从观察事物、动手操作，到搜集资料、问题解决，都是学生独立进行的，是他们在以个体的独立学习为主要形式的过程中习得的。而且，每具有一点独立能力，他们就总是迫切地想要独立使用和独立发挥，甚至不惜以拒绝帮助、不听指挥等显示自己的独立性。自己能看懂的书不愿再听别人细嚼，自己能弄懂的习题不愿再由别人提示，自己能明白的道理不愿再任别人啰唆，自己能解决的事情不愿再让别人包办。这是学生"自我意识"的觉醒，是他们摆脱依赖、成长为一个独立的人的标志。学生也正是在独立把握客观的外部世界和自身的主观世界的过程中逐渐成长起来的。传统教育常常忽视甚而压制了学生的独立要求，教师就像是"保姆"，把知识嚼得细而又细再喂给学生，越俎代庖、包办代替；教师又像是"侦探"，对学生的交往权、隐私权缺乏应有的尊重，否认了教育对象作为"人"的独立存在。这就把宽松和谐的师生关系变成了疏远紧张的专制独裁。教师在这样的职业生活中怎能体验到快乐和愉悦呢？

---

① ［苏］苏霍姆林斯基著，杜殿坤译：《给教师的建议》，185 页，北京，教育科学出版社，1984。

教育对象的独立性对于教师职业生活的美学意义在于，承认、尊重并积极引导学生的独立性将使教师的职业生活饶有兴趣，而帮助学生"起飞"则使教师职业富有意义。当教师把学生当成独立的个体看待，以一种平等友好的姿态出现在学生中间，教师就获得了一份信任、一份友谊，学生也流露出一种自信、一种欣喜，师生关系则表现为一种融洽、一种和谐。当教师不是以冷若冰霜的面孔而是以值得信赖的形象走进学生，并推心置腹地与之交往时，教师就成为学生精神生活的导师、人生旅途的向导。他以自己崇高的理想、乐观的态度、丰富的阅历、进取的精神去影响学生、启迪学生、教育学生，而学生也因此获得一笔极为宝贵的人生财富。"这些年轻的灵魂展开了双翼，提高了飞翔的能力。这是教师生活中欢乐的高潮；因为这儿灵魂接触了灵魂。"① 这正是教师职业的美之所在，也是教师职业的意义所在。

3. 在自主发展中成熟

人是所有动物中最高级的，但又是出生最早的。动物学家波特曼在对人类胎儿和动物胎儿详细调查后发现，人是在生理尤其是大脑尚未成熟的状态下出生的。许多动物一出生即可站立和行走，人却需要最少一年的时间才能做到这一点，原因就是动物实际上在母体内所停留的时间比人多一倍。波特曼指出：如果人也想达到它们的程度，起码要在母体内停留 21 个月。然而，恰恰是人的这种先天的不成熟，造就了人在后天突飞猛进的发展和真正意义上的成熟。它使人的发展水平大大高于和超于动物，成为万物的灵长和宇宙间最有意义的杰作。恩格斯曾经描述过人与动物的这种区别："鹰比人看得远得多，但是人的眼睛识别东西却远胜于鹰。狗比人具有更锐敏得多的嗅觉，但是它不能辨别在人看来是各种东西的特定标志的气味的百分之一。"② 因而，发展与教育就成为和人的成长相伴随的必然活动。这种

---

① ［德］第斯多惠著，袁一安译：《德国教师培养指南》，127 页，北京，人民教育出版社，1990。

② 上海师范大学教育系编：《马克思恩格斯论教育》，253 页，北京，人民教育出版社，1979。

发展不是局限于人生的某一阶段而贯穿人生的全过程。"个体发展是指人的身心诸方面及其整体性结构与特征随着年龄的推移而发生不断变化的过程"。① 发展既包括身体各方面的变化，又包括心理各方面的变化；既有连续性的一面，又有非连续性的一面；既是自然的客观过程，又是社会历史文化过程。

教师的劳动对象由于其所处的特殊教育环境和特殊的年龄阶段，因而有着特殊的发展性含义，表现为：其一指正在成长中的青少年具有发展的无限可能性。虽然先天的生物因素对人的发展有着某种制约，但却为其提供了后天发展的潜在可能：它使生命体成为一个开放的系统，也使人的发展具有了广阔的空间。尤其是正在成长中的人所特有的旺盛的活力、饱满的热情、远大的理想和奋进的精神更使他们的发展呈现出难以设定、无法预料的勃勃生机。一个班上几十名学生，可能就"潜伏"着未来的瓦特、牛顿；莎士比亚、巴尔扎克；肖邦、贝多芬；雪莱、海涅；拉斐尔、达·芬奇；拿破仑、巴顿；丹尼尔·迪斯尼。教师正也是怀着培养各类人才进而也发展自身这样的愿望走进这一职业的。教师在这一职业中感受着纯真的童稚，体验着灵魂的年轻，觉察着生命的涌动，品味着身心的进步。这是世间万物中最美好的事物。其二指正在成长中的青少年尚未成熟。发展作为一个不断进步的过程，总是与克服原有的不足、消除原有的矛盾联系在一起。没有矛盾就没有发展。青少年的成长是一个进行时态，其中会出现许多不完善甚至错误。迟到或逃学，欠交作业或拒绝考试，与同学吵架甚至打架，男女生传递纸条进而偷偷约会，等等。这可能并不是他们一贯的行为，而只是成长过程中逆反心理的出现、青春期的躁动等带来的反映，这是正常且允许的，也正是教育有所作为之处。教师的任务不是对学生求全责备，而是鼓励学生在尝试错误中走向成功，在纠正缺点时获得进步。教师也在这一活动中体会到并引导了学生的生命成长。其三指正在成长中的青少年具有"自塑"能力。内心世界的发现和自我意识的觉醒使青少年对自身的发展有着强烈的关注和尚不清晰的勾勒。他们已经开始构建理想的自我并以此规划自己的行

---

① 叶澜：《教育概论》，201 页，北京，人民教育出版社，1991。

为。"正是这种人在意识中理智地复现自己、筹划未来的自我、控制今日的行为的'自塑'能力，把个体发展的过去、现在、未来在意识中联结起来，不仅使人的已有发展水平影响今后的发展方向和程度，而且使自觉意识到的未来发展目标支配今日的行为。"① 于是，青少年的发展就有了更强的自觉选择和自主追求。教师的任务不是从外部塑造或改造学生，而是帮助学生学会选择、学会建构并为着理想目标的实现而不懈努力。这使教师的职业活动具有了醇厚的人文关怀意味。

专栏之四：　　　　　　**生长和发展的象征**

　　为什么我们发现有点难以适应儿童身上这种似乎是令人吃惊的变化，理由之一是，我们关于他们的观念总是倾向静态的。假定我们熟识一个两岁大的小女孩。在我们已经和她熟了以后，我们的思想很可能与某个两岁小女孩的相当精确的图像相去甚远。如果我们在大约一年以后又见到她时，我们头脑中已有的图像与我们面前所见的东西之间的悬殊差别就会使我们感到惊奇。即使我们更经常见到她，使我们的心理图像反映直到最近我们见到她的每一次情景，总是有点困难的。有些人在这方面比别人更困难，然而我们对儿童的观念落后于他们实际的生长和发展，却是一种普遍倾向。

　　每天都见到儿童的教师和父母，常常意识不到正在出现许多变化。首先，形成生长和发展的变化通常是逐渐出现的；因此我们就很少意识到正在发生这些变化。吉尔向父母诉苦他不会一位数减法计算，如9减去7。父亲试着帮助儿子，由于他的方法看起来不同于教师的那些方法，所以就不得不放弃这种尝试，并且也不再说更多的东西。几个月以后，在公立学校周父母参观了吉尔的教室并检查了他的功课，非常吃惊地发现现在他的三位数减法计算做得相当好。只有在我们有适当的机会把早期行为方式和眼前行为方式进行比较的时候，我们才有可能看到生长已经出现了。

　　资料来源：[美] 林格伦著，章志光等译：《课堂教育心理学》，62~63页，昆明，云南人民出版社，1983。

---

① 叶澜：《教育概论》，218页，北京，人民教育出版社，1991。

还需说明的是，教师必须改变传统的对学生的看法。以往人们倾向于把注意力放在学生目前的状况上，用"张三英语不错，但数学不行"；"李四调皮捣蛋，总是故意跟老师作对"；"王五太笨，成绩一塌糊涂"；"陈六野蛮得很，动不动就打人"等标签框定学生。这些标签在限制教师对学生的评价之时，客观上也束缚了学生的发展。其实，教师的劳动对象是具有主动生长、独立探索和自主发展能力的人，他们的存在使教师职业充盈着盎然活力。对教师来说，教育对象的主动性、独立性和发展性意味着生长、意味着变化、意味着生命。这就使教师职业获得了其他职业所未有的灵动和生机之美。

（二）　学科的美：智慧的体操

"教师"这一概念不是抽象而是具体的。最终它总是落脚于学科上、体现为学科教师的。虽然现在也有了一些不属于某一学科，而是担任综合类、活动类课程的教师，但是，就目前学校教师的分布而言，大体上教师是以学科教师的身份出现于教育活动之中的。通常按照不同学段学科的设置，可将教师分为语文学科教师、数学学科教师、英语学科教师、自然学科教师、社会学科教师、艺术学科教师、体育学科教师等。由于学校教育的中心环节是不同学科的教学活动，因而，学科就成为教师职业活动的内容领域，成为教师存在的根据所在，而学科内含的美也成为教师职业美的重要组成部分。

别林斯基认为，只有在美的感情下，才能有智慧。学科的美就是一种智慧的美，它是在人类美好感情的土壤里培植起来的，是思维的舞蹈，智慧的体操。学科的美具体表现在以下几方面。

1. 学科教学蕴含着真善美

学科教学的使命就是向学生揭示人间的"真、善、美"，发展学生运用规律进行自由创造的意识和能力，培养德智体美全面发展的人才。学科教学所负担的这一使命表明，学校所开设的各门学科是人类文化的积淀、是人民智慧的结晶，是人间真善美的体现。通过学科教学，学生可以找到一条攀登智慧高峰的捷径，从中获得走向世界、创造生活的底蕴和勇气。这就使得教师职业与其他职业区别开来，具有了不仅教师本身要追求真善美，而且还要引导学生求真、向善、趋美的特殊意义。这是人类赋予教师职业的使命，教师职业也因此而树立起伟大、神圣、崇高、纯洁的社会形象。

教师进行学科教学的过程，就是展现人类真善美的过程。教师在学科教学中的"真"不仅指教学内容符合科学性的要求，还指教学活动要符合学生身心发展规律，实现知识逻辑与心理逻辑的统一；教师在学科教学中的"善"不仅指教师通过言传身教向学生进行道德教育，还指教学本身渗透着丰富的情操教育、理想教育、人格教育的内容，使教学永远具有教育性；教师在学科教学中的"美"不仅指教学过程生动形象，使学生产生"如临其境、如闻其声、如见其形"的体验，还指教学活动刻骨铭心，成为师生共同拥有的一段充满愉快值得回味的生命历程。如语文课中文质兼备的文学作品就是真善美的颂歌，教材里栩栩如生的人物形象和爱憎分明的思想感情就是语文教师每天都在接触并用来教学的主要内容，如果再加上语文教师对作品的深刻理解和精当解读，辅之以热烈饱满的激情、抑扬顿挫的语音，潇洒奔放的板书，便演绎出语文教学耐人寻味的意义。数学课中大量奇妙的数、奇异的形、奇特的式和数学概念、公式、定理等构成了数学的美，这是一种如罗素所说的"冷而严肃的美"，如果再加上数学教师严密的推导、清晰的思路、简明的演算和直观的作图，便营造出数学教学所特有的美妙奇境。物理课所涉及的物质三态，所揭示的物质空间位移规律和运动形式的转换规律具有平衡、和谐的美。化学课所研究的物质构造和化合、分解的规律具有复杂、变幻的美。生物课所展示的生命本质和生态规律的有序绚丽。外语课所呈现的文法词汇和语法语调的异国风情。历史课所描绘的惊心动魄荡气回肠的历史画卷。地理课所掀开的悠远浩瀚神秘博大的山河面纱。音乐课的婉转、美术课的瑰丽、体育课的矫健、手工课的精巧等等，无不与人类的真善美相联。而学科的真善美又都统一在教师的教学活动中。此外，自然科学的教学所揭示的自然规律体现着真、蕴含着善，社会科学的教学所反映的社会规律展示着善、包孕着真，而这些科学知识的表述方式如语言、模型、方程式、元素表等都具有对称均衡、对立统一的形式美因素。或者反过来说，自然界与人类社会都有美的因素，人们因为被美所吸引而去探求其真，便有了自然科学与社会科学，美与真的结合又孕育出善。正如夏夫兹博里所言："凡是美的都是和谐的和比例合度的，凡是和谐的和比例合度的就是真的，凡是既美而又真的也就在结果上是愉快的和善的。"① 因此，以美引真、以美储善就成为教师学科教学的重要任务，也成为教师职业美的重要内容。

2. 学科教学体现着感性形式与理性内容的融合

学科的教学总是以理性的内容为旨趣的，学科教学的目的就是使学生掌握系统的知识并得到思维的训练。这就需要教师以学科的理论体系为基本的教学内容，包括抽象的定义、深奥的道理、艰涩的论点、繁杂的推演。很难想象，学科教学若缺少了理性内容的倚托该怎样实施。然而，另一方面，学科的教学从来就不是也不可能脱离一定的形式进行，它总是由某位教师在某一情景下用某种特定的形式通过上课而实施的。这其中，教师便需要各种感性形式的参与，如清晰的语言、生动的表情、形象的教具、新颖的方式，它使教学充满了令人心旷神怡的感染力。同样难以想象，离开了感性因素的学科教学该如何进行。作为"美"存在的基本方式的感性形式不仅是师生主客体相互作用的中介，而且是教学得以进行的先决条件。可以说，没有感性的形式，就没有学科教学。它们是统一的。正是感性形式与理性内容的有机结合，造就了学科教学和教师职业的美。

可能存在的一种认识上的误区，即认为只有音乐、美术、语文、体育课才有感性的形式，似乎数学、物理、化学、生物只有公式定理的抽象深奥而与"美"的生动形象无缘。其实不然。这些学科虽以抽象思维为主要特征，但是，大量奇异的公式、独特的定理却是引导学生认识科学规律、在感性的包裹下理解科学理性美的媒体，教师简洁明了的语言和清晰明确的思路则是培养学生的理性思维、在逻辑的框架下掌握科学体系的媒介，各种奇形怪状的教具和五花八门的实验又

---

① 北京大学哲学系美学教研室编：《西方美学家论美和美感》，94 页，北京，商务印书馆，1980。

是吸引学生探索的欲望、在兴奋的心情里解开疑惑的媒物。就科学理论而言，它的对称、简洁、自洽、严密的系统本身就有着形式的美，万有引力定律的简明扼要、欧氏几何学公式的清晰严谨、量子力学矩阵表达的缜密精致、广义相对论公式的洗练完美，无不流泻出和谐的韵致和节奏的动感。当爱因斯坦以 $E = mc^2$ 的公式表达自己关于质能关系的思考结果时，他就培育出了物理学也是科学最美的智慧之花。就科学实验而言，它的神秘、精巧、变化、活跃的实验过程裹挟着运动的美，从宇宙天体到矿石标本、从生态系统到原子结构、从基因工程到人工智能、从环境保护到化学元素，无不折射出对称的妙趣和复杂的诱惑。当居里夫妇经过千辛万苦提炼出最初的一点镭的样品时，他们常常不开灯，在黑暗的实验室里久久地注视着这种放射性物质发出的闪光，在他们眼里，那无疑是世界上最美的东西。这样的科学理论和科学实验难道不正是以形象的方式揭示逻辑的力量，以感性的表达展现理性的规律吗？而且，紧张愉快的思维活动本身就是人的"智慧的体操"，思维过程中那疑问迭出的悬念、逻辑严密的推理、旁征博引的论证、豁然开朗的顿悟等，都可以使人享受到发现的快乐。于是，理性的内容与感性的形式融为一体，成为教师职业活动的组成部分。这样的学科教学不仅带给教师本人和学生感性的愉悦与理性的提升，也充分展现了蕴含在教师职业活动中的智慧。而学科教学也成为学生生命成长中的驿站，以人类真善美的养料"滋养"着青少年的心灵，使他们带着憧憬、怀着希冀，奔向美好的新天地。

专栏之五：　　　　　　**以形象直观展现学科教学美**

直观美常常以生动的形象补充语言的间接性和抽象性。在教学中也是这样，形象的直观常常使学生在顺利地解开抽象概念的闭锁之后获得美的愉悦。

有位教师在讲"电子云"一节内容时，苦于不知如何使学生理解和接受这个抽象概念。他曾按教材的叙述，设想多次照相，然后将照片迭加起来让学生体会，但是这种方法仍很抽象。如果简单地出示电子云模型，学生又会误认为 S 电子云就是一个球，P 电子云则是一个哑铃，也难以让学生得到科学的表象。在反复思考后，他终于找到了一个形象的新途径：先用粉笔在黑板上画一个圆，并让学生联想儿时围圈的戏耍；然后，又用卫生球在地上画一个圈，并放进一只红头蚂蚁，蚂蚁在圆圈内急急地向圈外爬行，但由于害怕卫生球味，一碰到圆圈就掉头改变方向。这位教师一边让学生们看蚂蚁爬行的轨迹，一边用红粉笔在黑板上模拟运行，终于得出了一个几率密度图。学生们看着运行轨迹，想象着电子云的空间结构，终于在知觉的组合中获得了一个清晰的正确的表象：电子云乃是电子在空间运动得到的主体几率密度图。

资料来源：华生、唐丽琴著：《寻求教学中的美》，85 页，上海，上海人民出版社，1993。题目为本书作者所加。

学科教学的美是内生于学科自身的，是与学科共生共荣的。无论是学科教学中真善美的内涵，还是学科教学里感性形式与理性内容的融合，都是教师职业美的体现。教师作为社会文化的代言人、作为人类智慧的播种者，从事这一职业是可以引以为荣的。

（三）过程的美：生成的快乐

人的任何活动都是一个过程，都是以过程的形式存在和发展的。恩格斯说过："世界不是一成不变的事物的集合体，而是过程的集合体。"[①] 教师的所有职业活动都是在教育过程中并通过教育过程而进行的。"过程"本身就表明了它的开放性和动态性，即不是凝固僵滞而是变化发展的，它随着教育内容和教育对象的改变而改变，随着教育情境和教育手段的变化而变化。这就使教师职业具有了一种动态生成的美，具有了一种变化发展的美。因而，过程的美成为教师职业美的基本内涵。具体表现在以下几方面。

---

① 恩格斯：《马克思恩格斯选集》，第 4 卷，239~240 页，北京，人民出版社，1972。

1. 教育过程对知识的活化

美国教育家赫钦斯有句名言："教育意味着教学，教学意味着知识。"① 确实，教育过程首先就是引导学生掌握文化知识的过程。教育的一项重要任务，就是用人类千百年来积累下来的文化知识的精华武装青少年的头脑，使他们能站在巨人的肩膀上攀登。而人类的文化知识又是以各种物质载体如语言、文字、声音、图像等符号或非符号的形式存在的。对于青少年来说，包括教材在内的各种书籍是文化知识的提炼，是人类历史的浓缩。教师的教育和教学，就是要把这些静态的知识活化。因而，知识的活化成为教育过程的本义。它包含两层意思：一是说教师将书本上凝固的文字与火热的现实生活联系起来，使书本知识具有现实性和生活性，使科学富有人文价值，成为学生在自主的发现中认识社会、理解生活的指南。对于学生来说，知识的活化过程就是他发现真理的过程。怀特海说："儿童应该从他一开始受教育就体验到发现的愉快。他必须发现，普通概念使他理解那倾注在他生活中的川流不息的事件，这川流不息的事件也就是他的生活。""所谓利用一个概念，我指的是把概念和由感性知觉、感情、希望、欲求以及调整思维与思维关系的心理活动所组成的川流联系起来，这个川流就构成我们的生活。"② 这样，知识就不再是游离于学生生活之外、与学生的生活毫不相干的"它在"，而是学生成长的必需，是学生生活须臾不可少的组成部分。知识就与学生的人生紧密地联系在一起，成为他们步履坚定走向世界的强大支持。二是说教师将某门知识的内容与人类文化的长链联结起来，使学科知识具有整体性和发展性，使文化富有历史感，成为学生探索真理、创造世界的动力。这样，文化就不再是静止的来自于过去的知识，也不再只是"为完满生活做准备"的贮藏式的书橱，而是学生现时的生活，是学生生长所不可缺的

---

① ［美］赫钦斯：《普通教育》，见华东师范大学教育系、杭州大学教育系编译：《现代西方资产阶级教育思想流派论著选》，200页，北京，人民教育出版社，1980。
② ［英］怀特海：《教育的目的》，见华东师范大学教育系、杭州大学教育系编译：《现代西方资产阶级教育思想流派论著选》，111~112页，北京，人民教育出版社，1980。

"阳光"、"空气"和"水"。文化就与学生的生命有了内在的联系，成为开发学生生命潜能的精神力量，而学生也借此进入了世界、进入了生活，并在世界多彩的生活中找到了自己、确证了自己。在这一意义上，我们可以说，"教育正是借助于个人的存在将个体带入全体之中。个人进入世界而不是固守着自己的一隅之地，因此他狭小的存在被万物注入了新的生气。如果人与一个更明朗更充实的世界合为一体的话，人就能够真正成为他自己"①。

知识的活化是教师通过教育过程而实现的。它建立在教师对本学科专业知识的深刻领会和准确把握基础之上。有了这样的基础，教师的课堂教学才有了一份自信和自如，能够居高临下、深入浅出；教师才有更多的精力关注学生的变化，掌握教学的进程。知识的活化还需教师对与本学科相关的知识有一定的了解，只有这样，教师的课堂教学才有了更宽广的知识背景和深厚的学术功力，各学科的知识才不至于支离破碎，形成知识的正向迁移和综合辐射。知识的活化还要求教师对学科发展史及其趋势比较熟悉，能在教学中把学科知识与人类文化的关系、书本知识与现实生活的关系揭示出来，使教育对学生的人生产生深刻的影响。此外，知识的活化还包括教师对学科方法论、认识论的基本掌握，能帮助学生学会学习，使他们通过教育获取主动学习和自主发展的工具。这一切的要求"都服务于教师教学的成功，使教师具有丰富的、扎实的知识底蕴，能在科学体系中把握自己讲授的学科，能使知识在教学中不只是以符号形式存在，以推理、结论方式出现，而且能展示知识本身发展的无限性和生命力，能把知识活化，在教学中真正实现科学精神与人文精神、理论与实践、知识与人生的统一，充分发挥学科知识全面育人的价值"②。这样，教育过程就拂去了蒙在知识这颗钻石表层上的尘土，洗掉了附在文化这粒珍珠外壳上的泥沙，把最宝贵最有价值的珍品放在教师的职业活动中，放在求知若渴的学生面前。而教育就真正成为师生共同追求真理的有意义活动。

---

① ［德］雅斯贝尔斯著，邹进译：《什么是教育》，54 页，北京，生活·读书·新知三联书店，1991。

② 叶澜：《新世纪教师专业素养初探》，载《教育研究与实验》，1998（1）。

2. 教育过程中师生经验的分享

教育过程是由师生双方共同构成的。虽然教师与学生在教育过程中所承担的任务各不相同，但却都是教育活动不可缺少的要素，是教育活动的复合主体①。这样一种业缘关系，使师生在教育过程中密不可分；而师生关系也成为教育过程里师生交往的特殊形式。从某种程度上，我们可以说，教育过程就是师生共同成长的过程，是师生经验分享的过程。

"分享"是替代性地感受和参与他人活动的过程。在教育过程中师生经验的分享主要指教师和学生替代性地置身于对方，进行教育中所获认识、情感等的"换位"体验，以相互促进。这是包容性极强的一种活动。它包括这样两个层面。一是"教学相长"。虽然在教育过程中教师处于"教"的主体地位，学生处于"学"的主体地位，教师的主要任务就是"教"，学生的主要任务就是"学"，学生从教师那里学习科学文化、掌握知识技能，但这并不意味着教师在所有方面都优于学生，也不是说每一个学生在一切方面都不如教师。所谓"师不必贤于弟子，弟子不必不如师"，"青出于蓝而胜于蓝"已经充分说明了师生关系可能发生的转化。作为"凡人"的教师不必也不可能是各个知识领域的专家，他应该也必须向学生学习。既从学生那里学习他尚不熟悉的东西，也从学生那里深化他原有但还不甚清晰的东西。常常有教师感受到在课堂教学中由于与学生思想碰撞而产生的灵感，也有不少教师得到来自于学生的启发。这是真正的师生互动，是师生双方发自内心的相互欣赏、欢迎和肯定，是教师与学生在精神上平等的相遇，是教育过程中师生的共同提高。许多教师都是在这样的过程里逐渐走向成熟的。二是"共同创造"。师生在教育过程中最有意义的活动就是他们的创造。"创造作为人的优秀能力的表现，作为制作

① 叶澜教授在她的《教育概论》一书中提出了"复合主体说"，认为：教育者与受教育者在教育活动中都处于主体的地位，他们共同的客体是教育内容，即主体活动指向的共同对象。同时，教育者与受教育者之间全面的内部关系应该是互为主客体，互为条件。这一观点反映了教育活动中教育者与受教育者的实际关系以及教与学两大类活动之间的区别与联系。参见叶澜：《教育概论》，12~15 页，北京，人民教育出版社，1991。

世界中新的、前所未有的东西的力量，证明人的强大和他的无限可能性，从而产生最高的享受。从审美观点看，创造——这是自行生长的美"①。在教育过程中，教师虽然有着受动性的一面，他要受到教育规律和种种客观因素的制约，但同时他又有着主动性的一面，他能利用各种有利条件和自己的主体因素，对教育活动做出最佳的选择，使之促进师生的发展与完善。这就是创造，是教师对自身、对内容、对对象、对过程的创造，教师也在创造中得到进步。同时，学生也在进行着创造，这不仅体现在他在教师引导下对知识的选择、消化和重组，而且体现在他运用书本知识解决实际问题的探索。通过创造，学生体验到了发现的快乐，寻到了生活的源头，并因此而获得了对世界的真实理解。此外，师生的这些创造又是互为作用、相辅相成的。在创造中，他们分享着双方的经验，又以这些经验作为进一步创造的基础，以积极主动的姿态充分发挥着自己的本质力量，感受着生命的律动。于是，教育过程便呈现出一种双向的交流、动态的建构、生长的愉悦、发展的快乐，教育就成为师生共同拥有的精神家园。杜威曾经分析了教育的这种意义，指出："一切教育都是通过个人参与人类的社会意识而进行的。这个过程几乎是在出生时就在无意识中开始了。它不断地发展个人的能力，熏染他的意识，形成他的习惯，锻炼他的思想，并激发他的感情和情绪。由于这种不知不觉的教育，个人便渐渐分享人类曾经积累下来的智慧和道德的财富。他就成为一个固有文化资本的继承者。"②

---

① ［苏］斯托洛维奇著，凌继尧译：《审美价值的本质》，199 页，北京，中国社会科学出版社，1984。

② ［美］杜威著，赵祥麟、任钟印、吴志宏译：《学校与社会·明日之学校》，3 页，北京，人民教育出版社，1994。

专栏之六：　　　　在经验的分享中使知识活化

什么样的教师才是那些尽管面对障碍，但还是能接触学生的生活，给他们确立生活的方式和目标的教师呢？

也许有影响的教师最大的成功，在于他们能够使通常枯燥乏味的课堂生活转变成学生愉快的经验感受。

其实学生不只是需要信息，而且是需要有意义的信息；不只是需要知识，而且需要令人信服，能激起信念的知识。他们需要这些知识来帮助他们理解学习和生活的价值。

但是如果教师看上去是厌倦、冷漠、麻木的，怎么能使学生相信他们接受的知识是有价值的呢？事实上，青少年追求的是完美的求生方法，而对那些和充满热情与欢乐的生活的主要活动无关的知识，他们毫不重视。如果教师在教学过程中不能愉快地进入角色，他们的努力大部分将付诸东流。他们所传授的知识也会因为年轻一代没有兴趣记住它们而从文化发展的长河中消失。

资料来源：［美］西克森米哈利、麦科马克：《教师的影响》，见瞿葆奎主编，李涵生、马立平选编：《教育学文集·教师》，68～72 页，北京，人民教育出版社，1991。题目为本书作者所加。

特别要强调的是，教育过程的美是一种动态生成的美。它是教师全部学养、能力、智慧的展现，也是学生身心得到全面发展的基本途径。它把活化的知识通过师生分享的方式转化为个体的财富，并使师生在教育过程中相互促进，共同提高。但是，这一过程是通过教师实现的，教育过程的美也是通过教师发掘的。做到这一步的教师便成为人类文化发展的桥梁，成为学生成长的阶梯，成为影响着学生生活的重要人物。教师自身也在这一过程中逐渐得到完善。而教师职业也因这种生长和进步熠熠生辉，焕发出夺目之光。

三、"平凡"与"伟大"——教师职业美的形态探究

对教师职业美的形态可能有不同的划分。由于美的形态的多样性

和复杂性，使得美学家们在对其进行分类时有较大的分歧，分类依据的不同使这种分歧更难以调和①。在思考教师职业美的形态时，我吸收了美学中以美的事物对人的不同审美经验的激发为分类方法，又依据教师职业的特质进行了综合，把教师职业美分为"平凡"与"伟大"两个方面。它们共同构成了教师职业区别于其他职业的亮丽风景。

教师的工作是平凡的。循环往复、周而复始的运转使人感到平和而静谧、稳定而安逸、单纯而自足；但同时又可能令人感到机械而麻木、平淡而乏味、重复而厌倦。这里，就存在着对教师职业美的认识和感受问题。其实，平凡就是美，而且，教师的工作还有着伟大的一面。肩负着以人才培养推动社会进步的崇高使命将教师职业提升到神圣的地位。因而，教师职业的美体现为"平凡中见伟大"。这是内含于教师职业活动之中并伴随着教师职业生涯始终的。

（一）平凡：教师职业美的外在表现

教师是人群中的普通一员和平凡之辈。在许多人眼里，教师特别是小学教师只不过是一个"孩子王"，他们每天所做的都是再平凡不过的事情：备课、上课、布置作业；教孩子们读、写、算；与孩子们厮守在一起。而日复一日的生活也使教师职业呈现出一种习以为常的平淡，以至教师本人常常意识不到教师职业这种平凡的美，社会上许多人也对教师职业平凡的工作不以为然，很少看到平凡中蕴含的动人心弦的美。

平凡是美的。这是一种朴素的美、平实的美，是平凡人的平凡生

---

① 在美学史上，曾有不少思想家试图把多样的、具体的、感性的美整合为几种典型的形态，以便把它提升到理性思考的范围。柏拉图用形体美、心灵美、知识美和理念美表达他对美的形态的看法；狄德罗把美分为真实的美与相对的美；康德把美分成自由美与附庸美；黑格尔把美分成自然美与艺术美；鲍桑葵把美分成浅显的美与艰奥的美。现代美学通常作这些划分：根据美的生成分为现实美与艺术美或自然美、社会美、艺术美；根据美的事物所激发的不同审美经验分为优美、壮美、素朴美、雕琢美，具象美、抽象美；根据美的感性特征分为优美、崇高、悲剧、喜剧。参见冯契主编：《哲学大辞典》，1238页，上海，上海辞书出版社，1992。

活。从形式上看，平凡并不显赫、也不招摇，它只是平凡人以平平常常的方式勤勤恳恳做事，在平平淡淡的状态下辛辛苦苦工作的忠实记录。从给人们的审美感受来看，平凡并不使人感到轰轰烈烈，也不令人觉得震天动地，它只是给人一种平凡生活中的朴实无华和宁静温婉的体验。

教师职业的平凡包括下面三层含义。

1. 每一个教师是人才培养链中有限但不可缺少的一个环节

一个人的成长是许多不同学段不同学科的教师合作的结果。对于任何一个学生的发展来说，任何一个教师的劳动都只是为这棵幼苗的苗壮成长培了一把土，浇了一瓢水。从教育的层次来看，幼儿园教师、小学教师、中学教师、大学教师构成了一个递进的教育链，环环相扣，层层深入，每一阶段教师所面对的学生几乎都是前一阶段教师劳动的产物，没有哪一个教师能独立完成对一个人的全部教育；从教育的内容来看，语文教师、数学教师、物理教师、化学教师、生物教师、英语教师等构成了一个完整的教育网，相依相连，彼此渗透，每一个教师都只是从某一个侧面对学生进行某一学科的教学，没有哪一个教师能承担所有学科的教学。因而，担负不同学科的教师与担负不同职能的教师必须协同努力，才能促进人才的健康成长。这就使得教师职业表现出非常鲜明的合作性特征。教师不但要做好自己的本职工作，而且还要与其他同事协调配合，与全体教师一道，形成一个坚强而自觉的教师集体。苏联教育家马卡连柯指出："无论哪一个教师，都不能单独地进行工作，不能作个人冒险，不能要求个人负责，而应当成为教师集体的一分子"①，只有与其他教师合作，每个教师才可能"使自己本身的成就辉煌起来，同时，使整个集体的成就也辉煌灿烂起来"② 这一情形决定了个体教师的劳动在人才成长中影响的限度。但教育正是由这许多个体教师有限的劳动连结起来的，缺少了某一环

---

① ［苏］安·谢·马卡连柯著，刘长松、杨慕之译：《论共产主义教育》，304 页，北京，人民教育出版社，1954。

② 同①，467 页。

节或某些内容，人的一生就会出现教育环节上的断裂和教育内容上的残缺，成长就会面临阻力和障碍，发展就得不到有效的实现。因此，没有个体教师在学生成长中所作的"螺丝钉"式的平凡工作，就没有整体教育对人才培养所起的"发动机"式的持久影响；没有每一个教师"有限"的努力，就没有整个教育的成就。

2. 教师工作由许多琐碎却富有意义的事件串连而成

在校内，教师除了要完成上课、批改作业、召开班会、组织课外活动等常规的并不惊天动地的教学任务之外，还要处理一些看起来婆婆妈妈的事：某个孩子尿了裤子，一个学生丢了课本，上课时两个学生在座位上吵架，下课后一个学生被飞过来的球砸伤。这些常常令教师烦恼和头疼的琐事每天都可能发生在教师的身边，耗去教师许多的心血，而教师的职业似乎就是由这些凡人小事所构成。尼尔曾这样写过："大多数教师或多或少模糊地感到他们的工作是一个无底洞。比起律师或医生来，教师感到自己的工作要更多地耗损心力……因为他的工作似乎永远不会了结，永远看不到尽头。"① 然而，教师的工作并不就到此为止。在校外，教师还要进行逐个学生的家访、联系社区有关部门、组织各种社会实践活动，以促成家庭、学校、社会在教育上的一致，使社会各个部门成为青少年教育的积极影响者而不是相反。因而他失去了八小时之外的闲逸和走出工作岗位后的洒脱，也没有了严格上下班的界限和校园内外的区别。而且，教师的工作是循环进行的，所谓大循环（从小学一年级至六年级或初中一年级到高中三年级）或小循环（从小学一年级到三年级或初中一年级至三年级或高中一年级至三年级）等表明了教师周而复始的职业活动特点。这种工作性质决定了教师职业就是由诸多琐碎"小事"组成的辛劳和忙碌，教师也就是要在这种琐碎事件的包围中度过一生。但是，教育无小事。发生在学生身上的琐碎小事，在别人看来也许算不了什么，却是学生眼中天大的事，而且事实上，这些关乎每一位学生身心的事件也确不

---

① ［美］格雷斯著，戴玉芳译，马立平校：《教师和角色冲突》，见瞿葆奎主编，李涵生、马立平选编：《教育学文集·教师》，207 页，北京，人民教育出版社，1991。

容小视，稍有不慎或处理不当，就可能伤害一颗稚嫩的心灵。同时，教师循环进行的工作也不是简单的重复，每接手一个新班就意味着教师面临着一个新的世界，这是新的挑战，也蕴含着教师新的创造。正是这些看似不起眼的小事和不断的创造编织了教育的灿烂。

专栏之七： **普通教师平凡的一天**

以台湾普通教师一天的工作为例：

扮演教师的角色，从踏入校园之前便已开始。早自修之前，教师要先完成教学的准备。在每天的工作中——

有的是例行公事：

签到，陪学生早自修，出操，上课，布置作业，考试命题，批改作业、考卷，午休，与学生个别晤谈，将学生资料登记建档，指导学生清扫教室环境，签退等。

也有的是偶发事件：

开会，校外教学，接听学生家长的电话或作访谈，教师进修讲习座谈等。

有的是开心的事情：

完成预定的计划，学生有进步了，收到毕业校友怀念的信或卡片，取得学生家长的认同，以及得到视导、校长或其他同侪的支持与赞许等。

也有的是不开心的事情：

预定的计划泡汤，学生发生了意外，学生态度或行为不佳，家长责难以及与视导、校长或其他同侪等沟通不良等。

累积了每一个"天"、"周"、"月"，一个学期就到了尾声，要开始整理学生的成绩、评定等等，补救教学，并准备寒、暑假的活动了。

就这样，等着新生入学，数着旧生毕业，看似庸碌平淡的教学生涯，是否能达到自我的实现，就全掌控在教师本身如何经营与规划上。

资料来源：饶梦霞导读，刘之颖著：《教师生涯起步走》，7~8页，南宁，广西教育出版社，1999。题目为本书作者所加。

3. 教师对学生施加的积极影响难以立即见效却持续终生

俗话说："十年树木，百年树人。"教师的劳动是长期和长效的，这是教师职业区别于其他职业的突出特征。教师工作的结果如何，不是短时间能看到，往往需要很长时间才能见分晓。而且教师通过其劳动赋予教育对象的一定的劳动或生活能力，只是以潜在的形式存在着，这种潜在形式要经过一段较长的时期，在教育对象进入劳动岗位或实际生活后才能体现出来。即便是"某一种思想意识和政治信念的树立，某一种道德习惯和期待行为的养成，某一种知识观点和理论体系的掌握，某一种专门技术和特殊能力的训练，以至某一缺点的克服，某一恶习的纠正，等等，都需要教师以极大的毅力，以滴水穿石的精神，以耐心细致的工作，去影响和感染学生"①。一个"恒"字最能概括出教师劳动的这种特征。同时，教育对象是有意识、有思想、有主观能动性的人，教师有目的的活动必须与学生有目的的活动相契合，才能产生良好的效果，这一过程决不是一蹴而就，而是要经过许多反复和磨练的。这就使得教师施加于学生的影响悠远漫长而难以立竿见影。特别是对"后进生"的教育，更是一个充满反复的长期的过程。犯错—认错—改错—又犯错—又认错……这是"后进学生"普遍存在的规律。教师"应该容忍'后进学生'的一次次'旧病复发'，继续充满热情和信心鼓励学生一次次战胜自己，并引导学生从自己'犯错周期'的逐步延长或者错误程度的逐渐减轻的过程中，看到自己点点滴滴的进步，体验进步的快乐，进而增强继续进步的信心"②。然而，教师对学生的积极影响一旦形成，就不会轻易消失，它会给学生的身心留下深深的烙印，持续地激励着学生，成为学生一生发展的宝贵财富。

这样一来，教师职业的付出与成就便与从业者漫长的一生以及职业生活中永无止境的工作连在了一起。它既需要教师超越功利的"清

---

① 王枬：《教师劳动特点新探》，载《教育科学》，1991（1）。

② 李镇西：《爱心与教育——素质教育探索手记》，79页，成都，四川少年儿童出版社，1998。

高"和拒绝浮躁的"淡泊",也需要教师温良耐心的品性和矢志不渝的坚守。"教师的热情和献身精神是使学生进入有意义学习活动的媒介"①,这不仅显示了教师工作所具有的平凡却不可缺少的职业特性,而且证明了教师职业对于学生个体发展、对于社会进步的有意义存在。而"教师的功能特别应体现在用人类的经验教育学生,鼓励学生有生活热情和加深对生活意义的理解"②。教师这种平凡的工作难道没有意义吗? 不。这种平凡丝毫没有削弱教师职业的美,反倒给教师职业增添了朴实无华的温馨,也反衬了教师职业伟大的内在气质。教师正是在这种平凡的工作中从事着培养人才的伟大事业。

（二）伟大：教师职业美的内在气质

何谓"教师"? 教师就是"传道、授业、解惑者",就是年轻一代的培养者,就是社会文化的传播者。只要走进这一职业,就须承担起这样的使命;只要这一职业存在,它就必须完成这样的使命。尽管人们对传道授业解惑的理解不同,对培养概念的见地不同,对传播方式的看法不同,但并不影响人们对教师职业使命的基本认同。当21世纪的钟声已经敲响的时候,知识经济的冲击、科学技术的挑战、多元文化的交融,更为这一使命赋予了鲜明的时代特征:社会要求教师这一职业承担起传承科学文化、塑造国民素质、推进社会进步的责任。如美国卡内基教育和经济论坛在"教育作为一种专门职业"工作组所作的《国家为培养21世纪的教师作准备》的报告中所提到的那样,国家的成功取决于更高的教育质量,而提高教育质量的关键是建立一支与此任务相适应的专业队伍,即一支受过良好教育的师资队伍。因而,从个体发展和国家进步的角度来看,教师既对学生的成长负有道义和实际上的责任,要通过教育活动来帮助学生增加他们的自我价值感,发展他们的个体潜能、资质和素养,获得作为一个自由人只身跋涉而步履轻捷的力量;又

---

① ［美］西克森米哈利、麦科马克著,吴慧萍译,马立平校:《教师的影响》,见瞿葆奎主编,李涵生、马立平选编:《教育学文集·教师》,70页,北京,人民教育出版社,1991。
② ［美］巴格莱著,袁桂林译:《教育与新人》,157页,北京,人民教育出版社,1996。

需以良好的教育促进年轻一代的成长，使他们能够适应生存的时代，成为合格的建设者，并以他们的劳动推进社会的发展和国家的强盛。这是极其艰巨、光荣而又庄严、神圣的任务，教师手上握着人类的未来、社会的希望、世界的明天。还有什么比这样的使命更崇高更伟大呢？

教师职业的伟大可以有两个层面的理解。

1. 崇高的精神人格

在美学上，崇高是指"形体上巨大有力或精神上伟大雄浑，令人震惊、崇敬、神往的事物特性"①。古罗马的朗吉弩斯在《论崇高》中认为：庄严伟大的思想，强烈激动的情感，运用藻饰的技术，高雅的措辞，结构的堂皇卓越是崇高的来源和特征。教师职业的崇高主要是一种精神人格的崇高。教师在职业活动中表现出来的博大的胸怀、高尚的品格、坚强的意志、进取的锐气等，都具有精神超越性。这是人性之美、力量之美，是教师职业生命的流淌，是教师内在精神的显现。它既反映了教师教书育人的职业特性，又体现了教师自我完善的崇高追求。中国历史上曾经有许多这样的教师："傲气不可有；傲骨不可无"的鲁迅；"一身重病，宁可饿死，也不领美国'救济粮'"的朱自清；"捧着一颗心来，不带半根草去"的陶行知……他们为教师树立起了精神人格的丰碑。现实生活中，那些以自己微薄的薪水去资助生活困难学生的教师；那些拒绝了名利的诱惑仍痴迷于讲坛执著于理想的教师；那些默默无闻一辈子辛勤耕耘在教书育人岗位上的教师；那些潜心研究锐意教改使自己的教学更具特色更富魅力的教师，他们从教师职业中得到了智慧的滋养，他们以自己的行为展示了教师职业崇高的精神人格。此外，在平凡的讲台上尽心尽力的工作，在艰苦的环境下全心全意的教书②，在强权面前坚持真理，在知识面前人

---

① 冯契主编：《哲学大辞典》，1475页，上海，上海辞书出版社，1992。

② 据《南方周末》1999年11月19日第9版报道，一位22岁却已有四年教龄的名叫吴希波的乡村教师在《请别指责我们——一个乡村代课教师的辩解书》中疾呼：请不要指责我们！我们没有别墅，没有汽车，没有白拿国家和人民一分一厘……请别指责我们！我们也在为生活忙碌，为工作操劳。我们只是在平凡的岗位上贡献自己的青春力量，在七尺讲台上抒写自己无悔的人生。

人平等，已经成为许许多多教师职业生活的准则和不懈的追求。"把迄今尝试中的全部收获，不论是教训还是告诫，集中地献给年轻的下一代，这就是人类在其繁衍的任何时候所能作出的最崇高的贡献。"① 卢梭曾说过这样的话：　"有些职业是这样的高尚，以致一个人如果是为了金钱而从事这些职业的话，就不能不说他是不配这些职业的：军人所从事的，就是这样的职业；教师所从事的，就是这样的职业。"②

2. 神圣的职业使命

"神圣"常常令人产生一种圣洁庄重、肃然起敬之感。日本历史上曾有人称教师职业为"圣职"，即是说，教师所从事的"教育工作是纯粹精神的、文化的工作。这种工作的专家——教师——的活动，无论对于儿童的人格形成还是文化的发展，都具有直接的、重大的影响。在这个意义上，教师确实可以称得上是圣职"③。教师仿佛是为人类带来光明的普罗米修斯，又像是不断启迪人们智慧的阿卡德美④。他们以自己的青春和热血谱写着辉煌的教育诗篇，以自己的忠诚和执著维系着绵长的文化繁衍，以自己的希冀和神往描绘着斑斓的成长手记，以自己的理念和憧憬铸造着坚强的未来人杰。那些视教育为自己的生命、把自己的一生都贡献给培养年青一代的事业并从中享受欢乐的教师；那些不计名利不为报酬、把学生的进步看得比名利和仕途还重要并为之而孜孜以求的教师；那些忍受着常人难以想象的困苦、坚守着乡村山寨的教学并与教育结下不解之缘的教师；那些勤于笔耕、经常反思教学并把研究作为自己的一种生活方式的教师；他们无不对

---

① 〔德〕赫尔巴特著，李其龙译：《普通教育学·教育学讲授纲要》，9页，北京，人民教育出版社，1989。

② 〔法〕卢梭著，李平沤译：《爱弥儿》（上卷），27页，北京，商务印书馆，1978。

③ 〔日〕筑波大学教育学研究会编，钟启泉译：《现代教育学基础》，442页，上海，上海教育出版社，1986。

④ 阿卡德美是古希腊时代一个著名的教育机构，中世纪以来所发展起来的大学的先河。它奉行着这样的准则：大学的正当任务应该是引导学生养成批判地审察的习惯。参见〔英〕伯特兰·罗素著，马家驹、贺霖译：《西方的智慧》，66页，北京，世界知识出版社，1992。

第二编 教师审美论

教育情有独钟且为自己能够从事这一职业而感到自豪。这是培养人的事业，"教师在培养青年人方面肩负着至关重要的使命，要使他们不仅能满怀信心地迎接未来，更能自觉而负责地建设未来"①。这一使命赋予了教师职业神圣而且充满幸福的意味。"对于教师来说，再也没有比时常结识具有高尚性格的青年人，借以充分地了解他们富有接受教育的特点，更使他感到幸福的了。通过结识，青年人的精神世界将为他敞开，他的努力不致于徒劳。而且他可以坚信，在人类教育的观念中他已获得了自己工作的真正蓝本。"② 这也是教师职业区别于其他职业并比其他职业更加艰巨、更加繁重的责任。因而，当我们说到那些优秀教师的事迹时，心中油然生起一种对这一职业从业者的高山仰止和敬慕崇尚。他们是我们教育的脊梁，是我们民族的精华。

还须提到的是，神圣并不意味着教师是不食人间烟火的"圣人"，神圣的使命也不是套在教师头上的"紧箍咒"。教师同样是人，而且只是一个凡人。现实生活中有许多困难不是教师个人能解决的，有许多新兴的领域是教师未必熟悉的，有不少学生提出的问题是教师难以回答的，有不少现代化的工具是教师还不会使用的。因而，教师也不要给自己背负太多的"应该"，包揽太多的"必须"，逼迫自己扮演"超人"的角色，充当救苦救难的"菩萨"。教师要允许自己的无力与无奈，承认自己某方面的无知。在这里，教师工作的平凡或知识的局限是非常现实的，也是无法回避的。教师职业之美不在于教师什么都会、什么都行，而在于教师对自己所负担使命的意义的认识，进而激起的庄严之感和责任意识，并自觉地在职业活动中所进行的创造性工作。

教师职业的"伟大"之美不是教师自己给定的，而是这一职业所肩负的神圣使命和从业者崇高的精神人格所内含的。它使教师职业绽放出人类精神花园中最鲜艳灿烂的花朵。

---

① 联合国教科文组织编著，罗进德等译：《世界教育报告1998：教师和变革世界中的教学工作》，16页，北京，中国对外翻译出版公司，1998。
② ［德］赫尔巴特著，李其龙译：《普通教育学·教育学讲授纲要》，110页，北京，人民教育出版社，1989。

专栏之八： **教师职业的崇高意义**

在人类的教育史上，教师作为一种专业出现，最多不过几千年（从孔夫子至今不足三千年），这算是一个里程碑。现代学校的出现，不过三四百年，这又是一个里程碑。这两次大的飞跃都极大地加快了人类进步的速度。教师是天下最崇高的职业。教师之功不可没。

说教师的职业最崇高，还因为他们生产的产品是世间最高级的产品——人才。人本身就是宇宙间已知的最高级形态。对这个最高级的物质形态进行加工、雕琢，当然是一种最高级的劳动。人对于人自身的认识又还远远不足。在这种情况下，从事人的教育，更是一种艰苦的、带探索性的、后果往往难以完全确定的劳动。

资料来源：余心言：《我们为什么要办教育》，引自李镇西著：《爱心与教育——素质教育探索手记》序，2~3页，成都，四川少年儿童出版社，1998。题目为本书作者所加。

其实，教师职业活动中表现出来的平凡与伟大的美的形态，反映了教师职业春华秋实的特性和以教师人格作为教书育人手段的特征。它不仅具有强烈的美学意义，而且也有着浓重的道德价值。教师职业的"平凡"会带给教师均衡、秩序、稳定而又平和、静谧、舒心的感受，激起教师对职业的亲近和怡和，浸淫在"完整的，单纯的，静穆的，欢喜的"光辉之中，于是，"他得到滋润，得到温暖，苦痛全消，觉得非常快乐"[①]。教师职业的"伟大"则带给教师肃穆、震撼、感奋、惊喜的感受，激起教师对职业的神往和进取，于是，他得到鞭策，得到发展，一切劳累都是为学生成长和自我提升而自找的，他非但不觉得辛苦反觉得甜蜜。由职业所赋予的"平凡"与"伟大"的特质无疑对教师提出了这样的要求："谁如果想成为一名出色的教育者，谁如果愿意把自己的生命献给这一伟大而崇高的事业，那么，谁

---

① [古希腊]柏拉图著，朱光潜译：《文艺对话集》，126~128页，北京，人民文学出版社，1963。

就应该努力使自己成为富有历史感和时代感的人，成为热爱人、理解人、善于研究人的人，成为深刻地了解社会与教育相关的一切，并对人类社会未来充满信心的人。只有这样的人，才能在为使人类与社会变得更美好的教育事业贡献自己智慧、力量和生命的同时，使自己也变得更美好。"① 这种要求一旦转化为教师自身的信念，就会激励着教师不断锤炼自己的人格、升华自己的精神，于是，教师个体就成为教师职业美的一部分，教师本人也从平凡而伟大的职业活动中获得了新生。

---

① 叶澜：《教育概论》，338 页，北京，人民教育出版社，1991。

第五章
教师之"魅"如何生?
——"用生命点燃生命"

> 在选择职业时我们应该
> 遵循的主要指针是人类的幸
> 福和我们自身的完美。
>
> ——马克思《青年
> 在选择职业时的考虑》

"教师职业既然是美的,那么,这种美从何而来呢?""是教师职业内生的吗?""是外界赋予教师职业的吗?"这一系列问题便涉及到了美的创造。

教师职业美的存在与教师职业本身的特性和教师在职业活动中的审美创造是密不可分的。一方面,教师职业的美体现在那些能够享受这一职业的芬芳并从这一职业中获得不断发展的教师身上,表现在教师职业所内含的教育对象"生命的灵动"的美、学科教学"智慧的体操"的美和教育过程"生成的快乐"的美,反映在教师职业"平凡"的外在行为和"伟大"的内在气质上。它使教师这一职业与其他职业区分开来而具有了神圣美好的光环;另一方面,教师职业的美又是教师在职业活动中自觉进行审美创造的结果,是教师以生命之光倾心工作的结晶。没有教师自觉的审美意识和一定的审美能力，没有教师的审美创造，就没有教师职业的美。因此，教师职业美既不是从天上掉下来的，也不是头脑里固有的，而是从业者在教师职业活动中以蓬勃的生命进行审美创造的产物。

然而，教师职业美的创造不是随心所欲、天马行空的，它建立在从业者自身审美素质的基础上，建立在从业者对美的规律和教育规律的把握上。惟此，才会有教师职业美的世界的呈现。

本章便试图从教师创造职业美的条件、教师创造职业美的媒介、教师创造职业美的路径等方面分析教师职业美的生成。

一、"审美观念"与"审美能力"——教师创造职业美的主观条件

美的发生是一个复杂的过程，它存在于审美主体对审美客体的意向性关系当中，受到多种因素的制约。教师职业美的发生也同样。它既离不开社会政治经济发展为其提供的基础，又必然受到社会文化变迁的冲击。在这里，我们撇开外在的客观的条件不论，着重讨论作为审美主体的教师所应具备的主观条件。既然教师职业的美与教师在职业活动中的审美创造紧密相关，那么，作为审美主体，教师在职业活动中的审美创造又是怎样发生的呢？

一般而言，审美创造首先需要审美主体具有审美观念——它是审美态度、审美趣味形成的前提；其次需要审美主体具有审美能力——它是审美体验得以产生的基础。教师在职业活动中的审美创造同样需要具备这两个主观条件，其中，审美观念决定着教师在职业活动中能否进行审美创造以及将进行怎样的审美创造，审美能力则决定着教师在职业活动中能否达到美的境界以及将达到怎样的美的境界。

（一）审美观念：过有意义的教师职业生活

观念（idea）是人们对事物的看法和认识，它由存在所决定，又

对存在有着重要的反作用。审美观念作为人们对美、审美、创造美所持的相对稳定的看法，制约和决定着人们的审美选择、感受、判断、情趣、理想、能力等，并指导着人们自觉地从事审美和创造美的实践活动。

教师要使自己真正能够以一种审美的态度来对待职业生活，首先必须从观念上进行更新。心理学研究表明，教师的教育观念对教师的教育态度和教育行为有显著影响。而审美观念则制约并决定着教师职业生活的意义和质量。教师应在审美观念的视角下重新审视教师职业价值，找到自己的立足点和生长点。

1. 从生计的驱使向生命的自由提升

教师的职业声望与教师的社会地位有关。人的社会地位主要由三个要素构成：声望、财富和权威。"那些有社会身份的人有了声望，就可以从没有社会身份的人那里获得尊敬的行为；如果他们再拥有财富，就可以得到或支配商品；如果他们又有权威，就可以使其他的人听从他们的指挥。"[①] 教师的职业声望是"特别的、朦胧的"；教师的薪水"比付给蓝领工人的薪水要高，而比多数专业人员的薪水要低"，"教师的薪水可以维持一个人的生活，但要维持一家人的生活就不够了"[②]；教师的权威身份也很低，仅在课堂上和面对学生家长时有所表现。之所以会出现这种情况，是由于到目前为止教师职业的专门化程度仍然较低。通常在人们的眼里，教师虽然拥有百科全书式的知识，但缺乏一种专业的独特性；教师工作的内容与展开程序事先作了详细而具体的规定；教师职业的自由时间和工作的独立性比其他专门职业

---

① Dunkin M. T. *The international encyclopedia of teaching and teacher education*，Oxford：Pergamon，1987，p. 629.

② 同①，p. 629.

少；教师的修业年限比其他专门职业短；教师的出身以中下层为多①。这样一来，教师职业就处于非常尴尬的境遇了：尽管在中国教师曾被列入"天地君亲师"的序列，在外国有人称教师是"太阳底下最光辉的职业"，但现实生活中教师的地位却仍然低微，pedagogue 这一教师的蔑称就来源于"教仆"的称谓。而生活的拮据、清苦，捉襟见肘的寒酸更使不少教师在职业生活中难有审美的心境。于是，为生计而奔波，为裹腹而忙碌成为这些教师的写照，教书不过是获得生存的一种手段，上课仅仅是养家糊口的一个工具。由于缺少了精神支柱，缺少了人生信念，所有的工作便都"降低为机械的习惯，降低为虚伪的、半心半意的例行公事"②，这样一种"半异己的经验"，从外部强加给他的职业角色，势必使他对职业要求漠不关心，他在职业中找不到自己、失落了自己，生活就在令人气馁的矛盾中挣扎。

确实，当人以功利化的心态去应对周遭的世界，去从事一种职业时，他自身也就被功利化了。他与这个世界只是实用主义的关系，职业对他而言始终是"它之国度"，他无法沉浸其中，也就无从领略生活的意义。他失去了诗意的存在状态，而是在冷冰冰的孤寂或喧闹的物欲中寻求生计。他没有内心的自由。在这种状态下从事的工作也只能是为着生计和生存所不得已的被动消耗。他感受不到身心的快乐和幸福，也体会不到自我的发展与提升。"他在自己的劳动中不是肯定自己，而是否定自己，不是感到幸福，而是感到不幸，不是自由地发挥自己的体力和智力，而是使自己的肉体受折磨、精神遭摧残。"他"只有在劳动之外才感到自在，而在劳动中则感到不自在，他在不劳动时觉得舒畅，而在劳动时就觉得不舒畅。因此，他的劳动不是自愿

----

①　胡森在《简明国际教育百科全书·教学》中也分析了影响教师社会地位的六个因素：教师的社会出身、教学队伍的规模、教学工作中妇女的高比例、教师的学术合格证明、教师工作对象的儿童地位、教师和工作对象的关系等，说明与从事其他职业的人员地位相比，至少是这些因素降低了教师的职业地位。参见中央教育科学研究所比较教育研究室编译：《简明国际教育百科全书·教学》（下册），47~49 页，北京，教育科学出版社，1990。
②　［德］奥伊肯著，万以译：《生活的意义与价值》，69 页，上海，上海译文出版社，1997。

的劳动，而是被迫的强制劳动。"① 在这种情境下，他怎么会有审美的情趣呢？

倘若教师的职业生活要有意义，自由是必不可少的。它建立在教师的职业信念基础之上。教师的职业信念是使教师摆脱纯粹物质功利的诱惑、教书匠的困惑、漂浮无根的惶惑，使平凡工作得以升华，变得更有意义的关键所在。其实教师职业的内涵非常广阔，生存与生计当然是教师的第一需要，但仅是低层次的需要；它是教师职业生活的基础，但却不是教师职业生活的全部。从某种意义上说，生存与生计需要的满足为教师提供了职业生活必不可少的手段，使教师得以摆脱"半饥半饱"的寒酸窘境。但是，这一切只是教师更好地从事职业生活的手段，如果错把手段当成了目的，以为生存与生计就是教师职业生活的全部，那就大错特错了。教师还有从职业中获得快乐、充实人生、实现自我、感受自由的需要。当教师超越了纯粹物质欲望的追求，而把自己所做的平凡工作与新的一代的成长、人类生命的延续联系在一起，与个人收获的快乐、自我价值的实现联系在一起时，他就获得了精神上的自由。一旦教师从职业中体验到了自由，他就把原本是陌生于人的外在的世界转换成了属我的生活的世界，他与职业之间就建立起活泼、丰富的联系，他就会感受到生活的完满和意义的充盈，激情在他胸中澎湃，诗意在他心底流淌，在不经意间，他成为校园优美环境的欣赏者、学生良好举止的赞赏者、教师神圣职业的吟诵者、课堂生命活力的激发者。"虽然教师职业是清贫的，报酬是低廉的，然而他并不因此放弃自己的理想，因为他不是为'利'而选择这一职业的；虽然教师劳动的周期长，劳动价值不易为人们正确地估价，然而他并不因此改变自己的初衷，因为他不是为'名'而走上这条路的。"② 这时，教师把这一职业看做是发挥自己才能的形式，看做是自己参与社会历史创造的途径，看做是个人达到自我完善的境界。教师职业便成为他生活中的一个不可分割无法舍弃的部分，成为他的又一生命。"只有当心灵忠实地拥护精神生活的事业，反对一种异己

① 《马克思恩格斯全集》，第42卷，93~94页，北京，人民出版社，1979。
② 王枬：《论"师爱"》，载《教育科学》，1988（4）。

的或至少不令人满意的世俗的造作时，人的禀赋才能变成不只是一种被动的态度或单纯的劳动准备状态，而是成为一种完整的行动，实际上，成为无论何种行动的真正灵魂。"① 教师才从职业中得到了生命的自由，获得了超越于生物体的新生命。

2. 从牺牲性的付出向主动性的创造提升

不知从何时起，人们把教师看成是用燃烧着的生命之光为别人带来光明的蜡烛，教师在照亮别人的时候却毁灭了自己。这样的比喻也许赞颂了教师职业"无私奉献"的品格，但却是片面且消极的。一方面，它把充满创造性的教学活动解释为被动的知识输出，似乎教师将自己身上横溢的才华无私地转移到学生身上就是职业内涵的全部，结果，失去创造性的教学变成了低层次的简单劳作，传道授业解惑的职责变成了可尊敬的单向消耗，与其说这是"赞颂"，不如说是"贬低"。另一方面，它把学生成才与教师发展对立起来，似乎教师命中注定就只能在飘洒的粉笔灰中自我淹没，教师惟一的安慰只能来自于白发苍苍之时学生戴着功勋奖章的感谢，这也成为一些教师安于现状无所作为的借口，一辈子辛辛苦苦、窝窝囊囊、逆来顺受、与世无争，还自诩为"伟大的牺牲"。然而，"假如把牺牲性的行为看成是只对别人有意义而对自己毫无意义的行为，这恰恰意味着自己只不过是一件工具而不是一个显示着人的价值的人，如果一个人自身是无价值的，那么他所做的牺牲也就成为无道德价值的贡献。"② 因此，甘当蜡烛、为他人牺牲的"蜡烛观"虽然崇高却未免悲壮而凄凉，它不仅没有给教师带来振奋和激励，反倒常常使教师产生一种委屈和吃亏的体验。在这种压抑的气氛中，"乐教"难以体现，"教苦"却实实在在。

事实上，教师职业是一种极富创造性的职业。这种创造性首先表现在教师对学生内心世界的不懈探索和在此基础上的不断创新。由于教师所面对的教育对象千差万别、教师所面临的教育情境千姿百态、

---

①　[德]奥伊肯著，万以译：《生活的意义与价值》，89 页，上海，上海译文出版社，1997。

②　赵汀阳：《论可能生活》，76 页，北京，生活·读书·新知三联书店，1994。

教师所面向的教育内容千变万化，因而教师成为特殊形式的艺术家。他必须根据具体的教育对象、教育情境和教育内容因人而异、因地而异、因时而异，创造出适宜的教育方法。因材施教是创造，教育机智是创造，推陈出新也是创造。它表明：教师在教育中没有现成的模式可以套用，没有一成不变的方法可以照搬，它需要每一个教师用自己的聪明才智去工作。在教育活动中，无论是教师形象生动、深入浅出的教学形式，还是教师把握教学情境、把握学生心理的教育能力；无论是教师驾驭自如、出神入化的教学艺术，还是教师自成一体、独具特色的教育风格，都体现出教师创造性的劳动和不断创新的追求。教师职业的创造性还表现在教师对学生创造力的培养上。时代对创新精神和创造能力的呼唤向教师提出了培养创造型人才的任务。传统的教育思想、观念、模式乃至体制都难以适应这一要求。对于教师来说，必须转变教育观念，把培养学生的创新精神、创造思维的方法和从事创造性活动的能力摆在教育的首位。这当然是一项创造性的工作。教师不能再一成不变的沿袭注入式的教学传统，也不能千篇一律的使用某种看似有效的教学套路，而必须随着教育情境的变化选择相应的教育方法，创设一种自由开放的、民主平等的氛围，为学生创造性品质的形成提供条件。教师职业的创造性也表现在教师巧妙地运用各种教育影响上。影响学生发展的因素是错综复杂的，如何在各种影响当中扬其益而化其弊，需要教师下一番功夫。教师必须依靠自己的判断力去分辨、去筛选，帮助学生架设起一座有益于身心发展的文化桥梁。这样的创造使教师"掌握有一种神奇的力量，他们能唤醒自己，也唤醒他们接触的人。……他们能成为艺术家，人类关系的艺术家，成为人的问题这个艰难领域中的美的创造者"①。这种创造的成果虽然不是脍炙人口的诗文，不是流芳百世的乐章，也不是令人称奇的画卷，但却是年轻一代的灵魂。"他们的作品就是教学理想溶化入学生生活，就是男女孩子们增强了对文学的敏感，就是少年们增进了对自我和伙伴的认识，就是青年们发展了判断力和思考力。"② 它的伟大决不亚于

① 柯伦著，周南照译：《教学的美学》，载《教育研究》，1985（3）。
② 同①。

那些可见的物质产品的创造。这是生命的礼赞，是自由的颂歌，是美的最高境界。教师正是在主动创造的实践中更加深刻地体悟到生命的意义以及创造生命的价值。因而，教师成为职业的主人，成为自己的主人。

教师在职业活动中的主动创造有着极为深远的意义。它不仅内在地决定了教师职业的美，而且"还将给自己的职业生涯增添探索的、发现的欢乐，使自己的生命和才智在为事业奉献的过程中不断获得更新和发展"①。因而，教师绝不是照亮别人却毁灭自己的"蜡烛"，而是在照亮别人的过程中也照亮自己前进道路的"火炬"——教师从职业中体验创造性的工作所带来的充实与幸福，获取人生价值的永存和人格的升华。教师也不是"苦行僧"，而是安贫乐道的积极进取者，是美好生活的创造者——教师从职业活动中创造出知道怎样生活和怎样全然享受人生的年轻一代。教师就在创造精神生命的工作中用自己的生命点燃了年轻一代的生命，在塑造心灵的劳动中用自己的心灵造就了年轻一代的心灵。教师职业为人们创造了美，也贡献了美。

也许在教师的职业活动中，需要转变的观念还不止这些。但我以为，目前教师职业活动中存在的"生计驱使"和"牺牲性付出"的观念之顽强，影响之广大对教师自觉地进行审美创造阻碍最大，它根深蒂固地占据着不少教师的大脑，不少教师还把它作为信奉的准则，深信不疑地恪守它、执行它。因此，教师在职业活动中要创造美，首先必须从根本上转变这两个观念。

（二） 审美能力：具有能欣赏
教育美的感官和心灵

审美能力是人以审美的方式把握世界的一种综合的特殊的能力。"包括审美的知觉力、感受力、记忆力、选择力、判断力、理解力、想象力和创造力、表现力、意志力等等。"② 它是审美主体进行审美的

---

① 叶澜主编：《新编教育学教程》，15 页，上海，华东师范大学出版社，1991。
② 冯契主编：《哲学大辞典》，1093 页，上海，上海辞书出版社，1992。

先决条件。审美主体有了审美能力，有了对审美对象的形式、结构及其蕴涵的情感意味的领悟能力，才能进入审美状态。马克思曾经指出："只有音乐才能激起人的音乐感；对于没有音乐感的耳朵说来，最美的音乐也毫无意义。"①

教师要使自己以一种审美的态度"过有意义的教师职业生活"，要使自己对职业的感受焕发出美的光彩，就必须主动培养自己的审美能力特别是审美感知、审美想象、审美情感、审美领悟等，这既是审美欣赏力，又是审美创造力。惟此，才会有美的生活。这样，"他凭临美的汪洋大海，凝神观照，心中起无限欣喜，于是孕育无量数的优美崇高的道理，得到丰富的哲学收获。"②

1. 审美感知——敏锐把握教育中美好的事物

审美感知包括简单的感觉和较复杂的知觉。感觉是客观事物外在的、局部的、表面的感性状貌作用于人的感官而在人的头脑中留下的主观映象。审美感觉既有生理和心理的纯粹感性的直觉，也有积淀着理智、联想、想象、情感的感觉。它是整个审美心理活动的原发阶段，也是区分人的审美能力高低的重要因素。知觉是对事物各个不同特征所组成的完整形象的整体性把握。审美知觉具有特定的选择性，它不是知识的判断，不是科学的分类，而是透过事物的形式达到对它们的情感表现性的把握。它为审美活动奠定了心理基础。审美感知的最终目标就是创造和引向一个独立的审美世界。

在教师职业活动中，审美感知是门户。教师具有了敏锐的审美感知，善于从最不显眼最细微的小事中感受美的魅力，才能进入美的殿堂。这种敏锐的审美感知首先表现为教师对教育对象美的感知。教育对象构成了教师职业活动的一个重要因素，他们身上流露出的对未知领域的好奇、对探索世界的热望、对教师由衷的信赖、对同学交往的渴求等，都是童稚之美、成长之美。甚至讲台上学生细心擦抹过的洁净台面，孩子们凝神听课时的明媚笑脸，都在感性的状貌中有着灵动

① 马克思：《马克思恩格斯全集》，第42卷，126页，北京，人民出版社，1979。
② [古希腊] 柏拉图著，朱光潜译：《文艺对话集》，272页，北京，人民文学出版社，1963。

的美。其次表现为教师对学科教学美的感知。学科教学是教师职业的落脚点，其中所蕴含的真善美和各个不同学科所呈现的五彩缤纷的美，是人类智慧的美、思想的美。一首优美的古代唐诗的朗诵、一道难解的数学习题的演算、一堂野外采集标本的生物课、一次"自由落体"原理的物理实验，都在学科教学的环绕下散发出智慧之光。再者表现为教师对教育过程美的感知。教育过程是教师职业生命经历的展开，教育过程对知识的活化、教育过程中师生经验的分享以及在这一过程中教师的逐渐成熟、学生的日益进步，都显现出一种生成的美、动态的美。其实，教育的美随处可见，就看教师是否能够发现。冬日里从教室的窗口射进的一缕阳光，板报的缤纷色彩间洋溢的蓬勃朝气，以及一声尊敬的称呼、一次有趣的谈话、一场愉快的球赛、一堂成功的班会等都体现着美。审美感知一方面帮助教师从杂多纷乱的事物中辨识出美的因素，唤起教师的愉悦感和清新感，使教师在职业生活中时时都可能有美的发现，从而这一职业对教师有着不可抗拒的吸引力。这不仅向教师敞开了美的视界，也为教师审美活动的进行打开了门户。另一方面使教师将众多美的现象归结到教师职业美的总体当中，激荡起教师的职业热情，使教师在职业生活中充满创造的活力，而教师职业则由于教师的创造焕发异彩。这不仅为教师的审美活动开辟了广阔的领域，也为教师职业的审美实践拓展了创造的空间。

审美感知要求教师在教育活动中不仅对事物的各个不同的特征（形状、色彩、光线、空间、张力等要素）所组成的完整形象进行整体的静态的把握，并透过这些事物的现象理解其所内含的情感，更要对由教师、学生、教育内容、教育过程乃至教育环境等各个因素组成的职业生活图景进行立体的动态的把握，并以此奠定自己进行审美创造的基础。这里，既有着教师对教育对象的整体感知，也有教师对教育过程的完整感受，还有教师对自身的全面把握。教师正是在这种主动的探索活动中，捕捉着美、触摸着美，扫描它的表面，寻找它的边界，探究它的质地，反省它的意义。教师自身就与他的职业融为一体，而美就存在于他的职业生活当中。

2. 审美想象——任思绪在教育的天地里自由翱翔

审美想象是"审美主体在特定对象刺激下，将大脑中已有的相关表象重新进行组合、加工、改造而创造新的表象的心理过程"①。它以事物之间固有的内在、外在的联系及其对人的刺激为基础，以主体积累的丰富信息、表象、经验，较高的思维能力为契机，以特定需要、目的为动力。如果说感知为人们进入审美世界打开了大门，那么，想象就为已经进入了审美世界的人们插上了翅膀。当人们全身心地感受周围幽雅恬静的环境时，当人们的心境、情感与环境完全合拍时，当人们把眼前的场景与某种经历和气氛相联时，想象就被激发起来了。在想象中，尘世间的一切功利欲望都置之一旁，内心积淀已久的情感会以某种适合的方式渗透在主体的想象中。于是，想象如飞奔的骏马，在人的大脑中自由驰骋，又似和煦的春风，细腻地轻拂着人的心田。它能超越有限的现象，飞向无限的宇宙。"审美所以能使人透过对某种对象形式的知觉，直接去把握它的深刻的内容，产生认识与情感相统一的观照态度，主要是凭借和通过审美中想象活动来进行和实现的。"②

教师的职业活动也离不开审美想象，它是创造的源泉。审美想象既可以帮助教师在直接把握教育活动的各种对象形式结构时展开联想，牵动教师情感生命的外移，又可以最大限度地恢复、复现进而改造教师头脑中原有的相关表象，使之符合审美的需要。这在教师的职业活动中是非常有意义的。审美想象最本质的特性就是创造性。"观古今于须臾，抚四海于一瞬"便是审美想象创造性的体现。它是一个新的意象世界的构造，不仅为教师展开了一幅美丽的画卷，而且推动着教师进行美的创造。它使教师能够在想象中自由跨越时空的界限，突破现实的限制，从而开辟了审美的无限可能性。就教学过程来说，教师需要在理解教学内容的前提下展开想象，用想象创造出一个虚拟空间，然后以贴近学生生活的案例帮助学生将头脑中已有的表象重新

① 冯契主编：《哲学大辞典》，1094 页，上海，上海辞书出版社，1992。
② 王朝闻主编：《美学概论》，105 页，北京，人民出版社，1981。

组合，从而把书本知识与学生的生活联系起来。不论是讲解李白的"白发三千丈，缘愁似个长"，还是解释物理学中的"杠杆"原理，教师都应该用自己的想象调动起学生的想象，用学生熟悉的生活阐释书本上深奥的道理。"一旦我们信任生活，信任儿童的生活，那么，所说的一切作业和价值，一切历史和科学都将成为感染力的手段和培养想象力的材料，并因此而使他的生活变得丰富和有条理。"① 审美想象还具有超前性的特性。它虽然是在具体的教育情境中发生的，也受着教师已有审美理想的调控，但它却以想象的形式去满足审美需要，以幻想的形式去创造出一个超越现实的审美世界。在这个审美世界中，教师关于教育的经验与理性、梦想与现实乃至自我与客体，都可以融为一体，从而体现出一种超越性的自由。例如教师对自身未来发展的设计，首先就是在想象中进行的。它不仅使教师的职业活动有了一个更高的起点和视角，也驱使着教师去主动创造、积极进取，努力追求自我完善。此外，在教师的职业活动中，为着教育中某种预想情景的实现而奔波，为着培养将来所需要的人才而忙碌，为着达到教育未来目标而辛劳，为着科研可能收获的硕果而探索，等等，这一切都需要教师想象力的参与和推动。从这一角度上看，独创而丰富的想像力正是教师教学和科研充满生机的永不枯竭的源泉。如爱因斯坦所说："想象力比知识更重要，因为知识是有限的，而想象力概括着世界上的一切，推动着进步，并且是知识进化的源泉。"②

对于教师来说，审美想象首先是在各种复杂的刺激中扬弃枝节，深入意蕴，从那些看似不起眼的教育现象中想象出丰富的内涵。其次是借助于已有的知识，调动原有的教育经验，在很平常的感性对象中想象出不平常的意蕴。再者是对头脑中已有表象重新加以组合、转换，进行意象翻新。这是最富于创造性的一幕。它使教育中来自外部刺激的痕迹与原有生活知识、审美经验中的相关形象契合，形成新的审美意象。这种审美意象虽然是具体的、可感的，但又是朦胧的、模

---

① [美] 杜威著，赵祥麟、任钟印、吴志宏译：《学校与社会·明日之学校》，56 页，北京，人民教育出版社，1994。

② [美] 爱因斯坦：《爱因斯坦文集》，第 1 卷，284 页，北京，商务印书馆，1977。

糊的，可以意会却难以言传。经过这样的"三部曲"，审美想象就由审美感知走向了审美创造。而这一切，又都需要教师具有极丰富的审美想象力，能够一叶知秋、见微知著，视通万里、思接千载。一般来说，教师的文化底蕴越深厚，想像力也就越丰富，在教育活动中所获得的自由空间也就越大。教师在职业活动中正是通过审美想象突破了时空的限制，超越于自我与客体的现实，得到思想的最大自由。这也是教师职业美之所在。因此，教师审美想象的能力不仅关涉教师自身的职业热情，而且直接影响到学生创造力的发展与人文素质的养成。

3. 审美情感——用热情体验生命的律动

审美情感是"主体对审美对象是否满足自己的精神需要以及对自己进行内省所形成的主观体验和态度"[1]。所谓体验，是以身体之、以心验之，它不单单是心理的、内部的感受，也是整个身心的参与和介入。所谓态度，则与人的活动、需要乃至理想等密切相关。列宁曾经说过，没有人的情感，就从来没有也不可能有人对于真理和理想的追求。从本质上说审美情感是非功利的，它是一种精神的愉悦，是赏心悦目而不是实用功利的体验。在审美中，人们总是以对审美对象的感知为基础，以想象为动力，怀着一片纯情去欣赏面临的对象的。审美情感就是与审美感知相伴随相融合的一种情感状态和体验。"登山则情满于山，观海则意溢于海"[2] 就是古人对审美中情感活动伴随着对对象的感知而展开的描述。所谓"情景交融"、"神与物游"、"浑然同一"也是审美中主体的情感与对象相互交织所达到的一种境界。

在教师的职业活动中，审美情感具有多方面的功能。一方面，它有能动的增益性和弥漫性，具有极强的感染力。教师的审美情感向内扩散到自己的职业行为中，便会使自己始终保持一种积极而饱满的情感，以亲切而充满激情的教学增益自身行为的美；向外扩散给学生，便会使学生感受到教师对事业、对学生的热爱之情，在这种无私而宽厚的"师爱"中滋养身心，从而与教师的情感产生共鸣。另一方面，

---

① 冯契主编：《哲学大辞典》，1093 页，上海，上海辞书出版社，1992。

② 刘勰：《文心雕龙·神思》。

审美情感有调节和创造功能。它可以作为审美过程中的生成性动力，进一步激发教师的审美活动，强化审美感知、激励审美想象、进行审美创造，实现情感的升华。一个爱事业、爱学生的教师，会以自身强烈的审美情感形成对学生的积极刺激，在与学生的接触和交往中对学生发生影响并逐渐被学生认同和爱戴。师生情感出现合流，就会在教师的内心萌发出积极的审美情感体验，他感到学生需要自己，自己也离不开学生，教师职业不再是一种可有可无的工作，而是一种富于创造性的从中可以获得精神愉悦和自我提升的活动。于是，审美情感就从物的指向转到人的指向，从教学内容本身转到师生关系。这种师生间的情感影响，常常胜过强迫意志的说教。而师生间情感上的双向交往大大缩短了教师与学生心理上的距离，学生从教师的审美情感中感受到人的美，唤醒对自身人性的敏感，教师也从自己的审美情感中感受到激情与活力，体验着生命的律动。当教师以自己的审美情感在学生的心灵中盖上深深的美的印记，以自己极大的审美热情在学生的周围形成强有力的"美的磁场"时，教师的职业活动就富有了美的魅力。如教师看到学生在课堂上自主探索、获得某种发现后抑制不住的喜悦；与学生一起春游、感受大自然盎然的春意和葱茏的绿色时教师自然流露出来的欢快；清晨升国旗教师目视着鲜艳的五星红旗冉冉上升时胸中升腾起的庄严；夜晚在教室与学生一起畅谈未来理想时体验到的豪迈；等等。它表明，审美情感作为一种审美体验，具有独特的自我教育效应，它不仅给教师带来了欢乐，也在对教师进行情感的陶冶和心灵的塑造，它使教师在审美情感激流的荡涤下自觉自愿地摒弃庸俗、清理思想、提升追求。教师便成为教师职业美的感受者、体验者和创造者，教师在建设美好世界的同时也净化了自身。

最可怕的是教师的冷漠、麻木、僵化、教条。毫无情趣的教师不仅令学生乏味，也会导致自身的倦怠乃至生命之火的黯淡。而在教育中，美丑不分、是非不辨、好坏不明、良莠不清的教师甚至可能成为学生情感发育的"毒化器"、品行成长的"刽子手"。

4. 审美领悟——领会和感悟教育的深刻意蕴

审美领悟①是指主体"对客体意蕴和审美活动意蕴的直接的、整体的把握和领会"②。它是主体在对美的感受、品味中所产生的一种精神领悟。如何通过审美体验去领会那些或委婉悠长、或回肠荡气、或莺歌燕舞、或万马奔腾的形式意味？如何在对审美对象感性形式的把握中感受那激越的生命节奏、隽永的人生哲理、炽热的情感火焰、深邃的思想智慧？这都需要审美主体的领悟能力。这种审美领悟是在感性的直接观照下进行的，是对各种形式特征、关系、意味的洞察，是不期而至、不由自主的，是"悠然心会"、"难与君说"的，也是多种心理因素的综合作用。它使人有一种豁然开朗、茅塞顿开的感觉，因而"那些真实的生命感受，那些互相交织和不时地改变其强弱程度的张力，那些一会儿流动、一会儿又凝固的东西，那些时而爆发、时而消失的欲望，那些有节奏的自我连续"③ 一刹那间全都从心底深处涌现出来，于是，人就使自己的精神又上升到一个更高的层次，进入一个新天地。

审美领悟对教师职业活动有着重要的意义。从微观的教学活动来说，它有助于教师更深刻地领会教材和教学内容当中所蕴涵的生活体验和人文意义，使教师不是为着考试而教、学生不是为着考试而学，教学只是为着感受生活的丰富、体认人生的旖旎，于是，教师在教学活动中的审美领悟便促进了教师和学生创造力的发展；从师生关系来说，它有助于教师更敏锐地把握课内或课外举手投足间师生交往中的

---

① 关于审美中有无理性因素问题，美学界颇有争议。有一种观点认为，审美中也有类似于科学的抽象的逻辑思维，如车尔尼雪夫斯基。另一种观点则持否定态度，认为审美是一种无意识的活动，是非理性的，如弗洛伊德。当前我国美学界较认可这一观点，即审美活动不同于认知活动的抽象逻辑分析，但也不是无意识的，而是一种感性悟解的活动。在概念的使用上更倾向于用"妙悟"、"领悟"等来说明审美中区别于认知领域里逻辑思考的精神因素。参见叶朗主编：《现代美学体系》，北京，北京大学出版社，1999；楼昔勇：《美学导论》，上海，华东师范大学出版社，1996。

② 叶朗主编：《现代美学体系》，180 页，北京，北京大学出版社，1999。

③ 蒋孔阳主编：《二十世纪西方美学名著选》（下），55 页，上海，复旦大学出版社，1988。

人际行为，使教师从学生各种行为举止中领悟其内心细微的变化和这种变化中蕴含的思想要求，在为人师表的教育活动中体悟"师表"的深刻内含，于是，教师在师生交往中的审美领悟使其更接近了师生关系的本质；从教师职业来说，它有助于教师更细腻地体会自己教学的得失和教育中的成败，使教师通过对教学、对教育乃至对人生的领悟而把握教师职业的真谛，体验教师这一职业所带给他的快乐与发展，于是，教师在职业活动中的审美领悟就使他成为有着更清晰的自我意识和更明确的职业理想的从业者。他也从这种审美领悟中不断体验教师职业的意味，寻到做一名好教师的"法宝"，并在自我提升与超越中走向成熟。

由于审美领悟与惯常的理性思维不同，因而教师必须摆脱原有思维的轨道，不是以追求惟一的标准去下结论，也不是以规规矩矩的方圆来作判断，而是把握对象的整体形象以及所含的意蕴，用想象力和情感统摄这一形象，使自己借助于审美感知、审美想象和审美情感的力量达到审美领悟的最佳境界，创造出教师职业的美，从而获得柏拉图所说的"人类智慧的最高层次"和以胡塞尔为代表的现象学家们所说的"通向真理的可靠之路"①。这样，教师职业就因教师的审美领悟而得以升华。

专栏之九：　　　　　　　　　**放飞想象力**

花为什么会开？

有一天，学前班的老师问她面前的孩子。

第一个孩子说："她睡醒了，她想看看太阳。"

第二个孩子说："她一伸懒腰，就把花骨朵顶开了！"

第三个孩子说："她想和小朋友比比，看谁穿得更漂亮。"

第四个孩子说："她想看看，小朋友会不会把她摘走？"

第五个孩子说："她也长耳朵，她想听听小朋友唱歌。"

突然，第六个孩子问了老师一句："老师，您说呢？"

---

① ［美］阿恩海姆著，郭小平、翟灿译：《艺术心理学新论》，16～17 页，北京，商务印书馆，1994。

老师想了想，又想了想说："花特别懂事，她知道小朋友们都喜欢她，就仰起她的小脸，笑了！"

老师的回答很高明，听到这儿，孩子们全看着老师笑了，那笑脸比花更好看。

真惊异这些孩子们的答案，他们的想象力真丰富，他们的回答真精彩！不是吗？这些充满了灵气的回答，每一个都是一朵亮丽的花！

那老师原来准备的答案是："花开了，是因为春天来了。"可听到孩子的回答后，她放弃了准备好的答案，急中生智地改了。

这是我亲眼看见的一个真实的教学情景，它给人的启发是很深远的。

不是吗？上述情景太像一次给定主题的造句训练了，而孩子们的回答是一份份多么精彩的答卷！

都说童趣无价，此言极是。

童趣可爱，可爱在孩子们认为世间的一切都有活泼的生命！

童趣美丽，美丽在孩子们的眼里，有感情的世界才是真实的世界！

这些极富想像力、极带感情色彩的句子，对于那种沉闷单调的表述，一成不变的答案，形成了多么鲜明的对照啊！

同时，我也为那位教师拍手叫好，她是那么爱护孩子们的想象力，不惜放弃自己原来的"标准答案"，这种精神同样难能可贵。她放弃的是束缚儿童情趣的绳索，放飞的是充满想象力的一群白鸽！

资料来源：张玉庭的随笔：《放飞想象力》。

在教师职业审美活动中，上述几种心理要素不是彼此隔绝互不联系，而是相互渗透交织融合的。其中，审美感知是审美活动的出发点，审美想象为审美活动插上了翅膀，审美情感为审美活动带来了动力，审美领悟则使审美活动产生"高峰体验"。当这几种要素达到有机协调的状态时，愉快的审美经验就发生了，于是，教师的职业对于教师来说成为富有魔力的"红舞鞋"，教师在教育的舞台上发挥着自己的聪明才智，尽情地描绘美的蓝图。他感到自己比以往"更加聪明、更加敏锐、更加机智、更加强健、更有风度"，"他处于自身的最佳状态，一种如矢在弦、跃跃欲试的状态，一种最高的竞技状态"，"往日刻不容缓、疲于奔命的苦差重负，现在做起来不再有老牛破车、苦苦挣扎之感，而是轻车熟路、势如破竹。优美的感情和优雅的风度现在浑然一体"，他比以往更富有主动精神和创造力，"他的行为更具有即席发挥、兴之所至、斐然成章的特色，更具有无中生有、鬼斧神工的特色，更加新颖独特、远离陈腐平庸、不再束手束脚"，"他的行为已经变成了自我肯定的行为、终极行为，而不再是手段行为。他的体验已经成了终极体验，而不再是手段体验"①。他要为世界培养出"从恐惧、压抑和从反抗的或受阻挠的本能解放出来的年轻一代"，并引领着他们走上"通向幸福和自由的大道"②。

二、"游戏精神"与"语言工具"——教师创造职业美的媒介

　　教师具备了一定的审美观念和审美能力，并不意味着教师职业美的必然出现。它只是为教师创造职业美提供了主观条件。教师职业美的创造还须教师在职业活动中借助于某种媒介，以使自己的审美理想得以实施。在这一过程中，"游戏精神"为教师创造职业美提供了精神的支持，"语言工具"为教师创造职业美提供了物质的支持。它们共同构成了教师创造职业美的必要媒介。

（一）游戏精神：自由创造

　　"游戏"，英语为"play"，指的是一种自由的活动。在美学中指一种超功利的审美状态，是人在现实的有限中对超越现实的无限的一

---

　　① ［美］马斯洛著，许金声、刘锋等译：《自我实现的人》，258～265页，北京，生活・读书・新知三联书店，1987。

　　② ［英］罗素：《教育与美好生活》，见华东师范大学教育系、杭州大学教育系编译：《现代西方资产阶级教育思想流派论著选》，108页，北京，人民教育出版社，1980。

种追求。它以现实为起点，但又不停留于现实；它是一个动态的自我表现的过程，反映着人的天性；它以其特有的轻松愉快筑就了它对于儿童以及成人的魅力。因此，游戏不仅仅是儿童的，它也属于成年人，属于每一个爱好自由乐于创造的存在者。

作为审美的一种理论，游戏说在不同的美学家那里有不同的界说。康德首次在美学意义上使用"游戏"这一概念，他把游戏看成是想象力与理解力的自由和谐运动，在《判断力批判》中他提出"自由游戏"是审美快感的根源，因而康德所说的"游戏"是指一种自由和谐的精神活动。席勒发展了康德的"自由游戏说"，指出游戏的根本特点是人性中理性与感性的和谐，它"使人在精神方面和物质方面都得到自由"，"在人的一切状态中，正是游戏而且只有游戏才使人成为完全的人"①，因而席勒所说的"游戏"是指一种自由的审美态度。斯宾塞继承了席勒关于"审美活动实质就是一种游戏"的观点，又以生物进化理论来解释游戏，提出游戏是一种过剩精力发泄的自由摹仿活动，它不以任何直接方式推动有利于生命的过程，与最终功利无关，但与伴随追求无功利目的的活动有关，因而斯宾塞所说的"游戏"是指一种自由摹仿活动。谷鲁斯反对斯宾塞的"精力过剩说"，认为人类的游戏并不是与实用生活完全无关的活动，它是为生活而作的练习，人类的游戏是一种自由的活动，人只有以游戏的态度观赏对象才能有审美欣赏，因而谷鲁斯所说的"游戏"是一种与生活相关的自由活动。德国哲学家伽达默尔为游戏的特点作了这样的概括："人类的游戏的人类性在于，在运动的游戏之外，它的游戏运动自己遵守规则，自己约束自己"；"游戏的重复现象指明这种同一性，即自我同一性"；"这种对游戏的规定还意味着，游戏始终要求与别人同戏"，因而"游戏也是一种交往的活动"②，游戏首先意在创造一个事物的假象；其次要求把某物当成真实的东西来理解；再次游戏者和旁观者是融为一体的；最后，游戏的核心是自由。

---

① ［德］席勒著，冯至、范大灿译：《审美教育书简》，74 页、79 页，北京，北京大学出版社，1985。

② ［德］伽达默尔著，张志扬等译：《美的现实性》，36~37 页，北京，生活·读者·新知三联书店，1991。

上述审美的"游戏说"对教师审视和创造职业美极有启发。当然，游戏本身有具体与抽象之分，有实指与虚指之别。对于教师职业而言，最有价值的就是游戏中所体现出来的精神。这不是指现实具体的游戏项目，也不是指实实在在的游戏活动，而是一种超越其上的游戏精神。它是教师创造职业美的精神支持，也是教师进行职业活动的基本准则。游戏精神大体上可以包括这样一些内容：第一，游戏是从游戏者的兴趣出发不受强制的自愿活动。第二，游戏要求规则自守，凡是参与游戏的人均须遵守游戏规则。第三，游戏需要相互合作，游戏的各方必须在游戏中互相配合。第四，游戏活动的本身就是目的，在活动中所体验的快乐与幸福正是美的实现，也是游戏的目的所在。第五，游戏的意义在于在自由和谐的活动中促进人的发展。这五方面的内容归结到一点，就是自由创造的精神。教师以这种游戏精神进行职业美的创造，就会感受到自由自觉的快乐。

教师在职业活动中，以游戏精神进行美的创造，可从以下几方面着手。

1. 以游戏精神促进师生的和谐发展

人的和谐发展是自古以来人类追求的一个理想目标。"把一个人在体力、智力、情绪、伦理各方面的因素综合起来，使他成为一个完善的人"① 一直是各个时代人道主义思潮的一个根本主题。无论是夸美纽斯"教育在发展健全的个人"的思想，还是洛克"教育的目的在完成健全精神与健全身体"的看法，或是裴斯泰洛齐"教育在使人的各项能力得到自然的、进步的与均衡的发展"的观点，或是马克思恩格斯"以教育与生产劳动相结合造就全面发展的个人"的主张，都蕴涵着他们的教育理想。那么，在教师的职业活动中，以何种方式来实现这一美好的理想呢？在我看来，主要就是借助于游戏精神：它以人的和谐发展为指向，存在于教育教学的各个环节中，伴随着师生的愉快一起成长。

---

① 联合国教科文组织国际教育委员会编著：《学会生存——教育世界的今天和明天》，195页，北京，教育科学出版社，1996。

　　游戏精神对于人的发展的意义在教师职业中包含这样两个层面。其一，教师自身在非强制的自愿的职业活动中得到完善。当教师不是出于被迫、不是出于功利，而是自觉自愿地选择教师职业并认真而富有创造性地进行职业活动时，他自身也将从中获得情感的激发、智慧的启迪、发现的欢愉、收获的宽慰。他会感觉到自己在这样的活动中从一个初登讲台的幼稚者逐渐走向富于经验的老练者。无论是备课时忽生的一个令其兴奋不已的念头，还是上课时由于教学相长而引发的浮想联翩，都在为教师增加教育经验的积累，它不仅以自由创造的游戏精神直接带动了教师与学生一起在体力、知识、智慧、道德、情感乃至生命各个层面的成长，而且会在教师的职业生涯中打下深深的烙印，鞭策和激励着教师的创新与发展。其二，学生在教师所创设的师生互动的游戏情境中得到进步。当学生不是被动的客体，而是作为自我教育的主体积极主动充满热情地参与教育活动时，他也会从中体验想象的兴奋、成功的喜悦、自主的豪迈、成就的自信。如专注于作业时宁静的沉思以及攻克难题后的欣喜、亲手进行实验时幻想的激荡以及所得结果妙不可言的迷醉、参观现代化工厂晶莹洁净的车间时感到的神怡舒畅、小组交流中思与思的碰撞带来的怦然心动，它不仅以合作创造的游戏精神为学生的全面发展提供了宽松自由的空间，而且由于鼓励学生在游戏中的沉思与遐想，便开掘起一种深植于生命中的灵动和舒展，进而为学生怀着柔情、带着憧憬、从容自信、朝气蓬勃地走向社会铺就了一条现实之路。在此基础上，师生借助于游戏精神而收获的温暖、纯洁、宽容、和谐的良好关系，意味着师生之间审美关系的建立和审美活动的展开。

　　在教师的职业生活中，教师是否意识到游戏精神对于师生和谐发展的意义这一点至关重要，它决定了教师能否从职业生活中提升自我和建设他人，也关涉到教师对自己所从事职业的审美情趣和审美态度。

2. 以游戏精神促使教师体验自娱娱人的乐趣

　　教师职业的审美只发生在教师摆脱功利的目的、不再为生计和温饱而被迫地劳动之后，换言之，只有那些把这一职业当成享受和发展自己的活动的教师，才可能体会到这一职业带给他的美，教师职业才可能由于这些教师的审美而表现出美。就这一点而言，游戏精神能够帮助教师寻绎到职业的乐趣：有了职业活动本身就是目的这种游戏的心境，教师才能免于现实条件中感性冲动的拘束和平庸世俗的牵制，避开抽象国度中理性冲动的摆布和书斋题海的困惑，走出毫无节制的沉沦，揭去斯多葛式的冷漠，使鲜活的生命与完美的形式结合起来，并将蛰伏在教师自身以及学生身上的潜在的无限可能性唤起，引导着师生共同进入夺目的光照之中。

以游戏精神使教师体验职业活动自娱娱人的乐趣表现在自娱和娱人两个方面。自娱即指教师从职业生活中得到快乐、享受人生。杜威指出：对席勒所说的"人之所以是人，只由于他游戏"这句话如果"广义地理解，全神贯注于一个人所做的事情——即从兴趣洋溢的意义上来看，那么这个说法是正确的，是一个不言而喻的道理"①。教师不是为着某个外在的目的和无奈的强制而工作，而是为着自身的兴趣和自我的完善而从事职业活动。其中，过程与结果不是分离而是统一于教师的职业活动当中的：如果教师的工作兴趣只在活动的结果上，那么工作终将成为苦役；相反，如果只重过程而盲无目的，教师的工作也"难保不沦为无谓的嬉戏"②。游戏精神对于教师职业的价值正在于活动本身即为目的，教师将理性的目的纳入过程中，又巧妙地超越这种追求目的的理性，全神贯注于职业活动本身，自得其乐，表现出严肃、认真、投入的情绪，如伽达默尔所说："游戏的基本规范，就是要满足游戏的精神——轻松的精神、自由的精神和成功的喜悦的精神——并满足游戏者等等。"③ 于是，游戏的"最终结果并不是任何一种随意性的东西，而是只能如此被规定的游戏活动"④。娱人指教师不仅仅为自己的兴趣和发展而工作，还要使职业活动的过程与结果

---

① 赵祥麟、王承绪编译：《杜威教育论著选》，125～126 页，上海，华东师范大学出版社，1981。

② 林逢祺：《美感创造与教育艺术》，载《教育研究集刊》1998（1）。

③ ［德］加达默尔著，夏镇平、宋建平译：《哲学解释学》，66 页，上海，上海译文出版社，1994。

④ ［德］伽达默尔著，张志扬等译：《美的现实性》，37 页，北京，生活·读者·新知三联书店，1991。

于学生的成长有利并使学生在活动中感到愉快。游戏精神中所强调的相互合作、与人同戏的特质决定了教师不能忽略学生作为活动参与者的权力与要求，而应通过活动去了解学生、激励学生、唤醒学生，并以此来加强师生的沟通、融洽师生的感情、促进师生的交流。这样，不仅教师自身从游戏精神中得到了满足与快乐，也使学生在游戏精神中得到了发展和进步。

对于教师来说，从事教育和教学工作，可以是无聊烦人的劳务，也可以是兴趣盎然的活动，能否触发游戏兴致，决定了教师将带着一种怎样的心志去进行职业活动，因而也就决定了教师对职业美的创造。如果不把教师职业当做苦差事，不把教育和教学活动看成是异己的存在，而是怀着热情、揣着兴趣，带着几分游戏兴致投入，把教师职业活动这一过程本身看成是目的，在游戏中表达自己、展现自己、发展自己，教师就使自己也使学生在游戏精神的照耀下获得了深刻的审美享受。

3. 以游戏精神展示教师职业自由自觉的存在

人的生命有限，便激发了人对无限的渴望。游戏精神对教师职业的积极意义就在于使他从物欲的驱使下解放出来，不再受外在功利目的的束缚；同时，又使他能够以独立的人格自由地行动；最终在感性与理性的和谐统一中进行自由的审美观照。尤其在现代社会人的各方面都遇到分裂、紧张和不协调的情况下，教师在职业活动中自由自觉的存在尤为重要。

席勒指出，人在现实与精神上各自分裂时，会有两种冲动，感性冲动即物质冲动和理性冲动即形式冲动。感性冲动使人要去占有，去享受，被官能所控制，是被动的，处于这种状态的人是自然人，感性冲动"用不可撕裂的纽带把向高处奋进的精神绑在感性世界上，它把向着无限最自由地漫游的抽象又召回到现时的界限之内"；理性冲动要的是秩序和法则，受思想和意志的支配，是主动的，处于这种状态的人是理性的人，理性冲动"扬弃了时间，扬弃了变化，它要现实的

第
一
编
教
师
审
美
论

事物是必然的和永恒的，它要永恒的和必然的事物是现实的"①。感性冲动与理性冲动各自都有强迫性和片面性，只有使二者结合起来，人才会兼有最丰满的存在和最高度的自由，从而使人既意识到他的自由，又感觉到他的存在，既感到自己是物质，又意识到自己是精神，既不"逐物"，也不"迷己"，这样，感性冲动和理性冲动就可能结合在一起而在主体身上唤起一种新的冲动：游戏冲动。游戏冲动要的是自由，它不受任何约束，也不带有强迫性，它挣开了感性的功利性和理性的必然律的羁绊，成为一个自由自觉的主体，处于这种状态的人才是完整和谐的人，于是，便有了席勒著名的论断："说到底，只有当人是完全意义上的人，他才游戏；只有当人游戏时，他才完全是人"，"人同美只应是游戏，人只应同美游戏"②。"在审美国家中，人与人只能作为形象彼此相见，人与人只能作为自由游戏的对象相互对立。通过自由给予自由是这个国家的基本法则"③。

作为个体的教师也是凡人，也生活在社会中，也会遇到感性与理性的分裂：一方面，物欲世界的奢华与感官消费的放纵在诱惑着他，"快餐文化"的肆意与及时行乐的鼓荡在冲击着他，而教师职业的清苦、清贫等难免使他有些不平。另一方面，教师职业的崇高使命和为人师表的美好形象又在牵引着他、呼唤着他。他面临着何去何从的抉择。当教师具有了自由自觉的游戏意识并有机地将感性冲动与理性冲动结合起来之时，他就使自己也使学生进入了一个欢愉无穷快乐无限的迷人新天地。"由审美活动培养起来的思想开放和探索精神，可以很好地使各种各样的人去破除'日常生活的过分安逸'"④。这时，教师才从形形色色的心灵镣铐中超逸出来，将活生生的生命与活生生的世界融为一体，才得以进入一种自由的境界，以明亮的世界眼观审这个世界，才真正禀赋着一种审美的超然游弋于这个属己的世界。这

---

① ［德］席勒著，冯至、范大灿译：《审美教育书简》，63 页，北京，北京大学出版社，1985。

② 同①，80 页。

③ 同①，151～152 页。

④ ［美］格林著，王佩雄译，张家祥校：《普通教育中的审美素养》，见瞿葆奎主编，王佩雄、黄河清选编：《教育学文集·美育》，162 页，北京，人民教育出版社，1989。

时，教师职业才成为一种自由自觉的存在，教师也借助于游戏精神使自己进入了一个美好的世界。

自由自觉的存在是教师职业美的特征，是教师创造力的源泉，也是教师鲜明个性的显现。它不仅闪耀着感性的光辉，也昭示着理性的自觉。它以自由自觉的魅力构筑并创造了教师职业的美。

专栏之十：　　　　　在"玩"中与学生一起探索

我发现自己还像个孩子，至少还像个孩子似的好奇、好玩，喜欢和孩子们在一起，希望和孩子们相通。

我常常教什么内容，让孩子们学什么内容，自己也同样兴致勃勃地玩什么内容。不仅课前，而且课后也玩个没完；不仅跟学习有关的，而且还节外生枝，玩衍生出来的内容。一轮《肥皂泡》教下来，我就玩出了"新水平"，能把肥皂泡吹得比篮球还大，让它在教室上空晃荡，那高兴劲，那情景，整个课堂都会沸腾，谁不想试一试呢？于是课内的、课外的研究兴致勃勃地、主动地开始了。

我去捉蚂蚁，常会忍不住跟蚂蚁玩起来。有一次引来一帮看客，把我错认为是蚂蚁专家，七嘴八舌地最后问得我招架不住狼狈而逃。玩蚂蚁的花样我可以说是够多的了。一天，忽想到测蚂蚁的速度，便借来一只跑表，让蚂蚁在米尺上爬。那家伙半途折来折去地破坏了我的计划；让蚂蚁在线上爬，爬了几步就掉下来了；让蚂蚁在一根细长玻璃管里爬，它居然爬到中间就停下来休息了。气得我用嘴一吹，竟像炮弹似的飞得无影无踪了。后来我又用酒精灯烘烤玻璃管，设想蚂蚁会向冷的一端爬，谁知这热锅上的蚂蚁果真会团团转，嗤的一声完蛋了。最后"成型"的花样便是让蚂蚁在纸上自由爬，后来就用在《昆虫》录像课上。我的一些课常会玩出一些意外的新花样来，那大抵就是自己的好玩玩出来的。尽管我经常忙得不可开交，可我仍醉心于"玩"，容忍自己的"玩"，道理很简单，希望孩子们去鼓捣，去探究，去发现，教师自己能不下水、不鼓捣、不研究一番吗？

孩子们知道我喜欢"玩"，也就常来和我玩。在他们的文章里，常把我描写成一个"大孩子"，而我的办公室则比喻成"防空洞"，有时班主任前来"空袭"，我的确也常替他们打掩护。我常收到各种各样的"礼物"，这两年里就有两只小猫，三只小兔，七只小白鼠，两只刺猬，一只乌龟，一只豚鼠，还有死的鸟，臭的鱼，稀奇古怪的虫，漂亮的标本，普通的石子……不过那些小动物在我这儿也待不了多久，不几日，它们就被欢天喜地的新主人带走，许多学生的家里有自己的生物角。所以，我的办公室又是动物收容所和转运站。

有时候我也逗孩子们。一次给二年级上课，我在头发上、衣服上沾满苍耳和鬼针草走进教室，惹得大家哈哈大笑。然后让他们摘下来认是些什么东西，研究研究它们是怎么沾在衣服上的……到最后，每个人都沾着种子离开实验室。后来在野外，更是沾得满头、满身都是。每年的养蚕、搜集岩石、矿物标本、金属标本等活动还会刮起全校性的风。

我在不断逼迫自己走一条要求更高、更艰难的道路的同时，逐渐地享受到了自然教学中的自由，尽管还只是小小一点自由（比如仅仅是比较有把握地上好课），但是想到自己正在接近自由王国，正在日趋成熟，我是很兴奋的。

我时时强烈地感受到时代、国家、民族赋予我们这一代人，赋予我们这一代自然教师的责任，时时强烈地感受到"开除球籍"的压力，一种紧迫感、一种焦虑和责任驱赶着我的永不停止的奋进和追求。

资料来源：摘自章鼎儿自述：《我的"特色"与追求》，载《小学自然教学》，1988（3）。题目为本书作者所加，有删节。

游戏精神是一种自由的精神、创造的精神、探索的精神。教师以这种精神进行职业活动，就会从中感受到自己作为自由自觉的个体的存在，在职业活动中就能不断确认自我、提升自我、完善自我。这样一来，游戏精神就为教师以一种超然的审美态度去审视教师职业，并以自由创造的工作去从事教师职业提供了精神上的支持。于是，教师因这种游戏精神而得到了升华，教师职业也因这种游戏精神而得到了美化。

（二）　语言工具：对话人生

20世纪西方美学的一个重要转向就是所谓"语言学的转向"：从对美学问题的思考转向语言的分析与研究，并在多个层面对语言与人类的关系、语言的审美意义进行了阐述。克罗齐将美学与语言学看成是统一的科学，美学就是表现的科学，而"语言是声音为着表现才连贯、限定和组织起来的"①，因而表现既是艺术问题，也是语言的本质。卡西尔一方面把语言看成是文化赖以构成的基本要素，是文化得以存在和发展的条件；另一方面把语言视为一种用以交往、认识和固定意义的工具，并得出了人是符号的动物的结论。海德格尔则否定了语言作为表达工具的观点，强调语言是人的存在家园，是真理的场所，"只有语言才使人成为人的生命存在"②，而诗人就是人的这个栖居地的守护人。维特根斯坦把语言比喻为"工具袋"，里面有各种各样用途不同的工具，语言的意义即取决于它的用法，尤其是对特定语境的把握；同时，语言不但是传达的手段，而且本身也对传达内容的构成具有至关重要的作用。伽达默尔进一步发展了海德格尔的思想，指出语言不是派生的和次要的，它乃是人存在的前提，体现了一种永恒的亲昵；人存在于语言之中，而语言是历史的，所以人存在于历史中。福柯则从对中心化的权力话语的颠覆和对非主流话语的关切中，表述了这样一个思想：在"反叛的话语"和"理性的他者"中，审美才成为一种生存方式，成为一种审美的生存。从克罗齐到福柯这一粗略的勾勒，展示了西方美学的语言学转向的发展轨迹：从表现的语言论和工具的语言论，走向存在的语言论；从被动的语言工具论走向话语理论，进而走向对话主义。它显示了语言在美学中日益突出的地位，语言成为审美和创造美的重要媒介。

---

① ［意］克罗齐著，朱光潜等译：《美学原理/美学纲要》，154页，北京，外国文学出版社，1983。

② 周宪：《20世纪西方美学》，303页，南京，南京大学出版社，1997。

西方美学的语言学转向为我们思考语言在教师创造职业美的活动中所起的作用提供了一个新的视角。本文所说的"语言"，是在广义上的表述，意指人们通过无声和有声的方式，借助于体态、文字和口语表情达意。在教师的教育和教学活动中，它们"构成了一个以口头语言为主、以书面语言和体态语言为辅的综合语言系统"①。可以说，语言不仅是教师精神生活的一部分，而且是教师职业存在的"居所"，是教师在职业活动中创造美的媒介。

语言对于教师创造职业美的意义主要体现在以下几方面。

1. 借助于语言，师生共享世界，从而使人的存在敞亮起来

几千年来人类在探索自然奥秘、认识社会规律、了解自身存在的过程中积累了宝贵的知识财富，孕育了璀璨的文化瑰宝，它们构成了人类文明的重要组成部分，也成为教育的主要内容。当代科学技术的广泛运用又使我们置身于一个丰富多彩、气象万千的世界之中，它为教育的发展提供了条件和机遇。在这样的背景下，教师职业活动的展开就面临着更为复杂的内容和更多元化的手段。然而，尽管教育技术手段促进了教育教学活动的现代化开展，语言却始终是教师职业活动的基本依托和存在形式。

自教师职业产生之初，它就和语言结下了不解之缘：无论是借助于书面语言对已有知识的了解，还是运用体态语言传递某种信息，或是通过口头语言表达某种思想，它都忠实地伴随着教师的职业活动。在这一过程中，语言已不再是工具那样的可以用之弃之的东西，教师职业与语言一刻也不能分离，教师就处在语言的包围之中，教师就生活在语言的"所指"和"能指"当中，教师就是语言的使用者、受益者、创造者。作为语言的使用者，教师以语言进行教育和教学活动；作为语言的受益者，教师依靠语言使自身的存在得以显现；作为语言的创造者，教师以自己对语言的理解和解读建立起一套独特的话语系统，并使之与具体的教育情境相适合，在教育过程的变化中得以

---

① 王枬：《教学语言艺术——课堂教学的主旋律》，5 页，桂林，广西师范大学出版社，1998。

发展。这样，语言就成为教师职业活动的得力助手。同样，学生也与语言须臾不可分：学生学习说话和写作就是在认识和了解所处的世界，所进行的作业、练习就是在熟悉和接触身边的世界，而运用语言去描述和指称就是在感受和创造所爱着的世界。学习使用语言的过程就是了解世界、相互沟通的过程。"学着说话并不是指学着使用一种早已存在的工具去标明一个我们早已在某种程度上有所熟悉的世界，而只是指获得对世界本身的熟悉和了解，了解世界是如何同我们交往的"①。这时，语言也不再是学生借以同世界打交道的一种工具，而是学生生活世界的一部分，语言就像是阿里巴巴用"芝麻开门"启封藏匿着无数珍宝的山洞的秘语，这秘语与有珍宝的山洞是同义语。通过语言这个媒介，教师与学生共同走进风姿绰约、变幻无穷的神秘世界，共享这个世界的无尽资源。可以说，教师职业之美就在于他与学生的沟通和交流是通过理解而实现的。采用理解的方式就能进入学生的精神世界，这一过程又是在语言的参与下实现的。教师以语言表达自己对事件的看法，也倾听学生用语言表达的心声。由于语言的作用，使原本被遮蔽的世界"去蔽"，使模糊的存在"澄明"，使隐约的自我"敞亮"，从而揭示出人的生命之泉和存在之谜。"我们用学习讲话的方式长大成人，认识人类并最终认识我们自己"②。

需要提起的是，教师在以语言进行师生交流和相互理解的过程中，还需怀有如尧斯所说的"期待视界"。教师对学生这部"刚刚打开的书"需秉持着一种潜在的审美期待：它是对学生无限发展可能性的信念，因而以极大的热忱和耐心去阅读和感受其中丰富的内涵；它确信"变化的眼光会改变一切"③，因而表现出对这部书的作者——学生在成长中可能出现的这样或那样问题的宽容和最大的信赖；它不是把自己的观点强加于学生，而是随时准备听取和接受学生的意见以缩短师生的审美距离；它以一种欣赏和积极的态度去调整在"观审"

---

① ［德］伽达默尔著，夏镇平、宋建平译：《哲学解释学》，62页，上海，上海译文出版社，1994。

② 同①。

③ Diamond, C. T. P. *Teacher education as transformation*. Buckingham, Milton keynes [England]；Philadephia：Open University Press. First Published 1991.

中可能出现的来自于阅读者（教师）或作者（学生）的矛盾，更以极强的责任感与学生一起去建构审美的人生。这样，教师在"期待视界"基础上所选择的语言就更符合学生发展的需要，所运用的语言也更能表达其内心丰富的情感，所营造的语言氛围也更有益于师生的沟通和交流。于是，教师职业便因有了语言这一媒介而架起了通往美的桥梁。

2. 借助于语言，师生精神相遇，从而引起师生同往

把语言视为一种对话关系，表现了人们对一种审美人生的追求。布贝尔曾经说到，人与人之间就是一种对话的关系、一种"我和你"的关系，对话的过程就是主体之间的相互造就过程，对话的实质就是人与人之间在精神上的相遇。海德格尔认为：语言的任务在于通过它的作用使存在者亮敞，以此来保持存在者。语言过程实际上是由听一说关系构成的，说之所以可能，原因在于有听，有听才会有说，因此，说就不是单一的活动，而是一种双向互动的过程，这就是"交谈"。"交谈又是什么意思呢？明确地讲，它是与他人讲关于某事的活动。从而讲也就引起了同往的过程……交谈及其结合支撑着我们的此在。"① 伽达默尔提出，在自我和他人之间存在着沟通的可能，人们对文本的解读过程实际上就是自我与他人的交流过程，通过交流而获得理解，通过理解而产生意义。语言"正是通过以下事实建立的，它向每个人的自我理解讲话，并且永远作为当下的、借助于它自己的同时性进行讲话"②。巴赫金认为自我和他人的对话关系乃是生存的基本条件，人之所以意识到自己的精神存在，就是体现在通过语言表现出来的同他人思想的积极交往中，一切思想的存在都有赖于不同主体之间的对话。这种对话不是同一种声音的"独白"，而是由不同思想和观念构成的"复调"，有不同声音之间的相互论争才会有对话中的相互理解。

从教师职业的角度来看，对话永远是一个开放的未完成的动态过

---

① 伍蠡甫、胡经之主编：《西方文艺理论名著选编》（下卷），577～578 页，北京，北京大学出版社，1987。

② ［德］伽达默尔著，夏镇平、宋建平译：《哲学解释学》，102 页，上海，上海译文出版社，1994。

程。它的美学价值来源于师生之间精神上平等的相遇，这使师生获得了一种精神上的自由，获得了人的本真的存在，这正是人的美的最高表现。精神上平等相遇所具有的美学价值具体体现在：第一，语言的交谈和对话意味着对学生作为对话一方的独立性和内在自由的承认，意味着以平等的态度在与学生经验共享的过程中进行相互的造就，意味着通过对话而使师生共同进入一个尚不熟悉的未知的领域，意味着对学生个体生活世界特别是内心世界的关注，意味着对来自学生不同观点之间争论的赞许，意味着教师海纳百川的胸怀和永远作为一个学习者的姿态。第二，语言的交谈和对话表明：教师不是以绝对真理的拥有者自居，不是作为高高在上的学术权威出现，不作学生讨厌的"教唆者"和"训导员"，不搞单向传递的独白式教学，不扼杀儿童不断提出为什么问题时的猜想冲动，不磨灭学生与生俱有的热情探究世界的火花。教师只是一个背景材料的提供者，交谈环境的创设者，对话教学的引导者，儿童表达独特见解的倾听者，是学生游戏的伙伴和可信赖的朋友。第三，语言的交谈和对话还将师生一同带往心灵的世界，"教学总是涉及某一心灵与另一心灵之间的关系。教师不只是一本谈话的书、一张活的留声唱片，对一群不认识的现象广播。他与学生进行对话，这种对话远甚于'谈话'，因为大部分教学内容几乎都是不知不觉由师生间的个人交换而传授下去。"① 由于语言的作用，使师生不再感到彼此陌生和遥远，在心灵相互靠近、精神相互回应的过程中唤起人生的信念和生活的激情。"真正的对话式教学中的对话，发生在对话双方自由的探究中或自发的讨论中，发生在对话双方精神上真正的相互回应与相互碰撞中，发生在双方认知视界的真正融合中。"② 这就是师生同往的含义，这才是审美化的教学。惟此，才有教师职业的美，也只是这样的教育，才会带给教师自身以及学生审美的人生。

教师职业活动中的对话还表现为教师与自己的对话，这一情形建立在教师对"自我存在"的意识和自己所从事职业的反省基础上。这

---

① ［美］阿德勒著，周勋男译：《西方的智慧》，95 页，长春，吉林文史出版社，1990。

② 夏正江：《对话人生与教育》，载《华东师范大学学报》（教育科学版），1997（4）。

种对话的可能性首先要把能够发现自己并和自己谈话作为前提，如不能进行反省，对话就不能成立。语言能力即对话的能力，是把握自我的能力。教师不仅能意识到自我，而且通过自问"被意识到的自我还好吗"来提高自我存在的价值。每一次反省是使自己站在自己的面前，凝神观照，进行自我考问。如：我是否应该这样对待那个学生？我的做法会不会伤害学生的自尊心？如果做得不好我该怎样弥补？究竟采用什么办法才能使我赢得学生的信任和喜爱？这是一种富有思想价值的反思，是教师成长和发展过程中颇有促进作用的自省活动。由于语言是具有思想力的自我的显现，在自己与自己的对话中教师能借助于语言反省自己，并通过这种反省而实现自我的完善；语言本身又是通向美的道路，是教师职业活动中展现自己的教育风格、教育艺术和教育智慧不可缺少的有效途径，因此，类似的经常自问会极大地提高教师的职业意识和审美能力，从而在职业活动中自觉地表现美、感受美、创造美，使自己处于不断向上的状态之中，这样，自我对话就从自我反省出发，实现了自我升华。

专栏之十一：　　　　通过语言使师生相互理解

　　一名高三女生的来信：小时候我曾有过许多理想。读小学时，我家隔壁有一位很有名气的舞蹈家，于是我便参加了少年宫舞蹈训练班，想长大后也成为舞蹈家。上中学后，我读高尔基的"自传三部曲"，又立志成为作家，还偷偷写过小说和诗歌。最近几年的改革开放，又使我崇拜一些著名改革家，并希望自己今后成为一名建功立业的改革家。现在我即将毕业，将独自踏上人生旅途，以前的理想却离我而去，可我仍在苦苦思索：怎样的自我是最美好的？

　　李镇西老师的回信：面对你的提问，我的回答是：做一个最好的自己！

　　谁都渴望成为英雄豪杰、伟人巨匠，但受自身条件、社会环境等制约，真正成为艺术家、文学家、企业家的，只是少数。对于大多数人而言，他们也许永远成不了"家"，但通过努力，却完全可以成为最好的"我"。

有人说："每个人都是一棵树。"的确，我们生活的世界像一片森林，其中有的人是乔木，有的人是灌木；有的人是参天的白杨，有的人是婆娑的杨柳。你即将毕业，可能升入大学，可能参加工作，而志愿与职业的选择往往不能取决于你自己。你以前的理想都是很好的，而现实并非可以随心所欲。因此，问题不在于你"做什么"，而在于你"怎么做"——

你也许不是最美丽的，但你可以最可爱；你也许不是最聪明的，但你可以最勤奋；你也许不会最富有，但你可以最充实；你也许不会最顺利，但你可以最乐观……因此，你若是工人，就要当技术最出色的工人；你若是营业员，就要当服务质量最佳的营业员；你若是医生，就要当医术最高明的医生；你若是教师，就要当最负责的教师；甚至你只是一名"个体户"，也要当最受顾客称道的劳动者！你也许不能成名成家，不能名垂青史，但你可以成为同行业中千千万万普通人里最好的那一个！

资料来源：李镇西著：《爱心与教育——素质教育探索手记》，235～236页，成都，四川少年儿童出版社，1998。题目为本书作者所加，有删节。

游戏精神和语言工具作为教师在职业活动中创造美的媒介，其本身也有着内在的联系。在某种意义上可以说，游戏离不开语言，语言也是一种游戏。在维特根斯坦的语言理论中一个重要的概念就是"语言游戏"，即语言是一种活动的组成部分或是一种生活形式的组成部分，一种语言的游戏便包括了整个文化，它必须遵守其游戏规则。在教师创造职业美的活动中，游戏精神的实施必须通过教师的书面语言、体态语言、口头语言等进行，语言工具的运用则须体现自由创造的游戏精神。教育中的语言，其游戏规则就是"艺术化"。虽然教师职业所使用的语言都承载着论证、推理、概括、抽象等职责，但在具体的教育教学活动中，教师需要进行一番语言的转换，即将陈述性的语言转变为艺术性的语言，这是教师职业活动中语言的游戏规则。这样，教师的语言才得以在课内课外全面地发挥其特有的功能。而教师职业的美就在自觉自愿、和谐发展的"游戏精神"的引导下，在共享世界、对话人生的"语言工具"的创造中大放异彩。

三、"情境交融"、"心意贯通"与"品悟浑然"
——教师创造职业美的路径

教师职业美不是自然而然发生的,而是教师在职业活动中积极主动创造的结果。教师要创造职业美,除了要具备"过有意义的教师职业生活"的审美观念与"欣赏教育美的感官和心灵"的教育能力这些主观条件之外,除了要善于运用"游戏精神"与"语言工具"进行教育活动以外,还必须注意"情与境"、"心与意"、"品与悟"等要素。将这些要素有机地糅合起来,用以创造出悦耳悦目、悦心悦意、悦志悦神的美,就为教师职业美的实现铺垫了一条道路。它使教师在职业生活中不断地提升自己,由教育艺术、进而到教育风格、再到教育智慧。

(一) 情境交融:悦耳悦目

情与境的交融即情与境的交汇融合。它对教师进行职业美的创造有着至关重要的影响。没有情,教师职业活动就会变得沉闷单调、枯燥乏味;没有境,教师职业活动就会显得抽象干瘪、空洞无物;没有情与境的有机结合,教师职业活动就会觉得事倍功半、美感全无。这样,情境交融就成为教师创造职业美的基本途径。大凡进入到"美"这一层面的教师职业活动都包含着浓烈的情,伴随着鲜活的境,展现着悦耳悦目的教育美。

1. 通过情境交融展现悦耳悦目的教育艺术

教育艺术是教师以生动直观的外显行为表达教师的思想感情、表现深奥的教育内容、表述特有的教育方法的一种境界,是教师职业美的显现。它可以通过多种渠道获得,其中,情境交融与教师的教育艺术紧密相连。教师的教育艺术正是由教师根据教育实践的需要,借助于语言、环境、设备等手段创设出相应的情境氛围,以唤起师生的情感共鸣而产生的。这是教师职业活动的有机组成部分。通过情与境的交融，教师便将原本仿佛是冷冰冰、干巴巴、暮气沉沉、枯燥乏味的教育内容活化起来，以鲜活感人的声音、色彩、造型、节奏、形状、线条、韵律、构图等给人以悦耳悦目的享受。通过情境交融，教师一方面以感性的方式传达深奥的道理，使其易于为学生所理解和接受，从而架起学生智慧发展的阶梯；另一方面以学生原有的经验作为学习的基础，便在"书本世界"与"生活世界"之间搭起了一座情感的桥梁。这时，教育内容不再是古板僵硬、毫无动人之处的"木乃伊"，而是脉脉含情、充盈着诱人魅力的"维纳斯"。原先陌生的、外在于学生的"书本世界"成为学生熟悉的、浸染于其中的"生活世界"，学生从中不仅体验到自己所经历过的事件，而且攀着智慧的阶梯、沿着情感的桥梁、从经验的联系中把握更深的知识和道理。同时，通过情与境的交融，教师把以往对于学生来说似乎是模模糊糊、懵懵懂懂、遥远而不可即的事物展现出来，使学生处于特定的情境当中，在方寸之间乘上"飞毯"，领略世界各地乃至宇宙银河的迤逦风情，在顷刻之时穿越时间隧道，感受人类祖先甚而上古时代的洪荒混沌。情境交融以形象、逼真的仿真环境和妥帖、适切的情感氛围冲击着传统单一的"书本教学"，使学生在接触和感受各种生动直观的感性材料的过程中把握科学认识的真谛。此外，通过情与境的交融，教师还将教育目标、教育内容与教育手段有机结合起来，形成一种天造地合、水乳交融的和谐，达到教育艺术的最佳境界。如教朱自清先生的《荷塘月色》，选配舒缓柔和的古曲《春江花月夜》作为背景，再以绘声绘色的语调充满感情地朗读课文，带领学生一同进入那如诗如画的情境。"大家仿佛跟着作者，踏上幽静的小路，漫游荷塘。如像沐浴着如水的月光，看见了那隐约的远山，婀娜的杨柳，闻到了微风吹送的缕缕荷香，聆听那一声声知了的鸣叫和青蛙的歌唱。"[①] 此时此刻的课堂已经变成了一幅情境交融的画面，学生从中获得了极大的享受；而当下的每一个场景都成为学生激情动魄的体验和终身难忘的经历，成为学生积极的生命流程中温暖的驿站。在这一过程中，教师是活的情感源泉，是教育活动中学生情感的感染者。无"情"则不能成

---

① 吴洪成主编：《现代教学艺术新论》，286页，重庆，西南师范大学出版社，1994。

"境"。"教师的情感对于儿童来说，是导体，是火种。教师要善于将自己对教材的感受及情感体验传导给学生。"[①] 如果没有教师对教育的深刻的把握，没有教师洋溢于胸中的饱满的激情，没有教师自然流淌出来的妙语佳句，也就不会有学生感受到的真情实境。

2. 通过情境交融表现教师对教育的理解和感受

情境交融可以在教师的任何一项教育活动和任何一门学科教学里体现出来，它更凸显了情境交融这一要素在教师职业活动中的普遍性和辐射性，表现了其对教师创造职业美的作用。以思想品德课为例。传统的德育课"把本该赋予生命以存在价值的教育活动蜕化成了清教徒式的教化"[②]。这种旧的模式必须改革，改革的前提就是要回归生活。思想品德教学活动的展开应该具有生活性：这种生活是学生所熟悉的生活，是他们每天接触到、体认到的生活。当他们置身于这样的生活中时，所有僵硬、刻板的道德训诫变成了与他们的生活息息相关的、非常亲近而自愿接受和践行的内在感受。于是，外在的规范转化成为自觉的行为。例如，当教师在抗洪救灾的社会大背景下创设出"讲抗洪故事，议水利方案"的品德教育情境时，他就已把道德要求融入了学生的生活之中，而学生在自觉收集各种关于抗洪救灾的新闻报道的过程中、在倾听抗洪军人所做的抗洪经历的报告中、在广泛查阅资料进行变水灾为水利的论证中，互助互爱、勇敢无畏、环保意识等品德在学生的心灵里滋生，道德的陶冶、审美的净化便在学生的心路历程上迈开了令人愉快的步伐[③]。再以数学课为例。数学的审美价值是客观存在的。教师可以创设出一种充分展示数学美并使学生乐此不疲的生动有趣的数学学习情境。刚接触数字，教师便为学生展开一幅由一到十的兴趣盎然、寓意美好的画卷，这样的游戏使单纯的认数教学充满了美的情趣。几何教学中，将各类几何图形所具有的独特美

---

① 李吉林：《情境教学实验与研究》，23 页，成都，四川教育出版社，1988。

② 叶澜主编：《"新基础教育"探索性研究报告集》，125 页，上海，上海三联书店，1999。

③ 李晓文：《小学思想品德课改革研究报告》，见叶澜主编：《"新基础教育"探索性研究报告集》，上海，上海三联书店，1999。

展现在学生面前：直线表示力量、曲线表示流畅、平行线表示安定、放射线表示奔放、矩形刚劲、圆形柔和、正三角形稳定、倒三角形危险……同时以"我们生活在几何王国里"为题，引导学生列数日常生活中的各种几何形体，激发学生对几何学习的热爱。这样的情境会在学生的脑海中留下难忘的记忆，而数学的智慧与美好也像种子一样植入了学生渴望知识的心间。

对于教师来说，情境交融不是他刻意安排、雕琢而成的，也不是游离于环境、从外面强加的，而是自然流露、水到渠成的一种过程和结果，是内生于环境、又附着于活动的。教师不是先判断这一情境属于哪一类型，然后再从所积累的准则和习惯中抽出某种规范去运用，而是根据每一情境的独特性做出的反应。教师以情境交融的方式表达了自己对教育的认识和感受。这是他所推崇的教育信念的投射，是他所把持的审美态度的流露，是他所倡导的生活价值的体现，是他所恪守的教育惯例的驱动。其间蕴含着他的眼界、他的胸襟、他的意愿、他的理想。而且，他还把这种理解与感受传达给学生，使学生懂得人类情感的弥足珍贵和充实人生的审美价值。于是，教师职业的涵养、个人的旨趣、审美的品位、事理的感悟等等也都不言而喻、尽在其中了。而教师职业也由于教师职业活动中的情境交融而焕放出美的光彩。

（二）心意贯通：悦心悦意

心与意的贯通就是心意的沟通和融洽。它是心意的自由状态，是解开了世间物欲束缚之后的超脱，是高居于物质世界之上的超越。康德在《判断力批判》一书中提出，"主体诸认识能力处于自由、和谐关系中的心理状态"① 就是心意的自由状态。心意贯通建立在对审美对象蕴涵的内容意味的体认和把握基础上，是感性与理性相互渗透的结果，是主体与客体心灵的交融，是心意自由的感受。它已经不仅仅涉及感官的体验，不满足于对外在形式的把握；已经深入到心灵，上

---

① 冯契主编：《哲学大辞典》，290 页，上海，上海辞书出版社，1992。

升到内在意蕴的把握。在教师职业活动中，心意贯通是教师创造职业美的不可或缺的道路。

1. 以心意贯通展示教师富有个性的教育风格

教育风格"是在考虑情境影响的条件下，教师经营教——学这一相互作用过程的某种个人方式"①。它是教师教育艺术成熟的表现，是教师在职业活动中心灵自由创造的标志。它建立在心意贯通的基础上。在心意贯通的状态下，教师才可能创造出体现自己个性和特色的教育风格，并在把自己已经形成的比较稳定一贯又具有独特个性的教育风格运用于教育实践时体验到内心的自由和情感的愉悦。在教师创造职业美的活动中，心意贯通首先便把从业者的"个性"推上了前台。每一个富有个性的探索者都可能在形成自己的教育特色的过程中发现"独特性"的魅力，在实施自己的教育理念的旅途上感悟个人的理解、想象、情感的价值。当教育活动的帷幕徐徐拉开，一个又一个的教育场景便使各类教师的教育风格和个性大放异彩。以上课为例：有的人上课善导，巧于设疑；有的人上课善评，议论风生；有的人上课善点，发幽探微；有的人上课善演，绘声绘色；有的人上课重情，以情动人；有的人上课重理，博中求约；有的人上课重趣，引人入胜；有的人上课重议，启发思维。有和风细雨式的，讲起课来轻言慢语、娓娓道来；有急风暴雨式的，讲起课来尽情泼墨、写意渲染；有长于逻辑的，讲课环环紧扣、步步为营；有富于情感的，讲课跌宕起伏、峰回路转；有幽默风趣、诙谐机智的；有严谨庄重、规范有序的；有细腻柔和的，有粗犷豪放的；等等，不胜枚举。这些各有千秋、富有魅力的个性是教师自身的性格特点、气质类型、教育经验、审美修养等一系列因素的综合体现，是心意贯通使然。它就如同烙在教师身上的印记一样表明了教师独一无二的"我在"，它使我们得以在茫茫人海中识别出"这一个教师"或"那一个教师"，也使教师自身不致消失在"雷同"或"复制"的烟雾中。因此我们可以说，教育风格就是教师本身。教师独特个性的存在意味着它骄傲的宣告：教

---

① 汪凌：《教育风格与教师的专业发展》，载《外国教育资料》，1997（2）。

师在教育活动中已经达到一种游刃有余的自由状态。

正是由于教育风格和个性的独特性，因而又决定了它的不可模仿性。齐白石有一句名言："学我者生，似我者死。"艺术创作是这样，教育活动又何尝不是这样呢？其实这里强调的就是教师在心意贯通状态下的创造。"创造某个东西就意味着非技艺地制造它。"① 虽然每一位教师在形成自己的独特个性和教育风格之前，都要学习和模仿别的教师探索成功的教育经验，都要揣摩和尝试别的教师行之有效的教育方法，但是，决不能一味照搬，更不能简单套用。教育风格不是工作手册，也没有操作规程，它无法通过外在的机械训练而使之熟练化和技能化，一旦它可以变成某种固定的程序，就已经失去了教育风格的本色。从这个意义上说，教育风格是不可教的。它是教师在心意贯通的自由状态下，从模仿到独立探索再到独特性出现再到教育风格形成的过程。这时，教师才会感到发自内心的愉快，享受自由创造的喜悦。他不再是以复制为主的"教书匠"，而成为富有个性的以"教育家"为目标的追求者。伽达默尔在分析艺术创作中"天才"的概念时说："天才完全就是这种富有生气精神的一种显现方式。相对于教书匠的呆板的规则，天才显示了自由的创造活动，并因而显示了具有典范意义的独创性。"②

2. 以心意贯通创造悦心悦意的教育效果

在教师创造职业美的活动中，心意贯通还把美的规律引入到教育活动中来，在心意贯通的自由状态下，教师不仅能够按照事物内在固有的尺度来衡量对象，而且也按照美的规律来塑造物体。这样，教师就以自己对教育的理解和实践形成了相对稳定的一种教育作风和格调，并在职业活动中体验着悦心悦意的愉悦。孔子"不愤不启、不悱不发"，"叩其两端、攻乎异端"的"启发式教学"陪伴着孔子一生的教育实践；苏格拉底不断追问、反诘，以其人之矛攻其之盾的"产

---

① ［英］科林伍德：《艺术原理》，引自蒋孔阳主编：《二十世纪西方美学名著选》（上），105 页，上海，复旦大学出版社，1987。

② 伽达默尔著，洪汉鼎译：《真理与方法》（上卷），68 页，上海，上海译文出版社，1999。

婆术"贯穿于苏格拉底的教育生涯；丹麦科学家玻尔的教学"使物理学既是一门科学，又是一门艺术"，他以生动的画面引起人们大胆的想象和浪漫式思维，又以严谨的论证和平等的讨论使人们感到"苏格拉底复活了"；德国数学家希尔伯特就像一个穿着杂色服装的魔术师，他特有的"理性化教学"吸引了来自世界各地的青年数学家，他用魔笛"把一串小老鼠引向数学的深河"[1]；美国教育家杜威用看似漫不经心、散漫无章的谈话却表达出"组织严密、前后连贯的精湛智慧"，他以在学生面前"思想"的真实赢得了学生的欣赏[2]；英国生物学家赫胥黎总是在每一次演讲开始时，把前一演讲的内容作一扼要的叙述，展列论点的方式又极富戏剧性。"他用 50 分钟的时间，给学生们分析了两三个似乎并不属于同一性质的自然现象，然后看看表，用剩余的 10 分钟时间把这个显著的分析归纳一下，并显示出它们之间的类似之处。在离开教室时，他留给我们的感觉是'大自然，并不是毫无计划的'。"[3] 斯霞的"母爱式"教育充分体现了她对学生的关心与爱护，就像一股亲切、和煦的春风吹进冰封的角落；于漪的"审美教学"充分展现了她深厚的涵养和教学的功力，知识就像涓涓的溪水伴随着美的音律流进敞开的心田。这些教师的教育风格不仅使学生深受其益，感受那种悦心悦意的快乐，而且教师本人也从中获得自我肯定和从容驾驭的欣慰。

对于教师来说，心意贯通不是可有可无的奢侈品，也不是机械的、牟利的工具，而是教师创造职业美的途径。当教师在心意贯通的自由状态下展现自己独特的个性和风格并从中体会悦心悦意的愉悦时，他就会感受到教师这一职业无与伦比的美好；当教师以敞亮的心境反观自身并吸纳一切有益于生命成长的养料时，他就会体验到教育如同阳光空气和水给予人的润泽；当教师以虔诚的态度使自己生命的本质全面融入到自己所喜爱的教育事业时，他就会领悟到自己所做的平凡工作对于完满生活的意义。也只有在这时，教师职业才由于教师

---

① 引自张相轮、钱振勤著：《教学美学》，160 页，南京，江苏教育出版社，1998。

② 张武升主编：《当代中国教学风格论》，61 页，南昌，江西教育出版社，1993。

③ 同②，62 页。

心意贯通而绽放出美的花朵，焕发出醉人的芳香。在这里，教师终于摆脱了惯性思维的桎梏，开启了幽禁的思绪，以孩童般的灿烂扑向神秘诱人的天地。而教师职业也由于教师心意贯通的自由更显其美。

（三）品悟浑然·悦志悦神

品与悟的浑然是在品与悟的契合中精神得以提升。"品"即辨识、体察、鉴别、评定，所谓品茶、品花、品酒、品题均指辨识对象的优劣高下之意。教师职业活动的"品"主要是品教育，若无"品"的介入，就可能使得教育中良莠不分、美丑难辨，导致教师职业行为的低品位及庸俗化。"悟"即觉醒、心解、了达、有得，所谓醒悟、觉悟就是指"物格知至"、"体验有得"，如先人所云："凡体验有得处，皆是悟"，"人性中皆有悟，必工夫不断，悟头始出，如石中有火，必敲击不已，悟头始现"①。教师职业活动的"悟"主要是悟教育，若少了"悟"的参与，就可能使教师停留于现象、终止于形式，于是，教师职业活动便缺了深度，少了力量。品悟浑然则是品悟相得益彰、互为提携。教师正是在"品悟"中施展其才华，表现其智慧，进而创造职业之美的，教师自身也在"品悟"中提升自我。因而，品悟浑然成为教师创造职业美的路径。

1. 在品悟浑然中进入悦志悦神的教育智慧境界

"智慧就是合乎人性的自由发展的真理性的认识。"② "教师的教育智慧集中表现在教育、教学实践中：他具有敏锐感受、准确判断生成和变动过程中可能出现的新情势和新问题的能力；具有把握教育时机、转化教育矛盾和冲突的机智；具有根据对象实际和面临的情境及时作出决策和选择、调节教育行为的魄力；具有使学生积极投入学校生活，热爱学习和创造，愿意与他人进行心灵对话的魅力。教师的教育智慧使他的工作进入到科学和艺术结合的境界，充分展现出个性的

---

① 参见蒲震元著：《中国艺术意境论》，200～201 页，北京，北京大学出版社，1995。

② 冯契：《人的自由和真善美》，161 页，上海，华东师范大学出版社，1996。

独特风格。教育对于他而言，不仅是一种工作，也是一种享受。"① 这是教师在职业生活中"物我同一"、浑然交融的境界，是教师职业美的极致。它建立在教师对职业活动本身的"品悟"基础上。有"品"才有直觉、才有发现。有"悟"才有豁然、才有通达。会"品"的教师总是能从司空见惯的现象中品出教育的意蕴，从习以为常的过程中品出教育的道理。会"悟"的教师总是能从凡人琐事中悟出人生哲学，从习焉不察中悟出生活真谛。于是，看似平平常常的教育活动就富有了更深的涵义。教师在职业活动中，可从自己的工作态度真诚与否，对学生的关怀真切与否，品出自己对待教师职业的真实感情；从学生对教师的期待和课堂中教学相长的活动中品出教师这一职业向自己提出的要求和为自己提供的舞台。同样，教师可从偶然在一个所谓"差生"的作业本上写下赞赏之词带来学生极大的振奋而悟出教师的鼓励性评价对学生身心的积极作用，从而更加自觉地将教师的关爱运用于教育活动；从观摩别的教师一次非常成功的公开课中悟出教师的教育素养对于教师职业活动的意义，从而向自己提出更高的发展目标。在这一过程中，品与悟紧密相连、水乳交融，教师在品中悟、在悟中品，品悟浑然。教师职业活动因为有了"品"而咀嚼出一种韵味、一种芬芳、一种醇美、一种清香；因为有了"悟"而体验出一种理趣、一种意蕴、一种超然、一种向往，于是，教师就获得了悦志悦神的快乐。透过日常的教育活动，教师品悟课堂的本质、学生的特征、教育的内蕴、职业的要求，品悟生活的内涵、生命的真义、存在的价值、人生的使命，从而使自己明白更多教育的道理，并成为创造职业美的新起点。尤为值得一提的是，由于教师职业负载着育人的使命，因而教师职业活动中的"品悟"更多地关涉成长、发展、人生、宇宙等具有人文关怀的活动，更多地指向日常教育工作中的思考。

应该说，品悟浑然是属于教师个体的内心活动。它"不以目视而以神遇"，重内心的感受、重内倾的直觉，以个体原有的"审美先见"为先导，以把握和体认宇宙生命的生机活力为归宿。它是感物兴怀、

---

① 叶澜:《新世纪教师专业素养初探》，载《教育研究与实验》，1998（1）。

触类旁通，是"蓦然回首，那人却在灯火阑珊处"的偶得，具有稍纵即逝性和不可重复性。它已经超出了舒适、喜悦、快意、称心之类的感受而与超越、突破、提升、澄怀相联。它包含着教师一种把有限的自我融入到无限的宇宙中去的努力，关系到教师的志向、理想和人生态度，因而它是审美主体对审美对象的智慧的把握，是人在感性世界中求得的精神力量的超越，是人类追求的最高的审美境界。教师职业活动中的"品悟浑然"充分显示了教师智慧火花的闪亮光彩，也展现了教师所积淀的审美期待、文化气质、学识水平、理解能力等各方面的修养，更为教师在职业活动中创造美奠定了智慧的基础。

2. 在品悟浑然中获得人生的睿智

教师的职业活动并不仅仅限于教育内部而与整个社会相联，教师的教育也并不局限于书本内容而与整个人生相关。正是有了教师对整个社会与人生的关注，才会有教师宽广的视野和宽阔的胸襟，也才会有教师洒脱的生活态度和对教育的深刻理解。因此，教师职业的美，还取决于教师对人生睿智的品悟。教师在品悟浑然中获得人类智慧宝库的钥匙，获得漫长人生最具价值的睿智，于是，教师就有了创造职业美的"尚方宝剑"。其实，教育活动中用以培养年轻一代的教育内容本身就是人类智慧的结晶。"所谓理论富于智慧，就是说它具有哲理的性质，包含有对宇宙人生的某种洞见，并且理论取得了理想的形态，被灌注了爱心，充满了想象，因而和人性的自由发展密切相联系。这样的智慧是理性的，同时也是整个精神的。"① 在品悟浑然的状态下，教师首先对教育内容钻深钻透、入木三分，挖掘出其中的精髓内涵；然后，又站在一个更高的视角上回眸深思，方能获得超然的欣喜。在此基础上，教师的讲课才能"发人之所未发"，"见人之所未见"，一针见血、一语破的、一点就明、一触即通。正可谓"居高"才能"临下"，"深入"才能"浅出"。而且，教师所关注的不单单是课文的篇章结构，也不仅仅是书中的公式定理，他更在乎的是这些内容于学生成长的意义以及对学生人生的影响。这样一来，教师就已经

---

① 冯契：《人的自由和真善美》，161 页，上海，华东师范大学出版社，1996。

不止是用书本上的知识去教育学生，更是用自己对人生的体验、用自己对事理的洞见、用自己饱满的激情、用自己活跃的灵魂在从事教育。他所具有的人生睿智更成为教育智慧的宽厚基础，支撑着他的职业生涯，促进着他对职业美的创造。而教师身上所体现出的深刻与睿智犹如花的芬芳、酒的醇香，光华四溢。它抚育着学生的成长，也照耀着教师自身的进步。

品悟浑然把教师的职业活动提升到一个极高的智慧的境界。它反映了教师的一种功夫、一种水平、一种魅力、一种追求。它由教师已臻炉火纯青的教育实践所涵泳，由教师已含化育天地的博雅知识所凝就，由教师已达驾驭自如的个性品质所培植。它是教师个性品质、教育理论素养、教育实践经验等多种因素熔铸的合金。那些对教育科学一知半解、自以为是的人，那些在教育实践中心猿意马、庸庸碌碌的人，那些任由自己的脾气野马脱缰、毫无节制的人，是难以领略教育智慧和人生睿智的璀璨光彩的，自然也就无法达到精神愉悦的畅神之境。

还须提到的是，由于每一位教师在审美中的"前理解"不同，因而所"品"所"悟"也有深浅之别。可能品的只是皮毛、品的只是表面，也可能是透彻之悟、理趣圆融之悟；可以表现为对万物各异之理的独特品悟，也可以凌虚观实乃至达成贯通万象的大彻大悟。初入教师职业之门，可能从学生对教师言行举止的模仿与评判中品悟出"师道"的示范性；渐入教师职业审美佳境，方才品悟出教师人格对学生整个人生的影响。"品悟"的深邃和透彻是教师"渐修"使然，是教师以审美之态度潜心教育实践的结果。教师必"博采而有所通，力索而有所入"，只有肯于锲而不舍，才有豁尔顿通之乐。

专栏之十二： **在创造美中体验教师职业的内蕴**

当一个青年教师第一次独立地走进一个班级时，他不再像以前那样是由师范学院送来检定他的能力的了。他面前的这班级学生好像人类的一面镜子，这班学生是极其各式各样的，矛盾百出，不易接近。他感觉到："这些孩子——我还没有了解他们；我既被安插在这里，就必须按照他们是什么样的人——而不按照他们目前此刻是什么样的人，不要按照他们实在是什么样的人，而要按照可能成为什么样的人来对待他们。然而，我怎样能发现他们内在的东西，我又能采取什么措施来把这种内在的东西塑造成形呢？"而且这些孩子所造成的情况使他不易对付。他们吵吵嚷嚷，制造麻烦，以藐视的好奇目光瞪着他。他立即想要责备这个或那个制造麻烦的孩子，宣布命令，强迫执行合乎礼节的行为规则，发出禁令；他立即想要从下面入手。如果教师从下面入手，他或许永远不能达到上面来，而一切情况则会越来越糟。可是，当时他的眼睛接触到一张使他感动的面孔，这不是一张美观的面孔，也不是一张特别聪明的面孔，但却是一张真实的面孔，更确切地说，这是一张在内心安定之前的心思混乱的真实面孔。在这张面孔上他觉察到一种不同于一般好奇心的疑虑："你是谁？你知道有关我的任何情况吗？你是否给我带来任何东西呢？你所带给我的是什么呢？"

他就是以类似这样的方式觉察到这种问题的。于是他这位青年教师向这张面孔讲话了。他讲的不是什么极其巨大的或重要的东西，他提出了一个普通的诱导性问题："上次地理课上你们谈到了什么？谈到了死海吧？那么，死海的情形怎样呢？"但是这个问题中显然有着一些很不寻常的东西，因为他得到的回答并不是普通学童的回答；这孩子开始讲起一个故事来了。几个月以前他曾在死海边上逗留了几小时。他所讲的就是关于这方面的情形。他补充道："一切东西在我看来，好像都是在其余的东西创造成之前一天就已经创造成了似的。"十分明显，他只是在这时才决定谈这个问题。同时，他的面孔已改变了。它已不再像先前那样显示出心思混乱了。于是，全班学生都安静下来了。他们大家都倾听着。这班学生也不再是像一团糟了。某种情况发生了。这位青年教师已从上面入手了。

资料来源：[奥地利] 布贝尔：《品格教育》，引自华东师范大学教育系、杭州大学教育系编译：《现代西方资产阶级教育思想流派论著选》，308~309 页，北京，人民教育出版社，1980。题目为本文作者所加。

在教师创造职业美的活动中，情境交融、心意贯通、品悟浑然带来一种欣喜、超拔、释然、豁亮的审美感受。这是在凝神静观中内心原有经验的汇集，是在幡然醒悟中审美体验的升华。教师从中获得了一种巡视内心世界和外部世界的自由视界，在入乎其内又出乎其外之时窥见到职业的本质、教育的真谛，在将自己融入情境、心意荡漾之间创造出教师职业的美。通过情境交融、心意贯通、品悟浑然这样的路径，给教师一种形骸俱释的陶醉和一念常惺的彻悟，使教师怀揣着教育的理想投身于教育实践，去创造他的教育艺术、教育风格，并逐渐发展起教育智慧。教师正是在这种变动不居的感性生活中去寻觅、去领悟、去品味、去感怀，以达到那永恒的心灵本体，进入天人合一的教育佳境。

创造美之所以重要，是因为在目前教师的职业实践中，处于"搬运工"、"教书匠"、"经验型"层面的教师较多，而"专家型"、"研究型"、"反思型"的教师较少；游离于教育研究之外的被动旁观者、机械执行者、盲目模仿者较多，而自觉将教育与研究作为自己职业生活方式的主动参与者、勇于探索者、积极创造者较少；怀抱着旧有惯例、热衷于操作训练、满足于技艺水平的较多，以审美的心态从职业生活中确认生命的价值、体验存在的意义、享受创造的快乐的较少。然而，"教师的生命是从教师职业开始的。教师在自己的职业中和工作要求中寻找生活的满足。因此教师必须把自己的所作所为，自己的发展和进修和自己的职业紧密地联系起来"①。假如教师对自己的职业缺乏一种审美的认识与追求，假如教师感受不到职业带给他的生命激情，假如教师体验不到这一职业所具有的无法抗拒的魅力，教师就难以从这个职业中获得心灵的满足，难以从职业生活中体验生命的内在的欢乐，也就难以从职业中得到自我的发展。

还须注意的是，教师创造职业美的过程是一个超越和升华的过程。所谓"创造"有几层含义。其一：创造是师生共同的活动，而不是教师单枪匹马的"孤军奋战"。学生既是教育活动的对象，也是教

---

① ［德］第斯多惠著，袁一安译：《德国教师培养指南》，49 页，北京，人民教育出版社，1990。

育活动的主体。离开了学生的参与，就没有教师职业美的展现；离开了学生的创造性，教师的职业活动就变成了"独角戏"。教师的任务不是一个人在舞台上表演，而是调动学生的积极性和创造性，使他们的聪明才智得以最大限度的展示和发挥。其二：创造表现在教师的职业活动之中，而不是远离师生、另起炉灶。教师在职业中的一切活动都可以表现出创造性的特征，这就是给日常事物以新奇的魅力。人们常常对熟悉的事物视若无睹、置若罔闻。教师创造职业美正是要唤起人们对习惯的麻木性的注意，不是在平常的事物之外看到不平常的东西，而是在平常的事物之中看到不平常的东西。其三：创造以师生思维的极限作为起点，从对本质的把握转向对可能世界的建构及可能世界的呈现。它使被遮盖的自我敞亮起来，使封闭的自我澄明起来，使存在进入"去蔽"状态，从而达到生命的超越与升华。"去蔽"就是创造的真正目的。这样，教师创造职业美的活动就与日常的教育教学活动、与师生的成长和发展、与生命的超越和升华紧密联系在一起，创造也成为教师职业美的深刻内蕴。

这里，教师创造职业美的关键在于审美态度。一个人在生活中有无审美态度，反映了一个深刻的哲学问题：人生的目的是什么？教师在职业活动中有无审美态度，同样折射出教师的教育哲学观：教师是谁？教师为什么而工作？它是教师自我意识觉醒的体现。它由现状（what is）和意识到"应当怎样"（what ought to be）组成。如果教师把自己的职业与一个更明朗、更充实、更美好的精神生活世界合为一体的话，他就能够伸展萎缩的躯壳、唤醒沉睡的灵魂而真正成为他自己。一旦教师能够以审美态度来看待自己的职业，同时又有敏锐的审美感受力来体验和领悟那些看似平常的活动，审美主体就真正出现了，也只有当具有自我意识的主体确立以后，才可能有审美的即主体自由的表现。这就是教师生命活力的激发。"用生命点燃生命"就是教师职业美的生成根源。

第六章
教师之"魅"有何意?
——"共度锦绣人生"

> 仔细推敲,美以及凝聚
> 着美的艺术,并不是人生的
> 装饰品,它是人生的支柱,
> 是具有吸引力的人生的
> 希望。
>
> ——今道友信《关于美》

　　教师职业既然是美的,是教师在职业活动中创造并通过教师的职业活动体现出来的,那么,"教师职业的美有何意义呢?""它对学生、对教师自身又有何价值呢?"这也许是在前面探讨了教师职业的美和教师职业美的创造这些问题之后自然而然提出的疑问。

　　确实,教师职业的美令我们深深地陶醉,不仅"享受型"、"发展型"的教师为我们展示了教师职业"吃苦也是享受"、"创造就是幸福"的美,教师职业本身所特有的教育对象"生命的灵动"、学科教学"智慧的体操"和教育过程"生成的快乐"也为我们展示了教师职业"平凡的外在表现"与"伟大的内在气质"。而广大教师在职业活动中的积极创造,更给教师职业增添了魅力,证明了教师这一职业的有意义存在。它使教师这一职业、使教育的对象、使教师自身都从中受益无穷。

教师职业的美对教师自身、对学生、对社会都具有重要的意义。对教师自身而言，它是对教师生命的唤醒，使教师从这一职业中获得充实而丰富的生活；对学生而言，它是对学生美好人生的开发，使学生从教师的职业活动中获得真善美的激励；对社会而言，它是对教师职业内在价值的挖掘，使社会从教师在职业活动所表现出的职业意识和职业尊严中看到教师良好的职业形象，从而提高教师职业的社会地位。

本章便试图从教师职业美对自身生命的唤醒、教师职业美对学生美好人生的开发、教师职业美对内在价值的提升等方面，探讨教师职业美的意义之所在。

一、"愉悦"与"净化"——教师职业美对自身生命的唤醒

对于教师来说，教师职业的美决不会毫无痕迹地悄悄掠过，它必定会在教师心中唤起某种感情，在教师的情感领域里留下某些印记。而这是教师职业活动的动力源泉。如果说，教师职业的美，就在于"平凡中的伟大"，教师创造职业美，是在"用生命点燃生命"，那么，教师自身生命活力的唤起就是不可缺少的前提。这就离不开教师职业美的驱动。教师职业美对于教师个体的生命意义主要表现在两个方面。一是愉悦，这是审美经验自由愉快的本质表征，是美好的事物在教师心中唤起的一种令人心旷神怡的感受。二是净化，这是审美经验解放心灵的效应使然，是教师在审美中陶冶自己情操的自觉选择。

（一）愉悦：教师职业生命情感的体验

愉悦是审美经验最本质的特性，也是人们在审美中获得的最大享受。教师职业的一切活动都应带给教师内心愉悦的感受，否则，教师的职业活动就无以为继，教师也难有生生不息的动力支持。

审美愉悦与生理快感的关系是复杂的，它们既有着密切的联系，又有着显著的区别。就它们的联系来看，审美活动离不开人的五官感觉，"优美、悦耳、芬芳、美味、柔和"等肯定性的感觉都是人的生理感官对客观对象给予的舒适快意所作出的反应。但是，过分夸大它们之间的联系是错误的。美学史上有不少人将"快感"等同于"美感"。柏拉图认为美就是视觉和听觉所产生的快感，弗洛伊德把"快乐原则"当成美感产生的基础，桑塔耶那说美感就是客观化了的快感。这都犯了片面化的毛病。它们毕竟是不同的两种反应，审美愉悦不等于生理快感。因此在看到它们的联系的同时也要看到它们的区别。就它们的区别来看，生理快感总是指向人的生理欲望的满足，因而是被动的；审美愉悦总是指向人的内在情感的满足，因而是主动的。如一句谚语所言："礼仪是强迫的，圆舞都是自愿的。"生理快感是短暂的，个体的，独占而排他的；审美愉悦却是持久的，普遍的，可以与人分享的。生理快感是非对象性的，对象只是作为手段而存在，一旦满足生理的需求之后便不再具有价值；审美愉悦却是对象性的，对象就是目的，它不会因为满足了人们的精神需求而贬损其价值。这种既联系又区别的复杂关系成为我们分析教师职业活动中审美愉悦的基础。

由教师职业美所带来的愉悦有着丰富的内涵。它既不是简单的生理占有上的"快感"，也不仅仅是由喜悦和快乐而得到的"美感"，而是一种高级的包含着喜怒哀乐多种情感在内的精神愉悦：只有生理快感而没有精神享受，那是粗俗和盲目的；只有理性而没有感性的介入，那是枯燥和乏味的。这两种都是不自由的生活，而不自由的生活无法给教师带来快乐和幸福。教师职业活动中的审美愉悦不仅要诉之以感官，更要诉之以心灵，要依赖于夏夫兹博里所说的"内在感官"去感受和体味美。只有当教师超越了生理上快感的满足之后，他才可能得到审美愉悦。因此，由教师职业美而产生的"愉悦"是教师职业生命价值的表现形式，是教师心灵深处发出的感叹。

教师职业美对于愉悦教师的意义主要表现在以下几方面。

1. 在愉悦中体验教师职业生命的丰富

审美愉悦不是单一的情感色彩。它不仅仅是喜悦，也有悲愁；不仅仅是快感，也有痛感；不仅仅是和谐，也有不和谐。卡西尔在谈到艺术带给人们的感受时说："艺术使我们看到的是人的灵魂最深沉和最多样化的运动。但是这些运动的形式、韵律、节奏是不能与任何单一情感状态同日而语的。我们在艺术中所感受到的不是哪种单纯的或单一的情感性质，而是生命本身的动态过程，是在相反的两极——欢乐与悲伤、希望与恐惧、狂喜与绝望——之间的持续摆动过程。使我们的情感赋有审美形式，也就是把它们变为自由而积极的状态。"① 可以说，审美愉悦包含了人类情感从最低音到最高音的全音阶，它是整个生命的颤动和感受，喜怒哀乐惊惧悲都会在审美愉悦中得到体现。一首如梦如画的"四季歌"流淌出的柔情，一曲如泣如诉的"黄河怨"流泻出的悲愤，一出莎士比亚的"奥赛罗"所表现的"如毒蛇一样缠身的嫉妒"，一尊罗丹的"丑陋的欧米哀尔"所体现的"丑得如此精美"的凄婉，都能给予人们愉悦的享受。即便是所谓"丑"的对象、"死亡"本身，当成为审美观照的客体时，也会使人产生愉悦感。这时，它们是以丑的自我亵渎来实现自我拯救，来揭示美和接近美；以死的必然归宿来激发生的珍贵，来丰富生和建构生②，而审美者在欣赏时会体验到一种带有苦味的愉快，一种染上了痛苦色彩的快乐。

教师职业的审美愉悦同样是包含着丰富情感在内的精神愉悦。尤其是教育本身便涉及了人类种种复杂的情感：有欢乐、有悲伤、有喜悦、有痛苦，正是这些复杂的情感构成了整个教育乃至人生。因而，教师不仅自身在体验着人类丰富情感的撞击，也有责任使学生感受人

---

① ［德］卡西尔著，甘阳译：《人论》，189 页，上海，上海译文出版社，1985。

② 潘知常在《美学的边缘》一书中详尽分析了"丑的美学意义"及丑满足人类生命活动需要的方式，指出：丑的意义是为美增加了互补的一极，从而为无限地展开美学评价提供了一个广阔的空间。结论是：以美为宗而不是唯美独尊，美丑并存而不是扬美贬丑。参见潘知常著：《美学的边缘——在阐释中理解当代审美观念》的相关部分，上海，上海人民出版社，1998。

类丰富情感的魔力，这是教师职业活动的组成部分。如果教师只讲欢乐不讲悲伤；只讲安宁不讲恐惧；只给予学生廉价的笑声，而不让学生体会高贵的眼泪中所蕴涵的同情与善良之美；只为学生描绘一幅光明的图景使学生盲目的乐观，却不让学生接触那些丑恶与阴暗的角落而多一些防御与抵抗的能力；这样的教育怎能培养出适应与改造社会的新人呢？这样的教师又怎能算是合格称职的"人类灵魂的工程师"呢？尽管在人生的旅途上，人们都希望一帆风顺，都认为笑比哭好，可是在审美中却需要多种情感的享受，因为这不是出于实用的目的，而是源于精神的需要。雾霭虹霓固然是给人的一种柔情和慰藉，风雷霹雳更是对人的一种挑战和动力。因此，教师必须承担起为学生展示人类生命的丰富性的审美要求。事实上，喜怒哀乐的情感在教师职业活动中比比皆是，就看教师是否善于感悟。而教师职业的这些丰富情感又是教师职业活动的宝贵财富，它不仅使教师在这些丰富的生命体验中经历人生的洗礼，也使教师更深刻地意识到生命体验对于教师职业的意义。如清晨披着满身朝霞走进校园时心境的明快，穿着庄重得体的衣裳出现在学生面前时短暂的矜持，讲述"卖火柴的小女孩"时感怀的忧伤，听到中国大使馆被炸时拍案而起的愤怒，等等。这一切都发生在教师的职业行为中。只要教师抱着一种审美的态度看待自己的工作、看待自己的环境，他就会从工作实践的压力和日常生活的自然需求中解脱出来，于是，他所做的一切都具有了一种审美经验的特征。没有审美的态度，教师的职业生活就会像柏拉图著名比喻中那洞穴里的囚徒，他只能被限定在他的生物需要和实际利益的范围之内，找不到通往理想世界的道路。这里，所谓的"审美态度"，就是教师对自己的工作所持的一种非功利或超功利的态度，也同于布洛所说的"心理距离"。只要主体和他所喜爱的对象之间插入了这种心理距离，就能产生审美愉悦，教师就能更深切地体验职业活动中情感的丰富性，并在这种丰富性中获得审美体验。

2. 在愉悦中把握教师职业生命的意蕴

审美愉悦发生在无功利的状态下。"当主体发挥自由的时候，它必须采取一种与非真实的审美对象相对立的立场，它可以逐步做到同时享受客体（通过主体的满足而逐渐得到揭示）和主体自身（在这活动中主体感到从日常生存中解脱了出来）。相应地，审美享受总是出现于享受他物中的自我享受这一辩证关系中。"① 此时，不是外部世界的一切都能使他获得审美愉悦，只有那些由主体的整个心灵选择出来的、表现了主体自身的灵魂与生命的对象才能唤起他的自我意识，并牵引着他进入审美的状态。这是一种亲身感受的情感震荡，是主体丰富的生命与生活本身的对话。"谁能在审美时通过整个心理因素的参与，领悟到生命的真谛及特定时代生活中最有意味的东西，谁就会获得审美愉快。"② 但是，审美愉悦并不是最终目的，它不过是表现生命的手段，通过审美愉悦，人类发现了自己作为"人"所特有的自由自觉的特性，表现了自己超然于功利目的的审美追求，印证了自己高出于其他生物体的丰富的审美情感，于是，审美愉悦成为帮助人们发现生命本质的途径。而恰恰是"手段"和"途径"这一功能使它成为人类所拥有的最有价值和最宝贵的珍品。正是在手段和途径之中才有了生命的发挥和实现，也才有了人类本质力量的展示。

教师的职业生命为何而存在？教师的职业生命有何价值？如果我们站在审美的角度去解答这些问题，我们就会发现，当教师在职业活动中体验着美、感受着美，为美所陶醉、为美所激动时，他就会领悟到教师职业生命的真谛。这是一种灵魂的融合、精神的相遇、生命的敞亮、存在的澄明。也许，苏格拉底向我们证明了教师生命的意义。与视施教为谋生手段的智者派不同，苏格拉底从不为钱而教，他也从来没有索取过金钱的报酬，粗茶淡饭、衣衫褴褛、形同乞丐，但他却感到精神异常富有、生活极为充实，因为他是在为雅典人的利益而教。他把教师放在建立一个美好社会的中心地位。他自己则致力于关于寻求普遍知识的方法的研究与实践。"产婆术"就是他在巴门尼德的弟子芝诺使用的"辩证法"基础上发展起来的的一种独创——"通过双方的交谈，在问答过程中，不断揭示对方谈话中自相矛盾之处；

---

① ［德］耀斯著，顾建光、顾静宇、张乐天译：《审美经验与文学解释学》，44 页，上海，上海译文出版社，1997。

② 滕守尧：《审美心理描述》，298 页，成都，四川人民出版社，1998。

从而逐步从个别的感性认识，上升到普遍的理性认识、定义、知识"①。在他看来，教师的任务不是传递知识，而是做新生思想的"产婆"，这是一种理智的助产。理智助产之所以是伟大而高贵的工作，是因为它探讨的不是生理上的生育，而是帮助他人从事心灵的生育。这是使一个生物的人向社会的人转化的过程，是使一个可能的人向现实的人转变的过程。正是在教师手中，一个新的富有思想和智慧的生命又一次诞生，这个世界便因此而增添了一份美丽。苏格拉底把教师的这种工作视为人生的最大快乐。不厌其倦地寻根究底，矢志不渝的伦理关怀成为他的基本生活方式。"在苏格拉底被判死刑时，他就快乐地幻想到，在另一个世界里他可以继续永远地提问题，而且不可能再被人处死，因为他将会是不死的。"②

教师职业的美会促使教师去品味这一职业对于自己的生命意义。"美是顶峰，你从顶峰上可以看到那些没有理解和感受到的东西的美，可以看到那些从来没有看到的喜悦和崇高精神的东西。美是照耀世界的明亮之光，借助这种光，你能看得见真相、真理和善良，在这种光照之下，你会体验到一种献身精神和毫不妥协的精神。"③ 于是，教师的职业生命因此而变得更有意义。

3. 在愉悦中领悟教师职业生命的创造

教师职业的美并非所有的教师都能体味得到。正如一切人都见到人体美，但并非一切人都受到同等程度的感动，惟有钟情者受到的感动最强烈一样。教师职业的美只发生在那些钟情于这一事业的教师身上，惟有他们才会从职业中体验到心醉神迷、物我同一的强烈感受，也惟有他们才会在这种心旷神怡的愉悦中领悟教师职业生命的创造。

愉悦可能来自许多渠道。其中，对自然美、社会美、艺术美的鉴

① 冯契主编：《哲学大辞典》，655 页，上海，上海辞书出版社，1992。

② ［英］罗素著，何兆武、李约瑟译：《西方哲学史》（上卷），129 页，北京，商务印书馆，1963。

③ ［苏］苏霍姆林斯基著，蔡汀译：《怎样培养真正的人》，49 页，北京，教育科学出版社，1992。

赏与观照有助于教师在广阔的审美世界里陶冶情怀、感悟人生，进而确立自己的职业理想和人生坐标，以自己的创造为教师职业增添光彩。如对自然美的鉴赏而生发的愉悦。自然美是无处不在、无时不有的。它们或是时间上的流动，如旭日初升、星移斗转、风云变幻、四季更迭；或是空间上的展开，如参天柏树、浩瀚大海、险峻山峰、辽阔草原；或是世界的斑驳绚丽，如水色春绿夏碧、秋青冬黑，天色春晃夏苍、秋净冬黯，树木春英夏荫、秋毛冬骨①；或是事物的品格象征，如松的雪干霜根、竹的贞节虚心、梅的琼枝傲骨；或是音响的轰鸣流转，如淙淙的小溪、吟唱的黄鹂、滚滚的松涛、狂劲的风啸；或是形态的多彩多姿，如"春山淡冶而如笑，夏山苍翠而如滴，秋山明净而如妆，冬山惨淡而如睡"。这许许多多美好的事物都会给人以无尽的遐思，在观赏自然美的过程中养心怡情。教师对自然美的鉴赏不仅对教师的职业生活意义重大，而且有助于教师个人情操的陶冶和生活品质的改善。教师会从自然美的鉴赏中体验情感的升华，获得心灵的滋润，找到创造的灵感。教师一旦把自己融入大自然的美景之中，就会感受到生活的丰富多彩，感悟到生命的可贵启迪，进而体验到一种植入心底的对自然深情的眷恋和对人生执著的追求。这正是自然美的鉴赏所产生的积极效应。又如对社会美的鉴赏而产生的愉悦。社会美与人类的实践密切相关。它是一种积极肯定的生活形象，是人类美好理想的体现。那些包孕着人类智慧的历史文物有着极高的审美价值。秦始皇兵马俑的浩荡参天，敦煌壁画的精美细腻，北京故宫的金碧辉煌，圆明园遗址的断垣残壁都是人类文明的记录。作为人类实践主体的革命者和生产者更充分印证了人所特有的高贵的美。在日常生活中，发生于人们身边的平常事也都富有美学韵味。爱情、亲情、友情，忠贞、孝敬、宽厚使人们倍感人间冷暖的关怀；舐犊之爱、手足之情、绕膝之乐更把人们包围在浓浓的亲情之中。这一切都说明：没

① 所谓春英指叶细而花繁有一种萌芽的美，夏荫指叶密而茂盛有一种浓郁的美，秋毛指叶疏而飘零有一种萧疏的美，冬骨指枝枯而叶槁有一种树干挺劲的美。这是中国古代画家从对自然的细微观察中捕捉到的色彩变幻。参见杨辛、甘霖著：《美学原理》，152页，北京，北京大学出版社，1993。

有对社会美的鉴赏，就无法体验人作为"万物之灵"的自由特性。教师从社会美的鉴赏中思考生活的意义、品味人生的哲理、感悟工作的价值。教师对社会美的体验愈深，在教育和教学活动中获得的心灵自由就愈大。再如对艺术美的鉴赏而引起的愉悦。艺术美是来源于生活又高于生活的创造性产物，是审美经验的物态化。其中，语言艺术所呈现的可上天入地、可忽古忽今、可纵横驰骋、可无边无际的自由境界为人们的理解和想象提供了一个宽阔的空间；表情艺术中音乐的舒张急缓、纤徐激烈和舞蹈的虚拟写意、意境空灵，又以其不确定的"召唤结构"留给鉴赏者二度创造的余地；造型艺术以一种虚幻的空间为我们创造了妙不可言的"活的形式"；综合艺术则熔诗情画意于一炉，集时间空间于一身，把文学的叙事性、音乐的抒情性、绘画的直观性等合为一体，形成一种视听结合、以视为主的综合艺术。教师对艺术美的鉴赏有助于揭开审美的奥秘，在与艺术作品所反映的人们内在魂灵的对话中反省自己，使自己的情感得到净化、情趣得以提升、情操得获陶冶。正像李泽厚所说："看齐白石的画，感到的不仅是草木鱼虫，而能唤起那种清新放浪的春一般的生活的快慰和喜悦；听柴可夫斯基的音乐，感到的也不只是交响乐，而是听到那种如托尔斯泰所说的：俄罗斯的眼泪和苦难，那种动人心魄的生命的哀伤。也正因为这样，你才可能对着这些看来似无意义的草木鱼虫和音响，而低回流连不能去了。读一首诗、看一幅画、听一段交响乐，常常是通过有限的感知形象，不自觉地感受到某些更深远的东西，从有限的、偶然的、具体的诉诸感官视听的形象中，领悟到那日常生活的无限的内在的内容，从而提高我们的心意境界。"① 教师也将在这一迷人的领域中品味艺术的甘醇与甜美，体验艺术作品对于心灵的感化与震撼，从艺术美中汲取生命创造的灵感。这里，尤为重要的是，教师由自然美、社会美、艺术美的鉴赏与观照而获得的审美愉悦有助于教师职业活动的积极效应。它丰厚了教师的学识、修养，拓宽了教师的视野、情趣，增添了教师的美丽、魅力。

---

① 张永昊、周均平：《感应与塑造——语文审美教育论》，271 页，青岛，青岛海洋大学出版社，1998。

对于教师来说，审美愉悦是教师在职业活动中收获的一道"内心风景"：当来自于外部世界的相关事物成为教师的审美视域时，感官世界的各种新的印象便为教师提供了一份内省的资源，教师由对外界的关注转向内心的体验，他在外界刺激与灵魂感悟的融合中登上了人类沉思的高峰，到达了真正的自我的精神境界，他也就更接近于发现如何获得自由了。

教师职业的审美愉悦是一种奇妙的感受。它使教师得以突破现实的樊篱而进入一个纯情的世界；使教师能够通过回忆和品味获得新的发现并因此而得到满足的快乐；使教师以一种超然的姿态保持恰当的旁观者的角色距离来反身观照自己的活动；使教师由此而享受生活中可能无法获得或者难以享有的乐趣。虽然它仅仅存在于精神领域和情感生活中，但教师却是充实而富有的。"看似一无所有，实则拥有一切"，这就是审美愉悦给予教师的酬报。

（二）净化：教师职业自由心灵的解放

在审美理论中，"净化"是一个颇有争议的概念。亚里士多德在论述美感时使用了这个范畴，指出，悲剧激起哀怜和恐惧，从而导致这些情绪的净化。净化的"要义在于通过音乐或其他艺术，使某种过分强烈的情绪因宣泄而达到平静，因此恢复和保持住心理的健康"，人受到净化之后就会"感到一种舒畅的松弛，得到一种无害的快感"[1]。莱辛进一步发展了亚里士多德关于净化的学说，指出，这种净化实际上包含了人类的全部激情。净化不是别的，只是把情感转化为符合道德的心习。"净化的结果，就是使每种情感都能达到亚里士多德所要求的那种'中庸'的程度。"[2] 之后，许多学者都从不同角度对"净化"作过解释。有的认为净化主要是借重复激发而减轻这些情绪的力量，从而导致心境的平静；有的认为净化在于消除怜悯与恐惧中的利己因素，使之变为利他因素，从而发生健康的道德影响；也有

[1] 朱光潜：《西方美学史》（上卷），88~89页，北京，人民文学出版社，1963。
[2] 丁枫主编：《西方审美观源流》，408页，沈阳，辽宁人民出版社，1992。

的认为是净化剧中人物的凶杀行为的罪孽；还有的从医学角度认为悲剧的净化是以毒攻毒，通过宣泄过程获得快感使心理达到平衡①。总而言之，人们多把净化看成或是"中庸"某种情绪，以保持心理健康；或是陶冶人的情操，以达到伦理道德的要求。而净化的结果则使人得到一种无害的快感。

撇开医学、伦理学、心理学上的争论，我们限在审美的视域中理解和使用"净化"这个概念。净化是在审美时受到外界刺激后出现的，是发生于人的心灵之中的，是属于情感领域的。它是在愉悦基础上的提升，指向现实状况的转变。因此，净化就是人们的情感和灵魂在与外界交流时获得的感动与纯净的享受并由此而得到心灵的解放。

与审美愉悦一样，在教师职业活动中，净化最终将使教师在享受愉悦的同时灵魂得以净化，心灵得以解放。但是，教师职业活动中的净化是源于审美愉悦而又高于审美愉悦的一种感受。如果说，愉悦主要是由于审美而对当下职业生活获得的一种快慰的反应的话，那么，净化则是由于审美而对改变当下职业生活现状的一种超越的反应。两者的结合将极大地激发教师的职业热情，使教师的职业生命更有质量。

教师职业美对于净化教师的作用主要表现在以下几方面。

1. 通过净化而使情感得以调节

净化对人的情感能起一种调节作用，这种调节基于主体对对象的审美认同以及在此基础上的沉思性的审美距离。当审美主体从他的切身利益和情感纠葛中解脱出来，置身于审美对象的环境之中时，他的心灵与头脑就会从审美中得到宽慰，原先纷乱的思绪趋于平稳，不安的心情得以释放。例如"愤怒"的情感，一旦我们意识到自己的愤怒情感时，我们就已经得到了一种缓和，伴随着愤怒而来的冲动就会得到控制，我们的精神也或多或少变得敞亮和安适起来。就像一个人不仅在流泪，更重要的是知道自己的眼泪为何而流，这才具有审美的价值。就此意义而言，净化包含着认同的要求和行为的模式，它是主体

---

① 丁枫主编：《西方审美观源流》，408 页，沈阳，辽宁人民出版社，1992。

与对象之间交流的框架。净化的目的就是使情感适度，把那种"损坏了令人向往的泰然自若"的情感调整过来。而"情感的平衡"或者说"适度的最好的情感"就是"在适当的时候、对适当的事物、对适当的人、在适当的动机下、在适当的方式下所发生的情感，这种情感即是美德"①。它是审美主体在与审美对象的认同交流中主动而自觉的实现。它使审美主体战胜那已经泛滥了的情感，恢复作为自己情感的主人的自由。而"节制是获得自主的一种手段，正如自主是获得幸福的一种手段一样"②。净化之后的情感是宁静而令人陶醉的，它不过分刺激人也不使人忘乎所以。它开阔了我们的生活领域，使我们能从容地体验生活的可爱的光辉。

在教师职业活动中，情感的净化就是消极情感的有效抑制和消除与情感分寸的适度把握和表现。它要求教师善于驾驭和支配自己的情感，做自己情感的主人而不是奴隶。"教师这门职业要求于一个人的东西很多，其中一条就要求自制。"③ 自制就是对自己情感的自觉控制和积极调节。如同演员来到剧院就应当把个人的一切不快和痛苦留在剧院门外，因为在这里他整个人是属于艺术的一样，教师来到学校也须把自己的一切不快和痛苦都留在校园之外，因为他整个人是属于儿童，属于教育事业的。这就需要教师怀抱着一种审美的态度，将自己置身于审美对象的环境之中，使胆怯与无畏、自卑与自尊、脆弱与坚强、冷漠与热情等消极与积极的情绪在矛盾和斗争中得以分辨，使消极的情感得以摆脱和克服，积极的情感得以强化和升华。这是一个从审美的角度上看教师努力修养身心的过程，是教师在职业生活中不断进行内省并随之主动调节自己的过程。当然，教师职业活动中由净化而得到的情感适度平衡总是相对的。由于教育对象的丰富多彩和教育情境的千变万化，教师的情感也会表现出起伏。就像耗散结构是在不

---

① [古希腊] 亚里士多德：《尼科马科斯伦理学》，第2卷，第6章。转引自亚里士多德著，罗念生译：《诗学》，119页，北京，人民文学出版社，1962。

② [法] 孔特-斯蓬维尔著，吴岳添译：《小爱大德》，37页，北京，中央编译出版社，1998。

③ [苏] 赞科夫著，杜殿坤译：《和教师的谈话》，246页，北京，教育科学出版社，1980。

断与外界交换能量的过程中保持一种稳定有序的状态一样，教师也是在不断从教育活动中吸取能量并进行自我净化中保持一种相对的情感平衡。"我们所实际生活的世界，是一个不断运动与到达顶峰、分与合等相结合的世界。正因为如此，人的经验可以具有美。"① 在这样的情景下，教师职业总的情感要求应是"暖色调"的，即教师以和蔼、热情的态度，亲切、诚恳的语气，激昂、振奋的精神，喜悦、快乐的情绪来对待自己的职业生活。这于教育活动的效果以及教师自身的发展是十分必要的。有研究表明：教师的温暖与友爱和学生自觉或被要求而做的工作总量之间有重要的和积极的关系。教师对学生的积极期望会传达给这些"新近开的花朵"，在他们身上产生鼓励的效应，于是他们也期望自己并相应地"盛开"②。惟此，教师才能享受这一职业的美并从中净化自己，他的心灵才由于情感的平和而变得宁静，他才真正成为这一职业的主人。因而，教师应该以一种"心游万仞"的超逸之情来修正和柔化自己的消极情感，使情感表现适度而得体，行为方式恰当而有礼。这样，教师就拥有了更高的自我发展的可能。

2. 通过净化而使内心敞亮起来

净化还在感性与理性之间建立起一种和谐的关系，从而使教师感受到内心的自由。这是一种摆脱了冷漠后洋溢的激情，是去除了物欲后心性的奔放。它将人的被压抑的感性释放出来，又使其受理性的引导，达到和谐的统一。于是，感性与理性的和谐就把人带入了一个心灵自由的天地。黑格尔把自由看成是心灵的最高定性，而自由就体现在情感与理智的统一、主体与客体的统一、心灵与自然的统一、知识与对象的统一等方面。他说："审美带有令人解放的性质，它让对象保持它的自由和无限，不把它作为有利于有限需要和意图的工具而起

---

① [美] 杜威：《艺术即经验》，见蒋孔阳主编：《二十世纪西方美学名著选（上）》，341 页，上海，复旦大学出版社，1987。

② [美] 林格伦著，章志光等译：《课堂教育心理学》，341~344 页，昆明，云南人民出版社，1983。

占有欲和加以利用。所以美的对象既不显得受我们人的压抑和逼迫，又不显得受其外在事物的侵袭和征服。"① 马尔库塞也指出：审美活动的解放功能表现在：审美活动消除了现实中感性与理性的对立，使之达到和谐；审美活动使现实中人们被压抑的形象得以回归到非压抑的形象；审美活动使人从现实中不自由的存在挣脱出来，达到自然与自由的统一。而审美活动之所以能够发挥这样的作用，原因在于审美是超越现实的升华，它将人的感性从兽性层面提升到人性层面，从生物学水平提升到社会学水平，从而使人获得自由。

与所有人一样，教师也生活在感性与理性分裂的现实中，也难免会染上"不感症"，而一旦染上此病就会变得漠然、乏味：曾经有过的激情正在消失，与生俱有的敏感开始退化，无论是春天的新绿还是夏夜的星空都不能激起丝毫喜悦，即使是求知若渴的目光或是充满信赖的眼神也不能唤起丁点感动。这哪还有人性的丰富？哪还有教师的真情？审美中的净化正是要将患"不感症"的教师激活起来，重新赋予他们敏锐的感觉和洋溢的激情。"自然的解放，就是重新恢复自然中促动生命的力量，就是重新恢复在那种徒劳于永无休止的竞争活动中不可能存在的感性的审美性能，正是这些审美性能揭示出自由的崭新性质。"② 这时，教师才从日常的平庸和公式化中超拔出来，转而关注身边发生的新鲜而感性的事件。驻足于感性生活，怀揣着对人情冷暖的关怀，使教师能够用一种不属于冷冰冰的概念话语而是活泼欢跳的生动情感去正视世俗生活中的一切欲望和感觉。通过审美，他看到了平凡职业生活的意义，看到了学生纯洁心灵的美好，看到了潜藏于人的生命的力量，看到了由教育所营造的世界的奇妙。他会为一名学生小小的发明而陶醉，为一名学生因贫困濒临辍学的边缘而流泪，为本班在校运会上获得第一而欢呼，为学生在论辩赛上的失利而难过。他会为自己一身合体的颇能表现自己气质的着装而得意，为一堂成功的显示自己独特教学风格的公开课而自豪，为课堂上自己未能处理好

---

① ［德］黑格尔著，朱光潜译：《美学》，第 1 卷，147 页，北京，商务印书馆，1979。
② 李小兵译：《审美之维——马尔库塞美学论著集》，132 页，北京，生活·读书·新知三联书店，1989。

一次偶发的教学事故而伤心，为学生尚不能理解自己的意图而焦急。这样的教师已经通过审美以及由此而生的净化在感性与理性之间建立了一种和谐的关系，从而为自己创造了一个自由的领域。可以说，保持着独特的个性和自由的心灵，正是教师职业美和教师职业审美的最大魅力之所在。

内心的敞亮是建立在情感平衡的基础上的。教师首先使自己通过净化而将情感调节得适度而恰当，才会有感性与理性的和谐，才会有内心的敞亮和自由。

3. 通过净化而使人性得到升华

审美所带给人们的净化作用还体现在通过怡情养性、陶冶品格而使人得到升华。西方思想家对此有许多论述。亚里士多德希望通过审美的净化修炼心智、愉悦身心、提高人的精神境界。洛克认为审美中的净化会赋予人们的一切言行以魅力，培养出品德优良、彬彬有礼、知识广博的"绅士"。休谟提出审美的作用在于"改善脾性"、"陶冶性情"、"排除野蛮"。康德强调"人只有经由教育，才能成其为人"，教育的目的在于净化心灵，提升人性，去恶扬善，克制私欲，最终成为有道德的、有文化的、自由的人。黑格尔明确告诉我们，在自由观照的审美境界中，人们才能获得精神的解放、道德的升华。

教师的职业追求是永无止境的。要使自己超越现实，就必须处于不断提升自我的状态之中。审美的目的之一就是通过自我确认活动，调整、改变和超越外在的现实与自我的现实，以使个体的生活得到升华，道德得到升华，最后人性得以升华。在这一过程中，就需要"去蔽"。我国先秦思想家荀子在他的《解蔽》篇中说："凡人之患，蔽于一曲，而暗于大理。"清代书画家石涛在《苦瓜和尚画语录》中谈到，一个画家之所以达不到自由创造的境界，是因为他"为物蔽"。从审美的角度上看，所谓"去蔽"包括两个方面：一是去除物质或现实的束缚，使自己从物欲的诱惑和名利的"召唤"中解脱出来，把生活提升到一个更高的境界；二是去除精神或观念的束缚，使自己从偏执与盲从中解脱出来，把自我提升到一个更美的境界。也许，人的最大敌人就是他自己，超越自我是最难的事情，但也是最美的事情。教师必须使自己从物质或现实、精神或观念的束缚中升华出来，为自己树立一个不断超越的发展目标。这就须持审美的态度。

蔡元培在谈到美育"陶冶活泼敏锐之性灵，养成高尚纯洁之人格"的作用时说："我们每每在听了一支歌，看了一张画、一件雕刻，或是读了一首诗、一篇文章以后，常会有一种说不出的感觉；四周的空气会变得更温柔，眼前的对象会变得更甜蜜，似乎觉到自身在这个世界上有一种伟大的使命。这种使命不仅仅是要使人人有饭吃，有衣裳穿，有房子住，他同时还要使人人能在保持生存以外，还能去享受人生。知道了享受人生的乐趣，同时便知道了人生的可爱，人与人的感情便不期然而然地更加浓厚起来。"① 确实，审美中的净化常常会使人感到一种圣洁，油然而生一种美好的愿望以及对高尚人生的追求。

教师在审美中所体味的净化心灵、陶冶情操的感受会进一步激发教师对一种更加振奋人心的生活；更富于智慧的工作与更具有价值的人生的渴望，进而努力地超越自我、提升自我、完善自我。"自我意识到现实性并想超越它，不断地努力于真实的自我创造的人，才是真正的人，才是教师。"② 而"一种永不停止的进步运动围绕着我们，并将我们的一切沉思与思想引向更好的未来。随着这一趋向，我们同环境的关系更加紧密了，并使世界和生命拥有更多的价值。随着这种不断进取的活动，一种豪迈的自我意识在人类中发展起来了"③，于是，教师也在这一过程中获得了充沛而极富活力的生命。审美中的净化使教师灵魂中最细微的震颤得以显现，最隐秘的波动归于平静，最难以启齿的经历化为宝贵的人生财富，最迷惑不解的疑难顷刻变得明朗澄澈。当教师能够以审美的态度观审自己的职业活动时，他就向这个世界敞开了自己；同时，他摆脱了各种欲望对他的束缚，抛弃了自身视野的狭隘性和片面性，在与自己职业的对话中完善自己，而他也

---

① 高平叔编：《蔡元培美育论集》，215 页，长沙，湖南教育出版社，1987。

② 王正平、郑百伟：《教育伦理学——理论与实践》，54 页，上海，上海教育出版社，1998。

③ 倭铿：《审美个体主义之体系》，见刘小枫主编：《现代性中的审美精神——经典美学文选》，348 页，上海，学林出版社，1997。

从中获得了丰厚的礼遇。

专栏之十三：　　　职业美的体验对于教师的意义

（一）熟悉类。这里面包含着教师摆脱了刚接管新班时体验到的那种暂时的不安与紧张之感，表现为教师体验到"和孩子们熟悉起来了"、"开始抓住每个孩子的形象了"，这意味着在教师的内心世界里，觉得自己同孩子之间的心理距离拉近了。

（二）和睦类。这里面包含着教师内心世界里所产生的同学生之间的和睦感。教师感受到"受学生仰慕"、"孩子们在跟我走"一类的体验。在这种和睦感的基础上，产生了自己的教育工作见效了的那种安定感。

（三）理解类。这里面包含着教师能对学生的言行心领神会，由此产生出对学生有了理解而感到喜悦的体验。表现为教师"了解孩子的内心世界"、"同孩子心心相印"，从而在教师的内心世界里激发起了对于教育工作的热忱。

（四）信赖类。这里面包含着师生相互信赖的感情体验：教师信赖学生成长的力量，同时学生也信赖教师。表现在"学生就是我的命根子"、"从儿童的言行中感到对于自己的信赖"等等的体验中。师生之间以相互信赖感为基础的"合一"的心情占了优势的地位。

（五）睿智类。在这里，继续以师生之间的信赖关系为基调，包含着教师的使命感与充实感——作一个名副其实的教育者。教师体验到"做一名教育者真好"、"在教育者的甘苦中找到希望"，这意味着，教师在整个教育工作的历程中培育起来的教育睿智与教育爱，在接触学生时自然地会流露出来。

资料来源：引自李如密著：《教学艺术论》，143～144页，济南，山东教育出版社，1995。题目为本书作者所加，有删节。

净化对于教师职业的审美意义是极为深远的。它可能影响此时此刻，更可能影响到教师漫长的职业生涯。当教师消解了悲痛、恐惧、嫉妒、野蛮、粗暴等消极情感，处于优雅、温和、平静状态的时候；当教师克服了职业生活中感性与理性的分立，使之完美地结合在一起

的时候；当教师从审美中获得了一种发奋的动力，催促自己不断奔向新的制高点的时候……这时，教师便成为自由自觉的从教者，成为既能在职业中获得审美享受，更能把美带给他人的审美对象。

由教师职业美而获得的愉悦与净化的体验是伴随着教师整个职业的。它是对教师自身生命的唤醒，是对教师自我发展的推动。它既是一种良好的效果，又是一种有益的动因。在相互作用的良性循环中，"愉悦"与"净化"将教师引领到一个至善至美的人间佳境。

二、"陶冶"与"激励"——教师职业美对学生美好人生的开发

作为教师职业活动的对象，学生有着更强烈的审美要求和更敏感的审美体验，审美使原本枯燥乏味的课堂洋溢着清新的空气，使"高高在上"的教师成为可亲近的朋友，使学生成为教育活动的主体，于是，学校成为他向往的乐园、教室成为他喜爱的场所、课堂成为最有吸引力的地方。因而，教师职业美在唤醒着教师的职业生命的同时，也对学生产生着积极而深远的影响。这是教师职业活动的必然结果，也是教师职业美的必然产物。

教师职业美对学生心灵世界的影响表现为对学生美好人生的开发。这主要是以"陶冶"与"激励"的方式实现的。

（一）对学生灵魂的陶冶

"陶"和"冶"是古代的两种工艺——制陶和金属冶炼。"陶冶"的本义是指对自然材料进行加工改造，制作出合乎要求的产品。引申到教育中，常常用来指对教育对象进行约束、教化和改造的过程。教育的一项重要任务就是陶冶学生的品格、塑造学生的灵魂。这是培养全面发展的人的应有之义。"陶冶"区别于"灌输"或"强制"的最大特点就在于它是教育者在轻松愉悦的气氛中进行，并为受教育者在心甘情愿的心境下认同的。

在教师的职业活动中，陶冶学生的灵魂可以有很多方法。然而，最

有效、最生动的方法之一就是由教师职业美而散发出来的魅力。它时时环绕在学生的周围，处处影响着学生的言行，因而有着特殊的作用。

教师职业美对学生灵魂的陶冶主要表现为以下几方面。

1. 以教师职业美升华学生的性情

"性"主要指人的自然生理欲望，同身体有关；"情"则是这种自然欲望的延伸，同身体与外界的关系有关。"性情"总是与个体欲念联系在一起的，总是带有狭隘的个人功利性的，它体现了人对生命的一种渴望。但是，这种性情如果不加控制和引导而是任其肆意，就会给个体也给社会带来极大的危害。陶冶性情正意味着以美的形式约束和控制这种天然自发的、带有动物性特点的欲念，使其提升到人的水平。

教师的教育对象是一批具有独立思想、独特性格，但又性情各异的青少年。每天接触的新事物使他们对这个世界有一种新鲜感和好奇感，身心的急剧变化使他们对"人"有着特别的兴趣，而尚未成熟的年龄特征使他们在情绪、情感方面的自控力较弱，分辨是非的能力也较差。加之新的时代又赋予了当今学生许多新的特点，使他们由接受转向思考、由闭锁转向开放、由关心书本转向关心社会。因而，学生当中出现的各种问题向教师的职业活动提出了挑战。如女生对窈窕身材的追逐导致的"厌食症"，男生对游戏机的迷恋带来的学习兴趣下降，一些学生对武侠小说的沉溺引起的现实与虚构世界的混淆，部分学生对色情网站的流连造成的神情恍惚身心疲惫。这就需要教师的引导和教育。从审美的意义来说，陶冶性情并不是要用抽象的道理、僵硬的教条去取消或代替人的性情，而是要通过教化和陶冶，以一种更高尚、更文明、更合理、更优雅的方式促使人的性情得到健康的发展，精神得到深刻的转变，从而造就出更快乐、更幸福、更多情、更浪漫的人。如伽达默尔所说："人类教化的一般本质就是使自身成为一个普遍的精神存在。"① 教师在教书育人的活动中，一方面以自己典

---

① ［德］伽达默尔著，洪汉鼎译：《真理与方法——哲学诠释学的基本特征》（上卷），14 页，上海，上海译文出版社，1999。

雅端庄的教师形象，以情境交融的教育氛围，以井然有序的教育节奏，以耐心细致的工作方式去吸引学生，调动学生，培养他们的自主意识和自主能力，使他们把眼前个人的兴趣与未来自我的发展联系起来；另一方面，教师自己广泛的兴趣、高雅的情趣、洋溢的才华、执著的追求，都会在学生心中打下深深的烙印，对他们的性情产生长远的影响，使他们超越单纯感官的刺激和满足，克服低级趣味的引诱，在教师审美创造的活动里走进人性自由的天地。这是在潜移默化中发生的，是教师对学生耳濡目染的结果。正是在教师职业美的熏染和陶冶下，学生成为有理想、有抱负、有志气、有作为的朝气蓬勃的人。

2. 以教师职业美塑造学生的人格

"人格"在不同的学科里有不同的涵义。伦理学中所说的人格是指"个人的尊严、价值和道德品质的总和"①；哲学中所说的人格则是指"人之所以为人、人区别于动物的内在本质属性，即指参加实践活动的主体人的为人资格、人的尊严和人的独立存在的主体地位、稳定性的完整特征的存在状态"②。人格美是人的最理想、最完善、最健全的状态，是道德、情操、智力、能力、体魄等各项因素的综合体现。对人格美的追求是人的自我发展的精神动力，也是社会文明进步所孜孜以求的目标。

教育是培养人的社会活动，"教育的终极目的是造就人"，"教育是造就未来时代的青少年人格的领域"③。而教师就是青少年人格的造就者。教师这一职业就是塑造人格的职业。胜任这一职业的前提是教师具有高尚的人格。俄国教育家乌申斯基说过：教师的人格对于年轻的心灵来说，是任何东西都不能代替的有益于发展的阳光；教育者的人格是教育事业的一切。只有人格才能影响人格的发展和形成，只有性格才能形成性格。教师职业的对象、内容、方法、手段都与其他职业有许多不同，因而决定了教师人格的职业表现也与一般人有所区

---

① 冯契主编：《哲学大辞典》，18 页，上海，上海辞书出版社，1992。

② 仓道来、田醒民主编：《人格美的塑造》，9 页，北京，北京大学出版社，1998。

③ ［日］池田大作、［德］狄尔鲍拉夫著，宋有成等译：《走向二十一世纪的人与哲学》，226 页、240 页，北京，北京大学出版社，1992。

别：由于大量接触"向师性"很强的活泼好动的学生而形成的好交往（侧重青少年的交往）、健谈（知识和思想的阐述而非社交性的应酬）、热忱乐观（基本的工作态度）等外倾的人格特征；由于面向学生的工作性质要求而带来的稳定的情绪；由于与各类性格兴趣的学生打交道而养成倔强性低于普通人的性格；由于角色的多重性而导致的自我隐蔽高于普通人的行为①。从"最受欢迎的教师"调查中得出，教师自制、体谅、热心、有适应能力、兴趣广阔、诚实、合作、文雅、细心、有活力、健康、仪表端庄、勤奋、整洁、可靠、好学、有创造力、敏捷、虚心坦诚、进取、节俭等人格特质都对学生的人格产生积极的影响②。这样，教师的人格美不仅构成了教师职业美的有机组成部分，还深入到学生心灵深处，成为影响和教育学生的有力手段。教师在职业美中表现出来的人格美对学生的人格有着有益的陶冶作用。一方面，教师职业的奉献性质要求教师有一种博大宽厚的"师爱"。这"不是一种朴素直觉的情绪反映，而是一种无私纯净的合乎理智的情感，是通过理性培养起来的一种普遍的高度的责任感"③。这样的教师真心实意地关心学生的进步，努力创造一种有益于学生成长的支持性环境，以自己的积极人格去影响和塑造学生。在这一过程中，他们既"毫无保留地贡献自己的精力、才能和知识，以便在对自己学生的教学和教育上，在他们的精神成长上取得最好的成果"④，又能够找到最合适的方法，使学生显示自己的优点，表现自己的能力、知识和才干，并帮助他们发现自己的力量，而这对学生健康人格的形成是极为重要的。另一方面，教师职业的示范性要求教师起到"师表"的作用。"教师"的身份使得教师常常处于一种自我反省和自我约束中，而教师的品质和行为则成为教师天然的劳动手段，成为学校里最直观也最有教益的模范，成为学生活生生的榜样。这样的教师时时、事事、处处都以积极正面的人格影响作用于学生，从而为学生的发展营造了一个良好的教育环境。

---

① 参见傅道春：《谈教师人格的职业表现》，载《高等师范教育研究》，1991（3）。

② 同①。

③ 王枬：《论"师爱"》，载《教育科学》，1988（4）。

④ ［苏］赞科夫著，杜殿坤译：《和教师的谈话》，30页，北京，教育科学出版社，1980。

（二） 对学生人生的激励

教师之所以存在，是由于教育教学活动的需要，由于通过教育教学活动培养人才的需要。而人才的培养又不仅仅是知识的教学、智力的开发，还关涉品德的熏陶、理想的形成。尤其是正在成长中的青少年，更需要教师以健康、积极而富有成效的教育活动帮助他们树立起生活的理想和人生的目标。这是教师的分内职责，也是教师职业的意义之所在。

在教师的职业活动中，激励学生的人生信念也可以有多种途径。通过教师职业美的因素来实现这一任务是有效的做法之一。

1. 通过学科教学激发学生对真善美的人生追求

学校教育的中心环节是不同学科的教学活动。这是每一位任课教师的主要工作内容，也是教师职业的依托所在。而学科教学的核心就是进行"真、善、美"的教育。因此，通过学科教学激发学生对真善美的追求，是极为有效的一条途径。如数学学科的美，一方面表现在数学的内涵美上。这种内涵美首先是数学的结构关系美，黄金分割律所揭示的长宽之比就是最美的比例关系。其次是数学的形式和谐美，毕达哥拉斯认为，一切主体图形中最美的是球形，一切平面图形中最美的是圆形，因为这两种形体在各个方向上各自都是对称的，而数学中大量的恒等变形、各种方程的同解变形等都显示了对称的变体和静态的自由。再者是数学的逻辑推导美，用字母符号所表示的交换律、结合律、分配律常常把加法和乘法的性质描绘得简洁明朗，而严谨的数学推理又给人以赏心悦目之感。因而数学不但拥有真理，而且是和谐美的王国。另一方面表现在数学的教学美上。教师在数学教学中用形象而直观的数学图形帮助学生从整体上把握抽象的过程，就把求真与求美结合起来了；以独特而新颖的推导过程和严谨而清晰的解题思路对学生进行数学思维的训练，就把科学的美与艺术的美结合起来了；鼓励学生进行数学猜想、为学生提供进行数学猜想的机会，就使常规的学习与创造性思维的培养结合起来了。这一切，不仅为学生展开了一幅真善美的画卷，而且使学生在感受真善美的过程中唤起了对人类智慧的尊重和渴求。又如语文学科的美，不仅表现在语文学科内容本身的语言美、意境美、情趣美和哲理美上，而且表现在语文学科教学中教师对学生美好情感的激发、对美好生活的向往和对美好人生的追求上。不论是"天苍苍，野茫茫，风吹草低见牛羊"所描绘的草原的辽阔壮丽，还是"人生自古谁无死，留取丹心照汗青"所展示的豪迈的英雄气概，都为教师的学科教学提供了极好的真善美素材。教师正是在学科教学的过程中点燃了学生热爱真善美的思想火花，挖掘起了学生内心对真善美的渴望。因此，学科教学构成了教师职业活动中真善美的组成部分，并成为教师引导学生认识真善美、热爱真善美、追求真善美、创造真善美的宝贵财富和人生动力。

2. 通过课堂管理激起学生的生命活力

所有教师都扮演着多重角色：他是作为教员的教师，也是作为管理者的教师，还是作为咨询者的教师，更是作为公共关系专家的教师。无论他是否意识到这一点，他实际上都在履行着多重的职能。因而，每一个教师在承担着教学任务的同时，也有课堂管理的任务。一个由相近年龄的学生在教师引导下进入特定的教学情境所组成的课堂能否成为教学的生命土壤，取决于教师的努力，取决于教师多方面的能力和现有的素质。正如伍德林所认为的，教师要"熟练地掌握教学过程；有能力激发和保持学生对一个广阔变化的社会、经济和知识背景的兴趣；有能力与智商从 50 到 150 甚至更高的孩子们进行有效的交流；有学校各种课程的广博知识；有温和、富有同情心的个性；掌握临床心理医生的技巧；有能力与同事融洽地工作；与学生家长能够进行有效的合作"①。这是课堂管理的基础，也是教师有成效地工作的前提。这里，特别需要说明的是，课堂管理不是把课堂"管死"，一潭死水的课堂不是好的课堂。课堂应该"是一个人感到追求成为思想家的第一个发源地的动力"，"课堂上最重要的教育目的，就在于去点

---

① Dunkin, M. J. *The international of teaching and teacher education*, Oxford：Pergamon Press，1987，p. 80.

燃孩子们渴望知识的火花"①。好的课堂充满了生命的活力，学生在其中可以充分地展现自己的个性、施展自己的才华。这就需要教师积极的审美创造。"教师的地位和权力比学生的高这一事实使他很容易滑到权力主义的行为模式中去。我们所极力主张的是从权力主义退出来而走向更民主的运动，以学生为中心的态度。"② 好的教师应当是这样的管理者：不论他面对的是什么样的学生，他都能从中发现美好的东西，并以此为基础，设计一个符合学生"最近发展区"的目标，带领学生为实现这一目标而奋斗。"他不能选择他的学生，在他的生活道路上年复一年所接触到的那种世界，就是按学校班级形式派给他的各批学生，这是他命定的遭遇；他的一生工作的真正意义就存在于这种命定的遭遇中。"③ 好的教师不是以僵硬的教条去限制学生，以教师的权威去压抑课堂，而是把课堂看成是师生有限生命的重要构成，课堂是知识的汇集、思维的碰撞、情感的交融。从这一意义上说，教师就是智慧的使者，是文明的化身。当教师以民主的精神、以开放的态度、以合作的方式、以宽松的环境进行课堂管理，使课堂真正成为激发学生的生命活力、促进学生发展的有力手段，成为学生喜爱、依恋、维护的家园时，教师的审美创造之光便照耀在每一个学生身上，也照耀在教师自己身上。课堂不再仅仅是外在于学生的异己的存在，而是学生生命活动的体现，是学生心灵成长的土壤；课堂也不再是管理学生的一种方式，而就是教师的生活，是教师每日用热情洋溢的生命写就的历程；"课堂教学对他们而言，不只是为学生成长所作的付出，不只是别人交付任务的完成，它同时也是自己生命价值的体现和自身发展的组成。"④ "只有在这样的课堂上，师生才是全身心的投入。

① ［苏］苏霍姆林斯基著，蔡汀译：《怎样培养真正的人》，148 页，北京，教育科学出版社，1992。

② ［美］林格伦著，章志光等译：《课堂教育心理学》，360 页，昆明，云南人民出版社，1983。

③ ［奥地利］布贝尔：《品格教育》，见华东师范大学教育系、杭州大学教育系编译：《现代西方资产阶级教育思想流派论著选》，309 页，北京，人民教育出版社，1980。

④ 叶澜：《让课堂焕发出生命活力》，见叶澜主编：《"新基础教育"探索性研究报告集》，225～226 页，上海，上海三联书店，1999。

他们不只是在教和学,他们还在感受课堂中生命的涌动和成长;只有在这样的课堂,学生才能获得多方面的满足和发展,教师的劳动才会闪现出创造的光辉和人性的魅力;也只有在这样的课堂才不只是与科学,而且是与哲学、艺术相关,才会体现出育人的本质和实现育人的功能。"①于是,学生便从课堂中找到了自信、焕发了热情、激起了勇气、寻得了力量,他的漫长人生就由于教师的激励而有了一个良好的开端。

专栏之十四:　　**用人的精神美使人变得精神高尚**

对美的东西的感受能在少年心灵中反响出一种极其敏捷的力量,使之成为刚毅果敢、宽宏大量、心地善良而又十分热忱的人。如果一个人在他的童年时代没有领略到人的心灵美的话,他就不可能成为有教养的人。用惊奇的目光看人,应成为学校教育的基础。我认为学校,只有从认识人的心灵开始去认识世界,并在这种认识的基础上形成信念,而最主要的是培养爱与恨的才能,只有在那时才能算是学校。实际上,培养真正的人,就是用人的精神美使人变得精神高尚,正是那种思想高尚的精神,才会促使儿童去思考:我是什么样的人?我活在世上是为什么?要善于对自己幼小的学生讲这番话,接着对青少年讲人的精神美,这是伟大的艺术,伟大的教育才干。应当这样去做。培养自己的学生,从学生们的幼年起就让他们的心灵受到精神美的阳光哺育,使他们的心灵成为纯洁、细微而敏锐,并易于接受道德上的教诲;在捍卫学生们的行为方面,良心永远会成为一个敏锐的哨兵……

人的精神美使我和我的学生们会同样地变得高尚的同时,使我们成为思想上的志同道合者,成为同一信仰的信徒。人的精神美扎根于少年心灵之中会使对人的信赖变得高尚起来,这种信赖是指人的最高的幸福,就是成为在精神上是美的人。

资料来源:[苏] B.A.苏霍姆林斯基著,蔡汀译:《怎样培养真正的人》,14页,北京,教育科学出版社,1992。题目为本书作者所加。

---

① 叶澜:《让课堂焕发出生命活力》,见叶澜主编:《"新基础教育"探索性研究报告集》,231页,上海,上海三联书店,1999。

正因为教师职业对学生的人生有着重要的影响，教师"是一个社会团体的智慧领袖"，"教师不是简单地从事于训练一个人，而是从事于适当的社会生活的形成"①，因此，教师有责任培植学生热情的人生态度，在学生心中唤起对美好人生的憧憬和向往，并引导学生自信而勇敢地走向社会，用自己的双手和智慧创造美好的人生。

教师职业美对学生的"陶冶"和"激励"是学生走向美好人生的基础。这是用心灵塑造心灵的过程，是教师身教和言教并进的过程。从教师职业的美中，学生不仅得到"学力"，而且形成"人格"；不仅获得知识，而且增进情感；不仅发展才干，而且增长智慧。难道这不是教师职业美的价值所在吗？还有什么比这令教师更欣慰的呢？

无论是教育对象的灵动的美，还是学科教学的智慧的美，或是教育过程的生成的美，都只存在于那些把教师这一职业当做享受人生、发展自我的教师身上，存在于教师平凡却伟大的日常教育活动中。教师职业美是教师在职业生活中主动创造的结果。"过有意义的教师职业生活"的审美观念和"欣赏教育美的感官和心灵"的审美能力是教师创造职业美的主观条件，"自由创造的游戏精神"和"对话人生的语言工具"是教师创造职业美的媒介，"情境交融"、"心意贯通"、"品悟浑然"则是教师创造职业美的路径。教师职业美不仅对教师自身、对学生，而且对社会都有着重要的价值。对于教师而言，它可以唤醒教师自身的生命；对于学生而言，它可以开发学生美好的人生；对于社会而言，它可以提升教师职业的社会地位。

教师职业美的创造是一个长期的永无止境的追求的过程。它需要教师具有善于鉴赏美的"内在的眼睛"和勤于创造美的灵巧的双手，更重要的是具有高尚的德性和伟大的人格。教师是否具有美的心灵，决定了教师能否鉴赏美、创造美以及能否到达最高的审美境界。"首先应该是使心灵自己学会看美的事业，接受看美的行为，不是各种艺术所成就的而是品德好的人所做出的；接着就看做出美的行为的人们的心灵。""眼睛如果要能观照对象，就得设法使自己和那对象相近

① ［美］杜威著，赵祥麟、任钟印、吴志宏译：《学校与生活·明日之学校》，17 页，北京，人民教育出版社，1994。

195

似，眼睛如果还没有变得像太阳，它就看不见太阳；心灵也是如此，本身如果不美也就看不见美。"① 只有当教师以审美的态度从事这一太阳底下最光辉的职业，在自由自觉的活动中潜心修养、独善其身、积极创造，他才有希望寻到那一直在深情地呼唤着他、祝福着他的美丽女神，而教师职业的魅力也就体现在他坚持不懈地寻找美、鉴赏美、感受美、创造美的过程当中。

---

① 北京大学哲学系美学教研室编：《西方美学家论美和美感》，63 页，北京，商务印书馆，1980。

第三编

教师发展论

第七章

教师专业发展①研究的
演变与新课题的提出

　　为培养具有高素质的教师，世界各国对教师教育都非常重视。但是，教师教育的效果却并不令人满意，反而受到很多抱怨与批评。造成这种情况的原因固然很复杂，但与对教师发展过程规律性本身缺乏了解不无联系。由于对教师在成长过程中何时、何地、何种场景下会遇到何种问题，他们需要何种类型、何种程度的帮助不甚清晰，对教师缺少一种发展观，故无论在教师发展的哪一阶段，教师教育均提供大同小异的帮助，其结果自然不会理想。

　　从教师和教师教育研究的角度来说，这一归因，主要并不是说不存在研究者帮助新任教师尽快成长为专家教师的努力，而是说对教师专业发展有其自身规律这种意识较为淡薄。实际上，在一定意义上，有关教师的研究均是为了或可以用来帮助教师尽快成长，但在研究过程中或运用研究结果时，被帮助对象——教师自身的成长过程及其规

---

　　① 按不同的构词方式，汉语中的"教师专业发展"可有两种理解，一种是"教师专业·发展"，另一种是"教师·专业发展"。按前一种构词方式，"教师专业发展"可能被理解为教师所从事的职业作为一门专业，其发展的历史过程；按后一种构词的方式，"教师专业发展"则被理解为教师由非专业人员成为专业人员的过程。本书所涉及的"教师专业发展"取后一种构词方式。当然，在后一种构词方式下，对"教师专业发展"的理解也有差异，这将在后文中讨论。

律性却往往被简化或有意"忽略"。多数研究者和教师教育者假设，教师的专业发展过程就是把专家教师或优秀教师的某种"特质""传递"给师范生或一般教师的过程，而且假设这一传递过程基本是无条件的、有效的，与教师专业发展所处的时期、教师已达到发展水平无关。基于此，他们的研究多试图寻求专家教师、优秀教师的一般"特质"，并将其作为以后"培训"教师的依据。

20世纪50~80年代，英美国家有关教师和教师教育的研究，大多是在颇具影响的、以"科学"承诺而著称的"过程—结果（process-product or process-outcome）"研究范式下展开的。而该范式，以至稍后兴起的"专家—新手"比较研究，即是上述寻求高成效教师的一般性预测变量的典型代表。的确，这些研究的结果，让我们更清楚地看到了专家或优秀教师与一般教师之间的差异所在，但对一般教师如何才能成长为专家教师的帮助却不大。这些研究者所关心的，主要限于专家教师与一般教师在所达到的发展结果上的差异，而不是他们各自达到相应发展结果的过程及其差异。问题是，把专家教师所拥有的"特质""传递"给一般教师就可使其获得专业发展，进而成为优秀教师的假设难以成立。"专家—新手"比较研究自身的结果即表明，专家的知识至少有三方面特征：一是专家知识是专门化的，而且限于特定的领域；二是专家知识是有组织的；三是专家所知道的大部分是缄默的知识。这种缄默的知识是难以形式化和通过他人的直接教学来获得，而只能由当事者本人在特定领域内完成任务的经验中去构建或创造。近年来对这种具有个性化和缄默特征的教师实践知识的深入研究，更进一步说明了教师实践知识获得过程的独特性和对教师专业发展过程研究的必要性。教师个人实践知识所基于的实践理性与一般性专业知识所基于的工具理性有所不同。按照工具理性的思想，经过研究可以得出一个关于事物性质的一般性结论，实践者可以运用这一客观、科学的知识去解决问题并获得有效的结果。然而教育者所面对的教育实践却极为复杂，他必须要对有内在不确定性的情境作出复杂的解释和决策。在这种情况下所需要的知识即产生于处理复杂性和不确定性情境过程本身，以及相应的"行动中的反思"。这种知识只能以其丰富的特殊性以及贴近实践者自己的语言来表述。过去绝大部分关于教师的研究基本上都是在工具理性的指导下展开的，而忽略了实践理性。既然教师的实践理性有着无可替代的作用，那么对教师个人实践知识获得过程的研究就显得十分必要了。教师不仅要有可以通过直接教学获得的一般性的专业知识，而且要在自己的专业实践活动过程中不断获得实践知识。教师个人实践知识的研究者认为，而这恰是教师专业发展研究的一个构成部分①。所以，教师专业发展过程并非假想的那样简单，教师的成长需要一个长期、复杂的过程。仅仅靠"告诉"新手专家所知道的内容并不会使他们成为专家。由此可见，教师研究的某些结论应用于教师教育的效果，由于忽视教师自身的成长规律性而受到限制。这从一个方面表明对教师自身成长规律的研究是十分必要的。

教师研究领域所表现出的这种倾向，在很大程度上也影响着教育实践。对教师专业发展过程研究的忽视，使得促进教师专业发展过程的教师教育实践，至多只仰赖于与教师专业发展相关的片断研究，或者直觉、经验。泽克纳（Zeichner, K. M.）曾对美国的教师教育计划的理论基础做过分析②。他从对知识的看法（接纳的—反省的）和对现状的态度（保守的—质疑的）两个维度，把教师教育计划分为四种范式，即行为主义取向，人格论取向、传统—技艺取向和探究取向。与此对应，它们的理论基础分别是实证主义知识论和行为主义心理学、现象学知识论、知觉与发展心理学、学徒制和杜威反省性教师的思想（参见表7-1）。而这其中无论哪一种范式都只是从某一个特定的方面试图去促进教师的专业发展，而对这一方面是否就是教师专业发展的全部、这一方面是否符合教师专业发展的规律却缺乏应有的考虑，或者说这些范式都把自己的理论取向"当做"教师专业发展规律的反映，并在此基础上构建相应的教师教育范式。从这个意义上说，

---

① 参见 Carter, K. Teachers' knowledge and learning to teach. In W. R. Houston（Ed.）, *Handbook of research on teacher education.* New York：Macmillan, 1990. pp. 291~310.

② Zeichner, K. M., Alternative paradigms of teacher education. *Journal of teacher education.* 1983, vol. 34, no. 3. 参见张芬芬：《我国师范教育中的意识形态》，见（台）中华民国比较教育学会、中华民国师范教育学会主编：《国际比较师范教育学术研讨会论文集（上）》，396~397 页，台北，师大书苑有限公司，1992。

以上诸种教师教育范式对教师自身的发展规律性，均有所忽视。上述现象在世界范围内有一定的普遍性，实际上，世界各国的教师教育在不同程度上反映着其中一种或几种范式的综合。"数十年以来，培训者都一直喜欢强调一个经典公式，该公式认为教师是一种特殊的人，这种特殊性不是由其人身而是由其使命所决定的。"① 对于这种教师培养的模式中存在的问题，已有许多人进行了揭露和批判②。

表7-1 美国教师教育计划的理论基础

范 式	理论基础	譬喻（metaphor）	主要工作
行为主义取向	实证主义知识论 行为主义心理学	生产 （production）	• 教导特定的可观察的教学行为
人格论取向	现象学知识论 知觉与发展心理学	生长 （growth）	• 促进师范生对教师的认同与意义的适当转换
传统—技艺取向	学徒制	默识 （tacit knowledge）	• 在经验中学习 • 名师出高徒
探究取向	杜威反省性的教师	解放 （liberation）	• 教师应改造现况促进进步 • 培养师范生的反省能力

实际上，直到 20 世纪 80 年代初，即使在国外发达国家，关于哪些经历可促进教师的专业成长；教师成长与学生课堂学习之间的关系如何；教师专业发展经历对每一具体教师是否可能产生的不同效果；

---

① 拉塞克、维迪努著，马胜利等译，周南照、桑新民校：《从现在到 2000 年教育内容发展的全球展望》，263~264 页，北京，教育科学出版社，1996。

② ［厄瓜多尔］托利斯：《没有师范教育的改革，就没有教育改革》，载《教育展望（中文版）》，1997（3）；［委内瑞拉］比列加斯-赖莫斯、［委内瑞拉］赖莫斯：《6000 万教师在何方？被世界教育改革忽视的声音》，载《教育展望（中文版）》，1997（3）；［爱尔兰］伯克：《职业化：对发展中国家教师和师范教育工作者的重大意义》，载《教育展望（中文版）》，1997（3）。

何时对教师专业发展提供帮助最有效、最经济等问题还知之甚少①。即使在倡导教师专业发展的美国，其教师专业发展计划也未能做到真正适合教师的专业发展需要。据美国 20 世纪 90 年代初的一项调查结果显示，有 10% 的教师认为，旨在促进教师专业发展的活动是在浪费时间，而且该比例随着教师教龄的增加而上升②。莫斯科维茨和斯蒂芬斯（Moskowitz，J. & Stephens，M.）在一份报告中也指出，由于对入职阶段教师的特殊需要以及对入职阶段在整个教师专业发展过程中地位认识不足，美国对初任教师采取"任其沉浮（sink-or-swim）"的态度，结果造成初任教师高达 30% 的离职率③。

从我国教师教育的实践来看，往往有着"自然成熟"的倾向，对于新任教师来说更是如此。新教师这种自发、不自觉的成长过程，可能需要几年、十几年甚至更长的时间才能完成④。长期以来，我国在职教师教育中的教育学课程在课程目标、教学内容体系、教学方法等方面几无特色可言，在很大程度上只是中师或高师课程的"重复"⑤。这些都是忽视教师专业发展内在规律性的表现。

本篇的主旨即试图对教师专业发展过程的规律性、教师由非专业人员成长为专业人员的历程进行探讨，以为教师教育提供最基本的依据，更好地促进教师专业发展。

从历史发展的总趋势来看，教师专业发展及其研究经历了由被忽

---

① Taylor，W. Professional development or personal development? In Eric Hoyle & Jacquetta Megarry（Eds.），*World yearbook of education* 1980：*Professional development of teachers*. London：Kogan Page，1980. p. 329.

② 参见 U. S. Department of Education，National Center for Education Statistics. *Toward better teaching*：*Professional development in* 1993 – 1994. Washington，DC.：U. S. Department of Education，July 1998.

③ Moskowitz，J. & Stephens，M. （Eds.）*From college to first-year teaching*：*how the United States compares to several other countries*. Washington，D. C.：U. S. Department of Education. 1997.

④ 林沛生：《关于促进青年教师职业成熟的思考》，载《天津师范大学学报》，1993（1）。

⑤ 参见程敬宝著：《适应成人教育特点，体现继续教育性质，反映回归教育要求——在职教师教育学课程建设与教学改革的系统思考》，载《高等师范教育研究》，1999（3）。

视到逐渐关注、由关注教师专业群体专业化转到关注教师个体专业发展、由关注专业发展的"外部"环境和对社会专业地位的认可转到关注"内部"专业素质提高的过程。接下来，我们将对逐渐关注教师专业发展问题的历史背景和总体趋势作一简要回顾，而后粗略描绘教师专业发展问题关注重心转变的轨迹。随后，在明确现有教师专业发展研究局限的基础上，提出本研究的基本思路和观点。

一、对教师专业发展逐渐关注的背景与过程

教师和教师教育历来是人们关注的主题，世界教育年鉴曾于1963年和1980年两度以教师和教师教育为主题，当然两次的议题不尽相同。1963年世界教育年鉴的主题是"教育与教师培养（education and training of teachers）"；1980年的主题是"教师专业发展（professional development of teachers）"①。主题侧重点的不同反映出相应历史背景的变化。

就20世纪60年代而言，世界各国均面临着教师极为短缺的情况，所以研究如何采取应急的教师培养措施是当时关注的焦点。这一时期发展中国家的人们期望更高的生活水平和普遍的初等教育，而在发达国家人们则期望中等和高等教育得到普遍拓展；另外由于出生率的上升，导致学龄人口急剧增加。在英国，为了更快地培养教师，发表于1963年的纽瑟姆报告即曾建议改变大学毕业后进行师范教育的形式，而代之以教育专业课与普通课同时进行的培养方式②。由于忙于应付教师"量"的急需，对于教师"质"的问题则有所忽略。

然而，20世纪60年代中期以后，形势有了新的变化，师范教育面临着几个方面的巨大压力，迫使提高教师的质量。首先是世界各国均出现出生率急剧下降的情况，对教师的需求量相应地也大为降低；

---

① Megarry, J. Preface. In Eric Hoyle & Jacquetta Megarry（Eds.）, *World yearbook of education* 1980: *Professional development of teachers*. London: Kogan Page, 1980. pp. 9-16.

② 瞿葆奎主编，金含芬选编：《教育学文集·英国教育改革》，258-269 页，北京，人民教育出版社，1991。

其次是经济上的困难，政府需要大幅度削减公共支出，并往往把教师培养机构作为减少开支的对象。英国在这方面表现的最为突出，当时普遍的做法是关闭独立教师培养机构，或者将多个独立师范学院予以合并，或者将其合并到其他的大学或多科技术学院①；第三是从总体上来说学校教育没有达到公众所预期的质量，从而导致公众对教育的信心下降，这一点可从像非学校化和加强效能核定等的呼声中略窥一斑②。对教育质量的不满意和对教师素质低下的讨论，很自然地又引发了对教师教育的批评③。此后，新教师培养机构的压力逐渐减小，为教师在职教育的扩大开辟了道路。于是，将教师专业教育的范围拓展至整个职业生涯的思想也逐渐得到强化。

早在1966年，联合国教科文组织与国际劳工组织就已经在《关于教师地位的建议》中提出：应当把教师职业作为专门职业来看待④。30年后的1996年，第45届国际教育大会以"加强变化世界中教师的作用"为主题，再次强调教师在社会变革中的作用，并建议从以下四个方面予以实施：通过给予教师更多的自主权和责任提高教师的专业地位；在教师的专业实践中运用新的信息和通讯技术；通过个人素质和在职培养提高其专业性（professionalism）；保证教师参与教育变革

---

① ［美］泰勒：《70年代英国师范教育改革的背景》，见瞿葆奎主编，金含芬选编：《教育学文集·英国教育改革》，511～530页，北京，人民教育出版社，1991；Megarry, J. Preface. In Eric Hoyle & Jacquetta Megarry（Eds.），*World yearbook of education* 1980：*Professional development of teachers*. London：Kogan Page，1980. pp. 9-16；赵宝恒：《英国师范教育》，见苏真主编：《比较师范教育》，55～86页，北京，北京师范大学出版社，1991。

② Illich, I. De-schooling society. Calder and Boyars：London，1971；Atkin, J. M. Educational accountability in the United States. *Educational analysis*，1979，vol. 1，no. 1.

③ Bone, T. Current trends in initial training. In Eric Hoyle & Jacquetta Megarry（Eds.），*World yearbook of education* 1980：*Professional development of teachers*. London：Kogan Page，1980. pp. 57-68.

④ UNESCO, International Labour Organization（ILO）*Recommendation Concerning the Status of Teachers*（Adopted by the Special Intergovernmental Conference on the Status of Teachers，Paris，5 October，1966）.

以及与社会各界保持合作关系①。

20 世纪 80 年代以来，教师专业发展日趋成为人们关注的焦点。就美国而言，1980 年 6 月 16 日一篇题为"救命！教师不会教（Help！Teacher can't teach！）"的文章引起了公众对教师质量的担忧②，拉开了以提高教师素质，促进教师专业发展为核心的教育改革的序幕。随后，有"国家教育优异委员会"1983 年发表的《国家在危急中：教育改革势在必行》、霍姆斯小组 1986 发表的《明天的教师》、卡内基教育和经济论坛"教育作为一种专门职业"工作组 1986 年发表的《国家为培养 21 世纪的教师作准备》、复兴小组 1989 年发表的《新世界的教师》、霍姆斯小组 1990 发表的《明日之学校》、霍姆斯小组 1995 年发表的《明日之教育学院》等的一系列报告引起了学校和教育行政机构的极大关注③。其中尤以霍姆斯小组的系列报告"对教学专业的革命产生了最为持久的影响"④。霍姆斯小组在《明天的教师》中勾勒出了培养教师的新方案，改变以往教师培养全部由大学负责的局面，把教育学院与中小学联合起来，建立类似于医学行业中教学医院的专业发展学校，加强大学教师、中小学指导教师与师范生之间的

_____

① International Bureau of Education（IBE）*Strengthening the role of teachers in a changing world：issues，prospects and priorities*，1996. ED. 96/CONF. 206/LD. 4；ED/BIE/CONFINTED 45/3.

② Help！Teacher Can't Teach！Time June 16，1980.

③ 国家教育优异委员会：《国家在危急中：教育改革势在必行》，李亚玲译，马骥雄校，见瞿葆奎主编，马骥雄选编：《教育学文集·美国教育改革》，586~617 页，北京，人民教育出版社，1990；霍姆斯小组：《霍姆斯协会报告：明天的教师（1986）（上）》，范宁编译，杨之岭、林水校，载《外国教育资料》，1988（5）。霍姆斯小组：《霍姆斯协会报告：明天的教师（1986）（下）》，范宁编译，杨之岭、林水校，载《外国教育资料》，1988（6）；卡内基教育和经济论坛"教育作为一种专门职业"工作组的报告：《国家为培养 21 世纪的教师作准备（1986 年 5 月）》，见国家教育发展与改革中心编：《发达国家教育改革的动向和趋势（第 2 集）——美国、苏联、日本、法国、英国 1986~1988 年期间教育改革文件和报告选编》，261~369 页，北京，人民教育出版社，1987；Renaissance Group. *Teachers for the new world*. Cedar falls，IA：University of northern Iowa，1989；The Holmes Group. *Tomorrow's schools*. East Lansing，Mich.：The Holmes group，inc.，1990；The Holmes Group. *Tomorrow's schools of education*. East Lansing，Mich.：The Holmes group，inc.，1995。

④ Lunenburg，F. C. Revolution in the teaching profession. *College student journal*，1998，vol. 32，no. 3，pp. 400-405.

合作与联系。在《明日之学校》中提出了专业发展学校的设计原则，在《明日之教育学院》中则明确提出要重新设计教师教育课程，要充分考虑年轻教师的学习需要和教师整个专业生活过程中的专业发展需要；创建专业发展学校，改变过去教师培养主要是在大学校园，很少到中小学的局面，大学和中小学合作共同提高教师专业学习的质量。此后的许多研究和改革都是围绕如何促使教师获得最大程度的专业发展而展开的。

我国明确提出教师专业发展问题并予以关注是较近时期的事，时间尚短。但种种迹象表明，教师专业发展正愈益成为我国教育理论工作者、教育政策制定者、教育决策者和广大教师所关注的焦点。近年来，已有多名研究生把教师专业化和专业发展作为学位论文的选题，从不同角度构建教师专业化的理论框架、探索教育专业伦理规范建设道路、研究提高教学工作专业地位的目标和策略、探求教师专业社会化的规律性等等[①]。目前，为克服"应试教育"的弊端，我国中小学正大力倡导"素质教育"。而提高学生的素质，必须以教师素质的提高为前提。为此，教育部在《面向 21 世纪教育振兴行动计划》中，提出要实施"跨世纪园丁工程"，通过理论学习、课题研究、实践学习与总结、国外考察和著书立说等内容和形式，大力提高教师队伍的整体素质。这一工程的实施，意味着我国教师教育已摆脱单纯的学历达标的局限，而转向教师内在专业素质的提高，并为教师素质的不断提高和发展建立健全了教师继续教育网络。尽管就教师教育的现状来看，尤其是与符合教师专业发展的合理性要求来看，在观念、政策、制度、内容、方法等方面仍有许多不尽人意之处，但注重教师内在素

---

① 安玉海：《教师专业化：一个多层次研究的理论框架》，未发表硕士学位论文，华东师范大学，1997 年；黄向阳：《教育专业伦理规范导论》，未发表博士学位论文，华东师范大学，1997 年；唐玉光：《教学工作与师范教育的专业化取向》，未发表博士学位论文，华东师范大学，1998 年；周艳：《教师专业社会化研究》，未发表博士学位论文，华东师范大学，1998 年；郭良菁：《迈向养成自主探究与反思实践者的教师教育》，未发表博士学位论文，华东师范大学，1999 年；朱宁波：《日本教师专业发展的个案研究》，未发表博士学位论文，华东师范大学，2000 年；孟洁：《新教师入职辅导实践研究》，未发表硕士学位论文，华东师范大学，2000 年。

质提高、尊重教师专业发展规律性的意识和努力已初见端倪，并将成为今后一个可预测的发展趋势。

二、从"教师专业化"到"教师专业发展"

从西方有关教师专业化研究的文献来看，对专业、教师专业化、教师专业发展等重要概念均有不同理解，各概念之间的关系也较为复杂，对它们的历史发展过程更是难以梳理。为明了起见，我们将在不致发生歧义和误解的前提下，突出各概念的特征和历史发展过程的总体脉络，使它们形成较为鲜明对照。这里要特别说明的是教师专业化和教师专业发展两个概念。就广义而言，两个概念是相通的，均用以指加强教师专业性的过程；当将它们对照使用时，主要可以从个体、群体与内在、外在两个维度上加以区分，教师专业化主要是强调教师群体的、外在的专业性提升，而教师专业发展则是教师个体的、内在的专业性的提高。这一区分是在历史发展中形成的，也就是说，下面我们要描述的教师专业化及其有关研究的发展脉络，在一定意义上即是教师专业化概念的衍变、分化，重心逐渐向教师专业发展倾斜的过程。图 7-1 粗略地勾勒出这一过程的大致轮廓。

为了提升教师专业化程度，人们起初采用的是群体专业化策略，即着力于提高教学工作的专业化水平。在这一过程中又存在两种不同的取向：一是侧重通过订立严格的专业规范制度提升专业性的"专业主义"取向；一是侧重通过谋求社会对教学工作专业地位的认可来获取专业性的"工会主义"取向。对此，我们将以美国两大专业组织之间的对峙、消长为例予以说明。此后，教师专业化的重点由群体转向个体。教师个体的专业化也经历了一个重心转移的过程，先是强调教师个体的被动专业化，后来才转向强调教师个体的主动专业化，即教师专业发展。这一转向在理论研究领域中体现得较为明显，在现实实践中总体上也表现出这一趋向，不过由于种种原因，假"教师专业发展"之名，行被动专业化之实的"沽名钓誉"、"鱼目混珠"者不乏其例，因而显得尚有些混乱。对于这一发展过程，我们将以课程理论研究中研究重点的变换过程来予以说明。

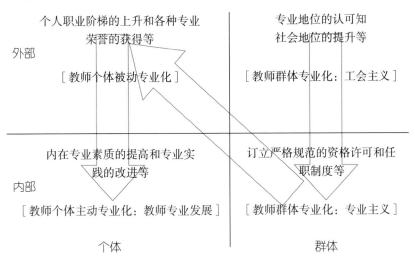

图7-1　教师专业化与教师专业发展关注的重心

（一）教师专业化策略的竞争与转向：以美国为例

教师教育目标的制定、课程选择、课程实施等均是与人们对教师专业化程度的定位密切相关的。人们曾试图通过提升教师群体专业化或者说教学工作的专业化程度，使每一位教师得到提高。一般来说，社会对教师职业专业化程度的认可程度越高，相应的教师的社会经济地位会得到提升，师范生生源的质量、教师教育的物资设备等也将会有所改善。然而，从英美等国家争取教学工作专业地位的历史过程来看，在国家权力及其代表它的外控科层组织（heteronomous bureaucracy）的压制下，教师是极难确立自己的专业自主权，进而提升自身专业地位的①。社会学研究领域中的"权力模式"理论认为医

---

① 参见曾荣光著：《教学专业与教师专业化：一个社会学的阐释》，载《（香港中文大学）教育学报》，1984（12卷1期）。

学在争取专业地位过程中是成功的，而教师争取对职业的控制权和建立专业自主权的过程是失败的。就西方资本主义国家而言，其原因在于教学工作是资本主义制度不可或缺的功能，因此国家权力有必要干预甚至垄断其服务，以至把它纳入为国家机器的一部分。教师专业化的努力被国家机器所吞噬。

在教师群体专业化过程中，教师专业组织起着至关重要的作用。然而，在谋求作为整个专业的专业地位提升的努力方面，专业组织之间又表现出两种不同的倾向：一种指向内部的专业人员，制订专业标准和规范，要求专业人员改善对社会的专业服务水平；一种指向社会对教学专业的认可和其成员经济地位、工作条件的改善。美国的全国教育协会（National Education Association，NEA）和美国教师联合会（American Federation of Teachers，AFT）这两大教育团体相互竞争以至对立的发展过程在一定程度上反映了这一情况。美国全国教育协会成立于 1857 年 8 月 26 日，是美国综合性的教学专业组织。就其规模而言，是世界上最大的教师组织，也是美国最大的专业组织。成立之初，其名为"全国教师协会（National Teachers' Association）"。1870 年，"全国教育视导长协会（National Association of School Superintendents）"和"美国师范学校协会（American Normal School Association）"两个组织并入全国教师协会，组建成为全国教育协会。其会员包括公立学校的教师、行政人员和大学教师。美国教师联合会成立于 1916 年 4 月 15 日，该联合会的章程规定该组织"应由公立学校教师协会以及其他符合本章程条款规定的教育工作者协会组成"。随后的章程条款允许公立学校校长、校长助理、系主任，以及除教育视导长（superintendents）之外管理人员的协会的加入。1966 年修改后的联合会章程不再允许校长以上的行政人员加入。这两个组织走的是教师群体专业化的两条不同道路：强调教师入职的高标准等的专业主义（professionalism）道路与谋求整个专业社会地位提升的工会主义（trade unionism）道路①，全国教育协会倾向于专业主义，而美国教师

---

① 参见曾荣光著：《教学专业与教师专业化：一个社会学的阐释》，载《（香港中文大学）教育学报》，1984（12 卷 1 期）。

联合会具有明显的工会主义特征。

美国教师联合会与坚持运用罢工和集体谈判等途径维护工人利益的工会组织之间建立了密切联系。1960 和 1962 年，美国教师联合会的一个分支机构在纽约市的罢工取得成功，这促使美国教师联合会完全接受了罢工和集体谈判的途径。纽约市罢工成功之后，美国教师联合会的领导人宣布与美国劳工联合会（American Federation of Labor, AFL）和美国产业工会联合会（Congress of Industrial Organizations, CIO）彻底结盟，并自豪地宣称教师联合会的工会性质，教师联合会有充分利用工会策略以及把自己纳入美国劳工联合会和美国产业工会联合会政策轨道的义务，公开倡导教师罢工。该组织认为[①]：

> 美国教师联合会（AFT）是惟一真正能够代表课堂教师的组织；
>
> 全国教育协会（NEA）以学校行政人员为主，教师在这种组织中无法保障经济上的公正待遇和专业上的认可；
>
> 与有组织劳工建立联系至关重要，因为劳工的政治和经济力量能够使教师获得专业地位所必需的特权；
>
> 教师与所有工人一样面临着同样的问题；所有的工人必需联合起来维护他们自己的福利和社会全体的福利。

相反，全国教育协会却一直坚持组织的专业性和独立性，不与其他任何社会组织建立依附关系，主张通过教育专业途径和州的立法途径来达到目标。全国教育协会的执行秘书曾对该组织的性质和宗旨作过很好的概括[②]：

> 这是一个独立的组织。一个独立的专业组织与作为劳工组织分支机构之一的组织之间不是一种表层的区别。公立学校是为所

---

① Stinnett, T. M. *Professional problems of teachers* (3rd ed.). London：Macmillan, 1968. pp.490-491.

② 同①p.490.

有民众、办公室人员、技术工人、专业人员、公务员、经理和商人等的所有儿童服务的，其职员不应依附于社会群体中的任何一个部分。

从实际结果来看，单纯通过工会主义的罢工手段难以真正促进教师群体的专业性的提升和获得社会的认可。直至近期，通过工会主义途径来达到专业地位提升的做法仍步履维艰，甚至有每况愈下的趋向。据国际劳工组织 1994 年对 10 个发达国家和发展中国家的抽样调查，"虽然在政策上正朝着更有效的承认教师有结社自由这一变化前进，但集体谈判的自由仍然是个例外，而普遍存在的经济趋势则正在破坏许多国家中集体谈判的作用，甚至在一些过去一贯尊重教师和其他工人谈判权利的国家中也是如此。"[1] 而且，由于教师工会依附于工会组织，在很多情况下难以维护自身的独立专业地位，所以通过教师专业组织的内部专业自治，订立较高入职、资格许可、资格认定、任职和专业制裁标准，以获取教师集体整体素质的提高逐渐成为教师专业化的基础和前提。实际上，即使是那些偏向走工会主义道路的教师组织，在争取到更高工资和良好工作条件之后，亦是毫不犹豫地致力于制订专业标准，提高专业服务水平[2]。从美国近来有关教师教育改革的文件中可明显看出教师的专业标准逐渐提升的趋势。1987 年，美国专门成立了全国专业教学标准委员会（National Board for Professional Teaching Standards，NBPTS），该委员会的目标就是提出比获得教师许可证更严格和更高的专业教师标准。在谋求教师群体专业化的两种取向的竞争中，专业主义取向逐渐占据上风。

正如前文所言，教育是国家机器的一部分，在资本主义社会中仅仅通过工会主义道路是难以获得专业地位提升的，只有努力将提高专业人员的社会经济地位和改善对社会的专业服务水平结合考虑，才有

---

① 联合国教科文组织编著，罗进德等译：《世界教育报告 1998：教师和变革世界中的教学工作》，41 页，北京，中国对外翻译出版公司，1998。

② *Encyclopedia Britannica CD*99，Educational associations and teachers' unions；Stinnett，T. M. *Professional problems of teachers* (3rd ed.). London：Macmillan，1968. p. 473.

利于两方面目标的实现。然而，制订严格的专业规范等专业主义的做法至多也只是专业制度的建设，制度只能把不符合要求的教师"过滤"掉，其本身并无法保证每一位教师专业知能和专业性的不断改进和提高。这就要求诉诸教师个体的专业化。所以，后来，谋求教师群体专业化的策略，逐渐又转到了教师个体的专业化策略。

早期所采用的教师个体专业化策略，主要表现为教师被动的专业化。从教师自身来看，教学工作往往被作为而且仅作为谋生的手段，在整个职业生涯中也只把个人职业阶梯的上升作为工作主要动力。在此过程中，教师为了被社会认同，只得被动地实现外界所订立的专业标准，执行所规定的要求。就大多数发达国家而言，20 世纪 80 年代以前，临床指导（clinical supervision）和教师评价（teacher evaluation）一直是提高教师专业素质的主要方式，是实施被动专业化的具体措置。"临床指导是指导者（教研员、学校领导及其其他教学管理人员、视导员、执教者的同事等）帮助教师改进教学行为的一种现场管理策略。"[①] 临床指导有多种形式，一般有以下共同步骤：观察前谈话；课堂观察；分析和计划；指导会谈；会谈后分析。尽管有关临床指导的综述研究对其效果的归纳褒贬不一，但从根本上来说，它存在着以下缺陷：太过分强调教学技能；由于没有考虑教师的成长过程以及教师所处的不同发展阶段，因而没能把有经验教师与新手教师的需要区分开来。

20 世纪 90 年代初期以前，教师评价也颇受关注，尤其是在关心教学效能核定（accountability）的美国把教师评价也作为改进教师素质的一种方式。对教师进行评价时，一般是先由视导员或行政管理人员进行课堂观察，并按照一定"标准"给教师打分，这些"标准"多来自有关教师效能的研究结果。而后视导员与教师交换意见。一学年中，视导员要对每一位教师的课观察 2~3 次。最后，对教师作出总结性评价，以决定教师的奖惩、谪升和去留。这种基于"评价"而不是专业发展的教师评价对教师内在素质提高的效果是消极的，除了对

---

①　柳夕浪：《课堂教学临床指导——教学行为的分析与指导》，32 页，北京，人民教育出版社，1998。

教师外在行为的记录之外，它并没有提供任何有关教师是如何思维、设计等信息，教师在这些方面也无从改进。后来，由于以上方式效果不佳，促使人们对教师专业成长过程进行了深入探讨，并在此基础上提出了"自我引导发展"、"合作或联合发展"、"以变革为定向的教师培训"、"教师角色拓展"等促进教师专业发展的新方式。

　　早在 20 世纪 70 年代初期，杰克逊（Jackson，P. W.）即曾以对教师被动专业化批判的口吻，预测教师被动专业化即将被尊重教师个人成长规律性、强调教师自身积极作用的教师主动专业化所替代①。他把教师被动专业化称做教师发展的"缺陷"观，把主动专业化称做教师发展的"成长"观。他提出，如果要真正提高教师的内在素质，教师的在职教育必须实现由"缺陷"观向"成长"观的转变。按照杰克逊的分析，"缺陷"观假设教师现在的教学中存在某种错误或缺陷，在职教师教育的目的就是对这些缺陷予以修正。"成长"观把教学看做是一项复杂、多维的活动，教师学会教学不再是弥补缺陷的过程，而是作为一名艺术实践者不断追求完善的过程。自然，完善在一定的意义上也属对缺陷的弥补，但此外，完善的提法更富有积极的意义和主动性。教师自己的教学经验是教学知识的重要源泉，但仅靠教学经验仍难以获得专业成长，在职教育应当帮助教师形成对自己课堂教学的敏感性，让教师从对自己教学经验的反思和概念化获得专业成长。显然，前者对教师自身和教师专业发展缺乏观照，只是一味地做"加法"，而后者试图遵循教师"成长"的路线，为教师专业发展提供帮助。

（二）　理论研究领域中重心的移易：
从个体被动专业化到教师专业发展

　　在教师被动专业化策略中，教师本人在专业化的过程中根本谈不上有什么地位和作用。这一状况与人们对教师在整个教育、教学中地

---

①　Jackson, P. M. Old dogs and new tricks: observations on the continuing education of teachers. In I. J. Rubin（Ed）, *Improving inservice education: Proposals and procedures for change.* Boston, Massachusetts: Allyn & Bacon, 1971. pp. 19-36.

位和作用的认识是分不开的。随着教师地位和作用被"重新发现"，教师在个体专业化中的被动地位也发生了变化。教师的被重新发现，在教师与课程关系的研究领域中体现得较为明显。

从历史发展的角度来看，教师与课程的关系经历了从两者浑然一体到分化、再到融合的过程，如果把近代之前教师与"课程"之间浑然一体的状态排除在外，教师在课程开发中的地位和作用逐渐发生变化，教师不再仅仅被看做是"课程实施者"，而且也被看做是"课程开发的研究者和参与者"。这一观念的转变不但为教师的专业发展营造了良好的外部环境，而且为教师专业发展提供了一条现实的途径。随着课程编制权利的逐渐下放，对教师的专业化水平的要求也越来越高。而这一过程恰恰映射了教师"专业化"由近代"技术熟练者"范式向现代"反思性实践者"范式的转化过程。

在近代以来的制度化教育背景下，工业管理的模式被应用于教育，课程的目标、内容、实施和评价等过程均被"标准化"、"科学化"，教师成了"教书匠"。在这种情形下，教师的所谓的"专业化"程度取决于其专业领域的知识与技术的成熟度，教师的专业力量受学科内容的专业知识、教育学、心理学的科学原理与技术的制约，教师的专业实践被视为学科内容的知识、教学论、心理学原理及其技术的合理利用，教师的专业实践的专业化程度也是凭借这些专业知识、原理和技术来保障的。而且在这种范式下，一般认为这些知识、原理和技术是可以通过"教"的方式"传递"给教师的，教师处于被动的"专业化"状态，这一过程还称不上教师自主的专业发展过程。20世纪60年代，斯腾豪斯（Stenhouse，L.）提出一种新的关于教师在课程开发中的作用的观点，即"教师即研究者"，后来这一观点在世界范围内产生广泛影响。任何课程改革的最终效果在很大程度上取决于教师的态度和参与水平，而"防教师（teacher-proof）"的专家课程体系却把教师排除在课程开发过程以外。20世纪80年代以来，许多国家纷纷设立教师中心或课程开发中心，课程开发的权力由专家转到教师手中，教师成了课程的开发者和研究者。在这种情形下，课程开发和教师的成长及专业发展融为一个统一的过程。相应地，教师的培养和发展所遵循的是"反思实践者"范式。这一范式认为教师的成长和发展关键在于实践性知识的不断丰富，教师的专业性是靠实践性知识，即运用综合的高度见识所展开的问题意识与问题解决的成熟度来保障的。教师在以"参与"、"反思"主要特征的行动研究中不断获得对实践的反思能力，进而使自己获得专业发展。

从理论研究的发展角度看，西方某些课程研究者提出的以获得教师专业自主为核心的教师专业化策略的发展脉络，与"教师群体专业化→教师个人被动专业化→教师专业发展"的轨迹是相契合的。较早把教师参与课程开发过程作为促进教师集体和个人专业自主，进而提高教师专业化程度的课程理论研究者是斯腾豪斯。斯腾豪斯把"教师即研究者"作为教师专业化的基本策略。

而埃利奥特（Elliot, J.）认为斯腾豪斯尽管鼓励教师成为研究者，但在实际做法上许多课程研究方案均是由课程专家或学者提出来的，教师所做的只是验证这些专业的假设，因而没有彻底解决促进教师专业自主的问题。所以，埃利奥特进一步提出教师即"行动研究者"，教师不再把可能带有偏见的"专家"思想视做当然，而是从自己的教学实际中提出问题、着手解决问题、提出假设、检验假设和评价，只有通过这样的过程教师才能获得专业自主和发展。

凯米斯（Kemmis, S.）在斯腾豪斯提出的"教师即研究者"的基础上也前进一步，提出教师即"解放性行动研究者"，教师不是在专家的直接指导下展开研究，而是在教师自己的共同体指导下展开研究，专家只是帮助形成共同体。这种情形也保障了教师对研究过程的充分介入，这一过程也使得教师"解放"自己及其专业，从而获得专业自主和专业发展。

由斯腾豪斯的"教师成为研究者"策略，到埃利奥特的"教师成为行动研究者"策略，再到凯米斯等人的"教师成为解放性行动研究者"策略，这些策略既是逐渐增加教师课程开发参与程度的策略，也是不断提高对教师专业化程度的要求，促进教师专业发展的过程。

由此可见，课程开发思想的发展与教师专业发展之间有着密不可分的联系，一方面，强调教师参与的课程开发思想要求"把课程还给教师"，这实际上给教师提出了更高的素质要求；另一方面教师在课程开发过程中获得的专业发展又会有助于他们更有效地投入新的课程开发过程。教师在课程开发过程中地位和作用的变化加速、促进了教师专业发展的提出与实施，而且教师参与课程开发已成为教师专业发展的一个重要途径。

以"教师专业发展"为主题的 1980 年世界教育年鉴的出版，是由教师被动的个人专业化转向教师积极的个人专业化，即教师专业发展的一个重要标志。20 世纪 80 年代以来，已有多次专门以教师专业发展为主题的国际会议。如 1989 年 2 月的多伦多会议，1991 年 2 月的温哥华会议等①。这些会议的召开无疑对深刻理解教师专业发展概念、在实践中促进教师专业发展起到了积极推动作用。

三、教师专业发展研究现状及其问题

近 30 年来，尤其是 20 世纪 80 年代以来，教师专业发展课题成为国外研究的热点，研究结果大量涌现，目前已经成为一个新的专门研究领域。我们将在对已有研究课题的检讨过程中，寻找研究的新起点。

（一）教师专业发展研究的主要课题

就已有研究来看，教师专业发展研究的焦点主要集中在两个方面：一是教师实际经历的专业发展的变化过程，侧重研究教师专业发展体现在哪些方面、各个方面发展要经历哪些阶段、各个方面的发展是否有关键期等。二是教师专业发展的促进方式，研究在教师专业发展有关观念指导下，给教师提供哪些以及如何提供外在环境和条件，才能更好地帮助教师顺利地走过专业发展所必须经历的诸阶段。显然，这两方面的研究是密不可分的，对教师专业发展过程规律性的研

---

① 这两次会议的主要论点分别体现在以下两本书中：Fullan, M. & Hargreaves, A. (Eds.) *Teacher development and educational change.* London & Washington, D. C.: Falmer press, 1992；Grimmett, P. P. & Neufeld, J. (Eds.) *Teacher development and the struggle for authenticity: professional growth and restructuring in the context of change.* New York & London: Teachers college press, 1994。

究，是专业发展促进方式研究的基础和重要依据。

相对来说，现有的研究中，对教师专业发展实际变化过程的研究较为成熟，而且成果也较多。依照研究角度和框架的不同，教师专业发展阶段的研究大致可归为职业/生命周期研究框架、认知发展研究框架、教师社会化框架和"关注"研究框架等四种。所谓职业/生命周期研究侧重对教师职业生涯和人生阶段特征的描述研究，这类研究是一般职业周期和人类一般生命周期研究在教学专业和教师方面的专门化，它是以人的生理的自然成熟和职业的自然适应为基本框架的。认知发展框架研究主要分析教师的认知发展水平对专业行为和活动产生的影响，它侧重教师专业发展的认知方面的研究。社会化框架的研究实际上是对教师专业社会化阶段特征的研究。"关注"框架研究主要侧重探究教师在由非专业人员成长为专业人员过程中，不同时期所遇到的不同问题或所关注的不同焦点，这类研究是以教师的专业发展为主线的。

从研究的内容来看，现有的研究几乎涉及到教师各个方面的发展变化过程，如专业认知、行为、态度、道德和伦理等；从研究所采用的方法来看，现有研究也颇为丰富，有对教师特定方面发展变化过程的描述性研究，有考察某些特定因素改变对教师专业发展影响作用的实验研究（如教师任职学校的改变对教师专业发展的影响、教师个性和任教科目的改变对教师行为和效能的影响等），也有探讨教师专业发展特点与教学成效之间关系的相关研究，还有不同条件下的教师专业发展的比较研究（如不同年级、性别、民族和文化背景的教师在专业发展方面的差异、退出教坛与继续留任教师之间的专业发展模型的对比研究、普通成人发展过程与教师专业发展过程之间的对比研究等）。

相对来说，有意识促进和影响教师专业发展的研究还比较薄弱，这可能是由于这方面研究需要长时间的实验研究的缘故，但它更具有应用价值。这方面有价值的研究课题包括：职前和在职教师培养的内容、教学方法和时机的研究；督导对教师专业发展的影响研究以及各种鼓励和奖赏对教师专业发展的影响研究等。

（二） 现有研究的局限

以上课题的研究使我们对教师专业发展过程的方方面面有了不同程度的了解，也为促进教师专业发展提供了一定依据。不过，就总体来看，目前的诸类教师专业发展研究仍有以下这些局限。

缺少沿着时间维度，对教师专业发展诸方面作综合分析的研究。现有研究要么从某一个角度对教师专业发展过程进行"描述式"研究（尤其是个人整个职业生涯的过程的研究体现得最为明显），缺少对专业发展自身构成因素内在轨迹和外在影响因素作用的分析；要么着重对单一内在或外在因素对教师专业发展作用的分析，而缺少在教师总体发展的时间坐标下各因素作用的考察。

缺少理论框架观照下的考察。即缺少将内在结构因素分析及其与外在因素相互作用在时间维度上纵向展开为理论指导框架和研究结果表述方式的研究①。

更为重要的是，已有的这些研究均对教师自身在专业发展中的作用有所忽视。在对教师专业发展过程的研究中，没有把教师对自己专业发展的需要和意识作为一个独立的影响因素予以考察；在促进教师专业发展研究中，也没有探讨教师自觉地对自我专业发展负责，对教师的后续专业发展会有多大作用，以及何时、何地、何种条件下，教师的自我专业发展更为有效。

本研究即试图在这方面作出自己的努力。

---

① 凯尔克特曼斯（Kelchtermans, G.）的研究在一定程度上对考察教师专业发展的概念框架作了尝试，但其范围也只限于教师专业自我和关键人物、事件和关键时期。参见 Kelchtermans, G. Teachers and their career story: a biographical perspective on professional development. In C. Day, J. Calderhead & P. Denicolo (Eds.), *Research on teacher thinking: understanding professional development*. London & Washington, D. C.: Falmer press, 1993. pp. 198–220.

四、本研究的基本思路与观点

本研究认为教师专业发展是教师在专业生活过程中其内在专业结构不断丰富和完善的过程。为了揭示教师专业发展动态过程的阶段性特征，在总体结构上，将首先对教师内在结构因素（或称构成因素）及其之间存在的交互作用进行分析，明确教师专业发展的基本内容。随后将考查教师专业发展的动态展开过程的阶段性，重点在展现教师在每一阶段所面临的发展的主题、所遇到的特定问题以及这些问题的解决对后续阶段发展以至最终发展水平的影响。与已有的关注框架、职业/生命周期框架和社会化框架的研究不同，本研究将试图采用教师主动探寻现实专业生活中的专业发展意义和"教育"意义的"自我更新（self-renewal）"的研究框架。将尝试在教师专业发展实际阶段的基础上，对何以如此发展，即教师专业发展机制做进一步分析。最后，尝试就"自我更新"取向教师专业发展在实践中的运用，提出几点建议，并强调"自我更新"教师专业发展对提高我国目前教师素质的重要意义。

本篇在分析过程中，将贯穿以下基本思想。

一是对教师本人在专业发展中能动作用的关注。强调教师本人在将外在影响因素转化为自身专业发展过程中所起的不可替代的作用，以及注重自我专业发展意识的独特作用。

二是对教师自身的需要的充分关注。在过去的师范教育中对教师自身的需要有所忽视，这不仅可能导致教师教育的效果不佳，而且可能导致教师放弃教师职业，也就根本谈不上专业发展问题。当然满足其需要并不能保证其专业发展一定达到较高发展程度，不过弄清教师在特定阶段到底需要哪些帮助却是一个基本前提。

三是对教师日常生活、专业生活与专业发展关系的关注。强调教师生活与专业发展的融合、统一，它们不是割裂甚至对立的两个过程。不应把教师专业发展看做是独立于教师自身生活之外的另一种过程，否则就有将二者并列甚至对立的可能。

四是从教育学而非仅是社会学、生物学或心理学的角度来看待教师专业发展。是把教师作为一个富有生命力的人来看待，强调教师发现自己周围场景"教育意义"的敏感性，强调教师协调诸种可能和现实因素以利于自我专业发展的意识和能力。由此而实现的教师专业发展，会给教师带来自我生命活力的体验和专业满足感，进而增强对教师专业更为内在和执著的热爱之情，并进一步推动自觉的专业发展。

第八章
教师专业发展内在结构的再研究

本章将从横向角度探讨我们对教师专业发展及其内在构成的基本理解，明确教师专业发展将意味着教师在哪些方面的变化。

一、教师专业发展的认定

所谓"认定"，是指作者本人对此问题的认识。认定的内容包括两个方面：一是对教师专业发展概念的认定；二是对教师专业发展衡量标准的认定，即当我们说某教师在教师专业发展方面有进步时意味着教师在哪些方面发生了变化。

（一）"教师专业发展" 界定例举

从国外现有的有关研究来看，研究者对"教师专业发展"的理解是多种多样的。但归纳起来，主要有三类：第一类是指教师的专业成长过程；第二类是指促进教师专业成长的过程（教师教育）；第三类认为以上两种涵义兼而有之。

属于第一类理解的具体表述有以下几种。

1. 霍伊尔（Hoyle, E.）认为"教师专业发展是指在教学职业生涯的每一阶段，教师掌握良好专业实践所必备的知识与技能的过程"①。

2. 佩里（Perry，P.）认为，"专业"一词就有多种含义，不同的人在使用它时可能代表了不同的价值取向。"就其中性意义上来说，教师专业发展意味着教师个人在专业生活中的成长，包括信心的增强、技能的提高、对所任教学科知识的不断更新拓宽和深化以及对自己在课堂上为何这样做的原因意识的强化。就其最积极意义上来说，教师专业发展包含着更多的内容，它意味着教师已经成长为一个超出技能的范围而有艺术化的表现；成为一个把工作提升为专业的人；把专业知能转化为权威的人"②。

3. 富兰和哈格里夫斯（Fullan，M. & Hargreaves，A.）指出，他们在使用教师专业发展这一词汇时，既指通过在职教师教育或教师培训而获得的特定方面的发展，也指教师在目标意识、教学技能和与同事合作能力等方面的全面的进步③。

4. 利伯曼（Lieberman，A.）从与过去的"在职教育"、"教师培训"对比的角度对教师专业发展作了以下说明④：

教师专业发展的概念对过去的在职教育或教师培训（in-service education or staff development）重新作了界定，因为它关注教师对实践的持续探究本身，把教师看做是一个成年学习者。教师专业发展的概念还把教师看做是一个"反思实践者"，一个具有缄默性知识基础的人，能够对自己的价值和与他人的协调实践关系不断进行反

---

① Hoyle，E. Professionalization and deprofessionalization in education. In Eric Hoyle & Jacquetta Megarry（Eds.），*World yearbook of education* 1980：*Professional development of teachers*. London：Kogan Page，1980. p. 42.

② Perry，P. Professional development：the inspectorate in England and Wales. In Eric Hoyle & Jacquetta Megarry（Eds.），*World yearbook of education* 1980：*Professional development of teachers*. London：Kogan Page，1980. p. 143.

③ Fullan，M. & Hargreaves，A. Teacher development and educational change. In Michael Fullan & Andy Hargreaves（Eds.），*Teacher development and educational change*. London & Washington，D. C.：Falmer press，1992. pp. 8-9.

④ Lieberman，A. Teacher development：commitment and challenge. In Peter P. Grimmett & Jonathan Neufeld（Eds.），*Teacher development and the struggle for authenticity*：*Professional growth and restructuring in the context of change*. New York & London：Teachers college press，1994. pp. 15-16.

思和再评价的人。过去的教师培训或在职教育只意味着针对个别教师的工作室（workshop），并抱有这样的假设，即教师有了关于课题内容和如何呈现这些内容的知识就足以将其运用于课堂教学。但教师专业发展却代表了一种更为宽阔的思想。它不仅是教师与学生一起改进其实践的途径，而且它还意味着在学校中建立起一种相互合作的文化，在这一文化中教师之间相互学习的行为受到鼓励和支持。

5. 格拉特霍恩（Glatthorn，A.）认为，教师发展（teacher development）即"教师由于经验增加和对其教学系统审视而获得的专业成长"[1]。

6. 台湾学者罗清水认为，"教师专业发展乃是教师为提升专业水准与专业表现而经自我抉择所进行的各项活动与学习的历程，以期促进专业成长改进教学效果，提高学习效能"[2]。

属于第二类理解的具体表述有以下几种。

1. 利特尔（Little，J. W.）明确指出，对教师专业发展的研究有两种截然不同的路径。路径的不同在一定程度上也反映了教师专业发展一词含义的两面性。其一是教师掌握教室复杂性的过程，这些研究主要关注特定的教学法或课程革新的实施，同时也探究教师是如何学会教学的，他们是如何获得知识和专业成熟，以及他们如何长期保持对工作的投入等。其二是侧重研究影响教师动机和学习机会的组织和职业条件[3]。

2. 有些学者虽然没有对教师专业发展做出具体界定，但从他们对词汇的使用、选择和翻译中可以明显看出对教师专业发展的理解。如

---

① Glatthorn, A. Teacher development. In Lorin W. Anderson (Ed.), *International encyclopedia of teaching and teacher education* (2nd ed.). Oxford: Elsevier Science Ltd., 1995. p. 41.

② 罗清水：《终生教育在国小教师专业发展的意义》，载《研习资讯》，1998（15卷4期）。

③ Little, J. W. Teacher development and educational policy. In Michael Fullan & Andy Hargreaves (Eds.), *Teacher development and educational change*. London & Washington, D. C.: Falmer press, 1992. p. 170.

斯帕克斯和赫什（Sparks，D. & Hirsh，S.）曾明确表示，他们在文章中把专业发展（professional development）、教师培训（staff development）、在职教育（inservice education）等作为完全可以相互替代的词汇交叉使用①。台湾学者罗清水也指出，专业发展（professional development）一般常与专业成长（professional growth）、教师发展（teacher development）和教师培训（staff development）等交互使用②。有的内地学者干脆把"teacher professional development"直接翻译为"教师专业培训"③。

属于第三类的表述威迪恩（Wideen，M.）指出，有以下五层含义④。

（1）协助教师改进教学技巧的训练。

（2）学校改革整体活动，以促进个人最大成长，营造良好的气氛，提高学习效果。

（3）是一种成人教育，增进教师对其工作和活动的了解，不只是停留在提高教学成果上。

（4）是利用最新的教学成效的研究，以改进学校教育的一种手段。

（5）专业发展本身就是一种目的，协助教师在受尊敬的、受支持的、积极的气氛中，促进个人的专业成长。

由以上西方学者的诸种理解中可以看出，"教师专业发展"这一概念指：

1. 有两种基本理解：一是教师的专业成长过程；一是促进教师的专业成长的过程（教师教育）。

2. 作为专业成长过程，教师专业发展是一个多侧面（如佩里所

---

① Sparks，D. & Hirsh，S. *A new vision for staff development*. Washington，D. C.：Association for supervision and curriculum development，1997.

② 罗清水：《终生教育在国小教师专业发展的意义》，载《研习资讯》，1998（15卷4期）。

③ 瞿葆奎主编，李涵生、马立平选编：《教育学文集·教师》，636页，北京，人民教育出版社，1991。

④ 同②。

提出的专业信心的增强、技能的提高、对所任教学科知识的不断更新拓宽和深化以及对自己在课堂上为何这样做的原因意识的强化等；利特尔提出的教师在知识、技能、课堂教学中的判断力的提高和对专业团体的贡献等）、多等级层次的发展过程（如佩里所谓中性意义上的专业发展和积极意义上艺术化表现的专业发展等；利思伍德所提出的发展"求生"技能、形成教学基本技能、拓展教学灵活性、掌握教学专业知能、促进同事专业成长和参与领导和决策等①）；作为教师教育过程，教师专业发展也具有多种层次（如威迪恩所提出的五层含义等）。

两种基本理解及其相应各个侧面、层次的次级理解的不同组合，形成对"教师专业发展""丰富多彩"的诠释。

（二） 教师专业发展的基本含义

在本篇中，我们把教师专业发展理解为教师的专业成长或教师内在专业结构不断更新、演进和丰富的过程。依教师专业结构，教师专业发展可有观念、知识、能力、专业态度和动机、自我专业发展需要意识等不同侧面；根据教师专业结构发展水平，教师专业发展可有不同等级。

如何认定教师专业发展所达到的层次或等级，目前尚无公认的判断标准，不同的研究者提出了各自不同的衡量准则。衡量教师专业发展的水平可从"内容"和"程度"两个角度来考虑。具有相同发展"内容"的教师，从同一内容的不同发展"程度"可区分出他们之间发展水平的高下。不过，有些研究者是把"内容"与"程度"的衡量准则合而为一，即把某种"内容"发展本身作为不同发展程度与等级的标志。本研究认为，对教师专业发展层次的衡量，应采纳"内容"与"程度"相结合的标准。

---

① Leithwood, K. A., The principal's in teacher development. In Michael Fullan & Andy Hargreaves (Eds.), *Teacher development and educational change*. London & Washington, D. C.: The Falmer Press, 1992. pp. 86–103.

利特尔认为，教师专业发展过程也可看做是教师的职业生涯的演进过程。从这一广泛的意义上讲，教师专业发展的机会可能会影响并反映教师个人生活的三个方面：教室中的生活、教研室（staffroom）中的生活和职业生涯的展开。教师作为课堂教师、同事和职业团体一员的构想，提供了一种判断教师专业发展性质和结果的标准。首先，教师专业发展可以用教师课堂工作中表现出的知识、技能和判断力的提高来衡量；其次，教师的专业发展亦可用其对专业团体所作的贡献来衡量；再次，教师专业发展还可用教学工作在个人生活中的意义来评判①。

（三）与几个相关概念的区分

在英语文献中，与教师专业发展（teacher professional development）相关的概念较多，这些概念对不同时期、不同学者有不尽相同的理解，再加上对教师专业发展理解的多样化，它们之间的关系变得愈加复杂，的确令人感到"剪不断，理还乱"。常见的相关概念主要有专业成长（professional growth）、职业成熟（career development）、教师培训（staff development）、在职教育（inservice education）等。有人对这些概念不加区分，将其作为可以相互替代的概念混用。混乱的原因主要有两方面：一是专业发展的两种含义并用，既指教师的专业成长，又指相应的促进教师专业成长的教师教育；二是由于教师教育，尤其是职后教师教育形式日渐多样化，以及由此而引发的名称和分类体系的多样化②。

如果我们把教师专业发展定位在专业成长过程，并对教师专业发展的途径作一整理，那么在一定程度上即可理清目前纷繁复杂的"教

① Little, J. W. Teacher development and educational policy. In Michael Fullan & Andy Hargreaves（Eds.），*Teacher development and educational change.* London & Washington, D. C.: Falmer press, 1992. pp. 186–187.

② 正是由于职后教师教育形式的多样化，所以有关名称的辨别也集中于此。相对而言，教师的初始教师教育阶段的形式较为稳定。这里的辨别虽然集中于职后教育部分，但并无将初始教育阶段排除在影响教师专业发展因素之外之意。

师专业发展"用法之间的关系。就教师专业发展（teacher professional development）与教师专业成长（teacher professional growth）来说，两者是同义的，只是前者强调发展过程，而后者主要是指发展的结果。按照格拉特霍恩的分析，获得教师专业发展的路径实际上是一个连续的谱系，许多与教师专业发展相关的概念指称的就是这个谱系中的某些途径。谱系的一端是顺其自然地度过职业周期而获得的专业成长，这种基于经验的成长依次要经历几个阶段，这一端可称为"职业成熟（career development）"。另一端是有组织地促进教师成长的在职教育计划，可称为"教师培训（staff development）"（参见图8-1）。其他有关概念则处于以这两个概念为端点所形成的谱系上。当然，每一端点本身又是复杂的。如，就教师培训（staff development）来说，按照培训是否在教师任职的学校进行又可区分出一个以"在职培训（in-service training）"和"在岗培训（onservice training）"为端点的一个连续谱系（参见图8-2）。

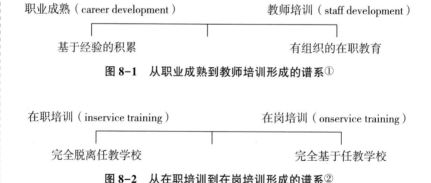

职业成熟（career development） 教师培训（staff development）

基于经验的积累 有组织的在职教育

图8-1 从职业成熟到教师培训形成的谱系①

在职培训（inservice training） 在岗培训（onservice training）

完全脱离任教学校 完全基于任教学校

图8-2 从在职培训到在岗培训形成的谱系②

---

① 参见 Glatthorn, A., Teacher development. In Lorin W. Anderson（Ed.）, *International encyclopedia of teaching and teacher education.*（2nd ed.）. Oxford：Elsevier Science Ltd., 1995, p.41.

② 源自 Gardner, R. Teacher education：onservice. In Lorin W. Anderson（Ed.）, *International encyclopedia of teaching and teacher education*（2nd ed.）. Oxford：Elsevier Science Ltd., 1995. p.629.

以上有关概念在英文文献中均曾被不同研究者称为"教师专业发展"。我们在本文中所指的是教师的专业成长过程，无论上述哪一种途径都会对教师专业发展形成程度不同的影响，我们更关心的是在诸种途径作用下，教师内在专业结构所产生的更新、演进和丰富的过程。

二、教师的专业结构简析

对教师专业发展过程进行考察，必须要明确从哪些方面进行考察，这便是教师的专业结构需要解决的问题。尽管从动态发展的角度来看，教师的专业结构作为教师成长的"横向剖面"在不同阶段有所不同，但要说明教师专业成长的过程，将其作为一个分析框架提出还是必要的。

以往对教师专业结构的研究主要来自两方面，一是对"专业特质"的研究，二是对"教师素质"的研究。20 世纪 70 年代中期以前，一些社会学家曾致力于建立一套具有普遍性的"专业特质"，以便把专业与其他职业区分开来。这类研究是从一般性的、专业的角度来考虑的，它主要适用于作为专业人员群体所应具有的特质，对专业人员个体专业结构的分析有一定的借鉴意义。如，曾荣光在这类研究中即把专业所必须具备的核心特质（core traits）归纳为"专业知识"和"服务理想"两方面[①]。对"教师素质"结构的分析、研究已有很多，如马超山、张桂春从动力系统（思想品德）、知识系统和能力系统等三个方面来构建教师的素质结构模型[②]。这些研究虽然面向教师个体，但又主要是从对教师的素质要求或优秀教师所具备素质角度来展开的，从教师作为一名专业人员的角度对教师的内在专业结构进行分析的研究却不多见。在所见到的关于教师的专业结构构成的分析中，有代表性的有以下四种（参见表 8-1）。

---

① 曾荣光：《教学专业与教师专业化：一个社会学的阐释》，载《（香港中文大学）教育学报》，1984（12 卷 1 期）。

② 马超山、张桂春：《教师素质结构模型初探》，载《辽宁师范大学学报》，1989（4）。

表8-1　几种教师专业结构的不同分析

研究者	教师专业结构
叶澜①	1. 专业理念；2. 知识结构；3. 能力结构
艾伦②	1. 学科知识；2. 行为技能；3. 人格技能
林瑞钦③	1. 所教学科的知识（能教）；2. 教育专业知能（会教）；3. 教育专业精神（愿教）
曾荣光④	1. 专业知识；2. 服务理想

　　从以上几种分析中可以看出，与以前对教师素质结构分析不同，它们都力图体现教师作为专业人员所具备的内在结构。尽管具体每一结构不尽相同，但就共同点来说都包括了专业知能和专业服务精神两方面。不过，仅仅有专业知识、专业能力和专业服务态度，仍不足以体现教师作为专业人员的特征，具备这两方面的教师仍可能只是一个"专业级"的"教书匠"。叶澜教授从当代教师专业素养的基本要求的角度，在对教师专业结构设想中提出的"教师在对教育工作本质理解基础上形成的关于教育的观念和理性信念"——专业理念，为教师专业行为提供了理性支点，使得作为专业人员的教师与非专业人员区别开来。然而，以上这些专业结构似乎只能保证教师成为一名"静态"的专业人员，他只是在外在强制的革新压力下，才可能有进一步的专业发展。然而教学是一项极为复杂的工作，要成为一名真正的教学专业人员，需要经过长期的专业学习过程，所以教师自身的专业发展意识在成长过程中显得十分重要。只有具备自我专业发展意识的教

---

　　① 叶澜：《新世纪教师专业素养初探》，载《教育研究与实验》，1998（1）。

　　② 艾伦：《教师在职培训：一项温和的建议》，沈剑平译，吴庆麟校，见瞿葆奎主编，李涵生、马立平选编：《教育学文集·教师》，494～512页，北京，人民教育出版社，1991。

　　③ 参见林瑞钦著：《师范生任教职志之理论与实证研究》，高雄，复文图书出版社，1990。

　　④ 曾荣光：《教学专业与教师专业化：一个社会学的阐释》，载《（香港中文大学）教育学报》，1984（12卷1期）。

师，才会产生内在的专业发展动力，进而获取专业发展。而且，目前高速发展的社会中变革已成为常态，能否自觉地有意识地随时抓住发展机遇，也已成为现时代专业教师的一个基本要求。因而，教师作为一名专业人员，其专业结构除专业理念、专业知能和专业服务精神外，还应包括自我专业发展意识维度。

教学工作的复杂性决定了教师专业结构的复杂性，到底如何描述这一"黑箱"本身就构成一个研究课题。我们无意于深入探究教师专业结构，也不想囊括教师专业结构的全部，而只是认定分析教师专业发展阶段的主要维度。

依照上述分析，从教师专业发展的角度来说，我们认为，以下因素至关重要。

（一）　教育信念

我们认为，教师的教育信念是指教师自己选择、认可并确信的教育观念或教育理念。

教师一般总是有自己的信念体系，它可能是从自己教学实践经验中逐渐累积形成或由外界直接接受而来的教育观念，也可能是经过深思熟虑并富于理想色彩的教育理念，它们之间存在的只是所赖以建立的基础的差异，可以看做是教师信念的两个层次。由经验式、无意识的朦胧教育信念向以知识、系统理论为基础的教育信念不断演进，以至有意识地构建清晰的、理想的教育理念，并随着时代的发展随时予以更新是教师逐渐走向专业成熟的一个重要维度。相对而言，就目前所见到的研究来说，西方学者较为强调以知识为基础的教育观念层次的教育信念，而国内学者多强调以理性、理想为基础的教育理念层次的教育信念。就西方而言，关于教师教育信念的研究是在由教师素质、教师行为研究向教师认知研究转变的过程中出现的。在最初开始这种研究转变的 70 年代，研究的重点主要确定在教师教学决策方面，人们把教学决策看做是连接教师思维与行动的纽带。然而不久研究者便发现，决策的概念太过狭窄，不能反映教师全部的内心世界。多数情况下，教师的认知活动中的思维并没有达到决策过程所要求的深思熟虑的程度。于是，研究范围拓展至教师知觉、归因、判断、反思和评价等方面。随后，教师认知研究重点则集中在教师实践背后的知识和信念上。正是由于教师信念是作为教师认知系统的一个部分来展开研究的，所以，教师信念往往与教师认知有关的概念交织在一起。另外，较早对教师信念展开研究并颇具影响的格罗斯曼、威尔逊和舒尔曼（Grossman，P. L.，Wilson，S. M. & Shulman，L. S.）等人，也特别强调教师信念与教师学科知识之间的密切关系①。由此可见，西方学者较强调教师信念的知识基础。国内学者在谈及教师教育信念时多用教育理念，并认为"教育理念是指教师在对教育工作本质理解基础上形成的关于教育的观念和理性信念"②。

从宏观的角度来说，教师的教育信念包括教育观、学生观和教育活动观，从微观的角度来说，主要有关于学习者和学习的信念、关于教学的信念、关于学科的信念、关于学会教学的信念和关于自我和教学作用的信念等。教师的教育信念不仅影响其教学、教育行为，而且对教师自己的学习和成长也有重大影响，尽管教师对此可能并不察觉。在教师试图学习、尝试接受新的教育观念时，这些实际存在的信念则可能成为过滤新观念的筛子，并对新观念学习和教师成长产生不利影响。

作为分析教师专业发展的一个维度，教师的教育信念反映的是教师对教育、学生以及学习等的基本看法，它形成之后，在一段时间内保持相对稳定。教育信念在教师专业结构中位于较高层次，它统摄着教师专业结构的其他方面。因而，教师教育信念系统的改变是一种较深层次的教师专业发展。

---

① Grossman，P. L.，Wilson，S. M. & Shulman，L. S. Teachers of substance：subject matter knowledge for teaching. In Reynolds，M. C.（Ed.），*Knowledge base for the beginning teacher.* Oxford：Pergamon Press，1989.

② 叶澜：《新世纪教师专业素养初探》，载《教育研究与实验》，1998（1）。

（二） 知　识

有多位学者曾就一门专业的特征提出过不同的观点，但大致可归为三方面：一是要有一套专业理论知识，二是承担独特的社会服务，三是拥有高度专业自主权。所以，作为一名专业人员获得专业理论知识是专业成长中的又一重要维度。格里芬（Griffin, G. A.）也在《初任教师知识基础》一书的最后一章，赫然以"结束语：知识推动的学校"为题，突出教师的知识在学校教师专业生活中的重要地位[①]。

教师知识是国外教师研究中开始较早的研究领域之一，但至今为止，专业教师到底应该从哪些方面去构建知识结构尚没有一致的认识。无疑，教学过程中教师要用到多种知识，然而对教师的知识结构却很少有人研究。这一方面与教师知识研究的历史因素有关，尽管长期以来教师知识就是许多教师和教学研究者感兴趣的研究课题，然而对这一问题较为系统的研究却是近 20 多年来的事，尤其是 80 年代初期以来，有关教师知识的研究才迅速增加[②]；另一方面也显示出教师知识结构这一问题本身的复杂性。在对教师知识的研究中，由于各研究者对教师知识性质理解和研究侧重点等的不同，出现了许多"类别"的知识，甚至教师知识有哪些类别、各类知识相互之间有哪些联系以及如何建立分类框架本身也已成了一个研究的领域[③]。

早期的教师知识研究，尤其是 20 世纪 60、70 年代的研究，多是在"过程—结果"研究范式下展开的，这类研究只注重寻求与学生成绩或成绩提高之间有统计意义相关的教师知识，而不关心教师知识的结构或维度。舒尔曼在其专论中提醒人们：既往的研究忽视了教师知

---

① Griffin, G. A. Coda: the Knowledge–driven school. In Reynolds, M. C., (Ed.), *Knowledge base for the beginning teacher.* Oxford: Pergamon Press, 1989.

② 参见 Grossman, P. L. Teachers' knowledge. In T. Husén & T. N. Postlethwaite (Eds.), *The international encyclopedia of education* (2*nd ed.*). New York: Pergamon, 1994. pp. 6117–6122.

③ 参见 Calderhead, J. Teachers: belief and knowledge. In David C. & Robert C. Calfee (Eds.), *Handbook of educational psychology.* New York: Macmillan, 1996. p. 716.

识，教师学科知识成了"遗漏的范式（missing paradigm）"①。他提出了一个包括学科知识、学科教学法知识和课程知识在内的分析教师知识的框架。后来，他和同事又将这一框架拓展，把一般教学法知识、学习者的知识、情境的知识（教育目的）和其他课程的知识等也包括在内。舒尔曼的概念框架及其与同事所共同进行的一系列研究在教师知识研究领域具有很大影响力。他们在斯坦福大学关于教师知识成长研究的重点是学科知识在新任教师的教学计划和教学过程中的作用。他们发现，教师的学科知识既影响教师教学的内容、教学过程，也影响教师对教学法的选择。显然，在舒尔曼为首提出的教师知识的结构中，特别强调学科知识这一维度。

有的研究者试图在专家教师与新手教师的比较研究中，发现专家教师所具有的知识特征和结构。在这方面伯利纳（Berliner，D. C.）、莱因哈特和格里诺（Leinhardt，G. & Greeno，J. G.）、莱因哈特和史密斯（Leinhardt，G. & Smith，D.）等人的研究较有代表性②。伯利纳提出专家教师的知识结构可归为关于所任学科内容的学科知识、将学科知识转化为恰当的教学活动所需的学科教学法知识和关于教室管理和组织的一般教学法知识等三方面。

还有的研究者基于某种特定的认识，研究了教师知识的某一特殊维度。如考尔德黑德和米勒（Calderhead，J. & Miller）认为对专业教师来说，至关重要的是那些在教学过程中实际起作用的知识形态。而这种知识的形成需要有一个由一般的学科知识向适宜于教学的学科知识的转化过程，教师会把先前已有的学科知识与现有的课堂现实的知

---

① Shulman，L. S. Paradigms and research programs in the study of teaching: a contemporary perspective. In M. C. Wittrock（Ed.），*Handbook of research on teaching*（3rd ed.）. NewYork: Macmillan，1986. pp. 3–36.

② Berliner，D. C. Expert knowledge in the pedagogical domain. Paper presented at the meeting of the American educational psychological association，New Orleans，LA.，August 12，1989；Leinhardt，G. & Greeno，J. G. The cognitive skill of teaching. *Journal of educational psychology*，1986，vol. 78，no. 2，pp. 75–95；Leinhardt，G. & Smith，D. Expertise in mathematics instruction: subject matter knowledge. *Journal of educational psychology*，1985，vol. 77，pp. 274–271.

识结合在一起，形成一种"与行动相关的知识"①。有的研究者，如埃尔巴兹（Elbaz，F.）、康奈利和克兰迪宁（Connelly，F. M. & Clandinin，D. J.）、布洛（Bullough，R. V.）和古德森（Goodson，I.）等从对教师知识情境性、实践性和个人化性质的理解出发，探讨了教师知识的一个新维度——教师个人实践知识②。在这一领域，尽管他们对教师"个人实践知识"的理解并不完全相同，但这些研究中对教师知识的理解与前面的研究却有着明显的区别。这至少表现在后两个方面。一是知识不仅仅是前人总结出来的、普遍适用的"原理"或"规律"，或书本上的知识，而且富有"个人特征"；它不仅是教师从别人那里直接接受的过程，而且对个人而言是一个发展、积累的过程，在很大程度上它反映着教师过去的经验、现在的行为以及将来可能的表现。二是知识不只是属于认知冷冰冰的、纯客观东西，而且就每一位教师实际所拥有的知识来说，都富有价值、情感、审美等特征。正是"个人实践知识"的这些特征，进一步丰富、深化了人们对教师知识的理解，是对传统意义上教师知识结构的重要补充。教师不仅要吸收他人归纳出来的已经获得确证的知识，而且要拥有"实践的智慧"③。

目前较有代表性、影响较大的教师知识分类和结构的表述方式归

---

① 参见 Yinger，R. & Hendricks-Lee，M. Working knowledge in teaching. In C. Day，J. Calderhead & P. Denicolo（Eds.），*Research on teacher thinking*：*Understanding professional development*. London & Washington，D. C.：Falmer press，1993. pp. 100-123.

② Elbaz，F. The teacher's "practical knowledge"：a case study. Unpublished doctoral dissertation，University of Toronto，1980；Elbaz，F. The teacher's "practical knowledge"：Report of a case study. *Curriculum inquiry*. 1981，vol. 11，pp. 43-71；Elbaz，F. *Teacher thinking*：*a study of practical knowledge*. New York：Nichols Publishing，1983；Clandinin，D. J. *Classroom practice*：*teacher's images in action*. London：Falmer press，1986；Connelly，F. M. & Clandinin，D. J. Stories of experience and narrative enquiry. *Educational researcher*，1990，vol. 19，no. 5，pp. 2-14；Bullough，R. V.，Jr.，Knowles，J. G.，& Crow，N. A. *Emerging as a teacher*. London：Routledge，1991；Goodson，I.（Ed.）*Studying teachers' lives*. London：Routledge，1992.

③ Schwab，J. J. The practical：arts of the eclectic. *School review*，1971，vol. 79，no. 4，pp. 493-542；Shulman，L. S. Knowledge and teaching：Foundations of the new reform. *Harvard educational review*，1987，vol. 57，no. 1，pp. 1-22.

纳于表8-2。

表8-2　几种有代表性的教师知识分类

研究者	教师知识分类
舒尔曼①	1. 教材内容知识（subject matter knowledge）；2. 学科教学法知识（pedagogical content knowledge）；3. 课程知识（curricular knowledge）；4. 一般教学法知识（general pedagogical knowledge）；5. 有关学习者的知识（knowledge of learners）；6. 情境（教育目的）的知识（knowledge of context（educational aims））；7. 其他课程的知识（knowledge of other curricula）
伯利纳②	1. 学科内容知识（content knowledge）；2. 学科教学法知识（pedagogical content knowledge）；3. 一般教学法知识（general pedagogical knowledge）
格罗斯曼③	1. 学科内容知识（knowledge of content）；2. 学习者和学习的知识（knowledge of learners and learning）；3. 一般教学法知识（knowledge of general pedagogy）；4. 课程知识（knowledge of curriculum）；5. 情境的知识（knowledge of context）；6. 自我的知识（knowledge of self）
博科和帕特南④	1. 一般教学法知识（general pedagogical knowledge）；2. 教材内容知识（subject matter knowledge）；3. 学科教学法知识（pedagogical content knowledge）
考尔德黑德⑤	1. 学科知识（subject knowledge）；2. 机智性知识（craft knowledge）；3. 个人实践知识（personal practical knowledge）；4. 个案知识（case knowledge）；5. 理论性知识（theoretical knowledge）；6. 隐喻和映象（metaphors and images）

① Shulman, L. S. Those who understand：Knowledge growth in teaching. *Educational researcher*, 1986, vol. 15, no. 2, pp. 4-14.

② Berliner, D. C. *Expert knowledge in the pedagogical domain*. Paper presented at the meeting of the American educational psychological association, New Orleans, LA., August12, 1989.

③ Grossman, P. L. Teachers' knowledge. In T. Husén & T. N. Postlethwaite（Eds.），*The international encyclopedia of education*（2nd ed.）. New York：Pergamon, 1994. pp. 6117-6122.

④ Borko, H. & Putnam, R. T. Learning to teach, In David C. Berliner & Robert C. Calfee Eds., *Handbook of educational psychology*. New York：Macmillan, 1996. pp. 673-709.

⑤ Calderhead, J. Teachers：belief and knowledge. In David C. & Robert C. Calfee（Eds.），*Handbook of educational psychology*. New York：Macmillan, 1996. pp. 709-725.

从表 8-2 例举的几种教师知识分类中，我们可以看到教师知识类别的多样化和分类体系的多样化。由此，我们可以在一定程度上体会到教师知识结构和体系的复杂性。我们认为，作为一名专业教师，首先应具备相当水平的普通文化知识，这是教师维持正常教学和不断自我学习的基本前提。此外，教师不仅要有所任学科的专业知识，有教学法知识，而且要实现二者的融合并体现出个人特征；仅仅依靠某些脱离具体教学内容、学生和课堂情境的教学"技能"训练难以奏效，只有设法帮助教师在教学实践过程中不断完善自己的知识体系，才能更好地符合教师作为专业人员的要求。由表中的几种分类，可以把教师知识分为普通文化知识、专业学科知识、一般教学法知识、学科教学法知识和个人实践知识等几个方面，我们将主要从这些方面反映教师知识的发展过程。

（三） 能　力

与教师知识一样，教师能力也是教师专业结构中的一个重要组成部分。教师能力特别是专业能力对教师专业工作的重要性似乎没有什么异议，然而对哪些能力更为重要却是众说纷纭。不同学者所罗列的能力项目中，少的有两三项，多的达 13 项。表 8-3 所列即是几种不同观点的代表。

综合而言，我们认为，教师专业能力应包括一般能力（即智力）和教师专业特殊能力两方面。教师在智力上应达到一定水平，它是维持教师正常教学思维流畅性的基本保障。在教师专业特殊能力方面，又可分为两个层次：第一个层次是与教师教学实践直接相联系的特殊能力，如语言表达能力、组织能力、学科教学能力等；第二个层次是有利于深化教师对教学实践认识的教育科研能力。我们对教师专业能力发展过程的研究将主要围绕这几方面展开。

表 8-3　几种关于教师能力结构的代表性观点

研究者	教师的能力结构
邵瑞珍等①	1. 思维条理性、逻辑性；2. 口头表达能力；3. 组织教学能力
曾庆捷②	1. 信息的组织与转化能力；2. 信息的传递能力（语言表达能力、非语言表达能力）；3. 运用多种教学手段的能力；4. 接受信息的能力
陈顺理③	1. 对教学对象——学生的调节、控制和改造的能力（了解学生的能力、因材施教能力、启发引导能力、教会学生学习的能力、组织管理学生的能力）；2. 对教学影响的调节、控制和改造能力（对教学内容加工处理的能力、对教学方法手段的选择运用能力、对教学组织形式合理利用的能力、言语表达能力、检查教学效果的能力）；3. 教师自我调节控制能力（较强的自学能力、较强的自我修养能力、敏感地接受反馈信息的能力）
孟育群④	1. 认识能力（思维的逻辑性、思维的创造性）；2. 设计能力；3. 传播能力（语言表达能力、非语言表达能力、运用现代教育技术的能力）；4. 组织能力；5. 交往能力
罗树华、李洪珍⑤	1. 基础能力（智慧能力、表达能力、审美能力）；2. 职业能力（教育能力、班级管理能力、教学能力）；3. 自我完善能力；4. 自学能力（扩展能力、处理人际关系能力）

（四）专业态度和动机

它们是教师专业活动和行为的动力系统，直接关系到教师去留的重要因素。它涉及教师的职业理想、对教师专业的热爱程度（态度）、工作的积极性能否维持（专业动机）和某种程度的专业动机能否继续（职业满意度）等方面的问题。

---

① 邵瑞珍等：《教育心理学——学与教的原理》，265 页，上海，上海教育出版社，1983。

② 曾庆捷：《浅论教师的知识结构智力结构能力结构》，载《教育丛刊》，1987（3~4）。

③ 陈顺理：《教学能力初探》，载《课程·教材·教法》，1988（9）。

④ 孟育群：《现代教师的教育能力结构》，载《现代中小学教育》，1990（3）。

⑤ 参见罗树华、李洪珍著：《教师能力学》，济南，山东教育出版社，1997。

有研究表明，教师的专业动机和对专业的投入，是随着年龄和任职年限的增长而变化的①。入职动机非常坚定的人，并不一定意味着他将永远保持这种专业动机。据调查，教师，尤其是初任教师的专业动机很容易受到其实际的专业活动自主程度、学校对教师的专业支持和帮助、与学校领导或同事教育信念的兼容程度等因素的影响，在其中某些因素的作用下可能最终导致教师离开教师岗位。由于许多教师往往是入职之后才发现自己"错选"职业，所以马索和皮吉（Marso, R. N. & Pigge, F. L.）称教师培养是一项"高冒险"、高投入的事业②。国内学者陈云英、孙绍邦对北京、天津、大连及山东等 4 省市 204 名小学教师的测量研究表明，不同的入职动机，包括父亲或母亲是教师；受某教师影响；自己的理想；自然而然；别无选择等，在教师职业满意度总分上有显著差异（$p = 0.0263$）③。上面提到的教师职业理想、态度、动机和职业满意度等是一系列影响教师去留、保证教师积极专业行为密切关联的因素，但专业态度与动机是其中两个核心因素，其他因素一般都要通过这两个因素来影响教师的专业发展。所以，我们将主要把教师的专业态度和动机作为分析教师专业发展的维度。

（五）　自我专业发展需要和意识

如果说以上维度反映的只是如何使教师成为一名专业人员，那么，自我发展需要和意识这一维度则保证教师如何不断自觉地促进自

---

① 参见 Sikes, P. J. Imposed change and the experienced teacher. In Michael Fullan & Andy Hargreaves（Eds.），*Teacher development and educational change*. London & Washington, D. C.: Falmer press, 1992. p. 40.

② 马索和皮吉在一项关于留职与离职教师学术和个性特征的跟踪研究中，发现一个班级中大约只有 29% 的师范生最终成为专任教师（Marso, R. N. & Pigge, F. L. A longitudinal study of persisting and nonpersisting teachers' academic and personal characteristics. *Journal of experimental education*, 1997, vol. 65, no. 3, p. 243.）；马洛等人综合有关调查结果发现，教师入职后的最初两年内离职的比例竟高达 40%（Marlow, L., Inman, D., et al. Beginning teachers: Are they still leaving the profession? *Clearing house*, 1997, vol. 70, no. 4, p. 211.）。

③ 陈云英、孙绍邦：《教师工作满意度的测量研究》，载《心理科学》，1994（17 卷 3 期）。

我专业成长。它是教师自我专业发展的内在主观动力。

就人的一般发展来说，自我意识起着重要作用，"因为，它意味着人不仅能把握自己与外部世界的关系，而且具有把自身的发展当做自己认识的对象和自觉实践的对象，人能构建自己的内部世界。只有达到了这一水平，人才在完全意义上成为自己发展的主体"，"独立的自我意识和自我控制能力的形成，它把个体对自身发展的影响提高到自觉的水平。这是一种影响性质的变化，不纯粹是强弱、大小的变化"①。实际上，教师的自我专业发展意识在教师专业发展中的地位和作用也是如此。教师的自我专业发展需要和意识使得在教师发展过程中实施终身教育思想成为可能；自我发展意识还会弥补过去教师教育设计只从教师群体一般需要出发，而不考虑教师个人需要的不足；当教师在自我专业发展需要和意识下成为具有自我专业发展需要和意识的教师，才可能有意识地寻找学习机会，才可能明确自己到底需要什么、今后朝什么方向发展以及如何发展等，才可能成为一个"自我引导学习者（self-directed learner）"。

教师的自我专业发展意识，按照时间维度，其内容构成至少包括三方面：对自己过去专业发展过程的意识、对自己现在专业发展状态、水平所处阶段的意识以及对自己未来专业发展的规划意识。在将自我专业发展意识付诸行动时，它还能够将教师过去的发展过程、目前的发展状态和以后可能达到的发展水平结合起来，使得教师能够"理智地复现自己、筹划未来的自我、控制今日的行为"，使得"已有的发展水平影响今后的发展方向和程度"，使得"未来发展目标支配今日的行为"②。如果具有自我专业发展意识的教师又了解了教师专业发展的一般阶段理论，那么他就会对自己的专业发展保持一种自觉的状态，有意识将自己的专业发展现状与教师专业发展的一般路线相比照，追求理想的专业发展成为自觉行为，及时调整自己的专业发展行为方式和活动安排，以至最终真正达至理想的专业发展。自我专业发

---

① 叶澜：《教育概论》，217~218，219 页，北京，人民教育出版社，1991。着重号为原作者所加。

② 同①，218 页。

展意识是教师真正实现自主专业发展的基础和前提，它可增强教师对自己专业发展的责任感，使自己的专业发展保持"自我更新"取向。在教师保持自我专业发展意识的前提下，经过一定时间专业生活的积累，还可逐渐形成自我专业发展能力，为教师进一步专业发展奠定基础，并成为促进专业发展的新的因素。所以，正是教师的自我专业发展意识所扮演的对教师自身专业发展路线的调节、监控角色，才使得教师专业发展构成一个动态发展的循环，促使它朝着积极的方向不断发展。

以上主要从分析的角度列出了教师专业发展的主要维度，这里要特别强调的是，各维度不是孤立的，它们之间是相互联系并存在交互作用的，这些因素终究要统一于它们的承载者教师身上。而且作为专业人员的教师所具有的专业特质也不仅仅是教师内在专业结构诸方面的简单相加①，专业教师的专业结构应是处于不断的流变、革新之中的，因为教师专业总是面临新的挑战，其整个专业活动之中充满了创造性。以上所列教师内在专业结构诸方面只是为了分析的目的，对教师专业特质所"抓拍"的简单化、静态化、就一般而言的、基础性的、要素式的"快照"。这些因素如何在纵向上展开，教师如何在这些因素的相互联系和交互作用中获得专业发展将是下一章要探讨的问题。

---

① 参见叶澜：《新世纪教师专业素养初探》，载《教育研究与实验》，1998（1）；叶澜：《一个真实的假问题——"师范性"与"学术性"之争的辨析》，国际教师教育研讨会论文，华东师范大学，1998-04-26~30。

第九章
"自我更新"取向教师专业发展的提出以及基本特征

　　前面我们从横向的角度认定了教师的内在专业结构，也就是教师专业发展的维度，自本章开始的以后各章，我们将从纵向发展的角度，考察这些维度的展开。在本章，我们将对已有的研究教师内在专业结构因素纵向展开的框架进行考察，在此基础上提出分析教师专业发展阶段的新标准，随后再进一步探讨新标准下的教师专业发展的基本特征。

一、教师专业发展阶段划分新标准的探寻

　　对教师专业发展阶段研究至少有以下三方面的意义：一是为教师教育提供赖以确定教师需要和能力的基础；二是为帮助、支持教师指明了道路；三是有助于教师选择、确定近期或远期个人的专业发展目标。然而，教师专业发展阶段研究的历史却并不长。虽然在 20 世纪初已经有了这方面的研究，但考虑到时代背景和教育体制的变化等因素，对我们目前较有意义的是 60 年代以后的研究。50 年代中后期，富勒（Fuller, F.）曾意外地发现在教师教育的职前阶段，教师的关注内容表现出明显的阶段性。此后，教师专业发展的阶段理论便逐渐发展成为一个新的研究领域。从研究者所使用的专业发展阶段划分标

准和研究框架来看，目前已有的研究大致可归为五类：职业/生命周期研究框架、心理发展研究框架、教师社会化框架、"关注"研究框架和综合研究框架。我们将在对这些划分标准与研究框架分析、批判的基础上，探索新的划分标准与研究框架。

（一）职业/生命周期标准及其框架[①]

职业/生命周期框架研究是以人的生命自然的老化过程与周期来看待教师的职业发展过程与周期。尽管这类研究并非是绝对简单地把生命的自然成长周期直接用于解释教师的职业发展，但其分段的划分以生命变化周期为标准，故最终结果是在人的生命周期的框架下对教师职业成长过程进行描述的。

60 年代时，对教师职业生涯的研究还寥寥无几，而到了 70 年代以后，这类研究在美国[②]、英国[③]、荷兰[④]、澳大利亚[⑤]、法国[⑥]和加

① Peterson，W. Age，teacher's role and the institutional setting. In B. Biddle and W. Elena (Eds.)，*Contemporary research on teacher effectiveness*. New York：Holt，Rinehart，1964.

② Newman，K. Middle-aged，experienced teachers' perceptions of their career development. Paper presented at the American educational research association，San Francisco，1979；Cooper，M. The study of professionalism in teaching. Paper presented at American Educational Research Association，New York，1982；Adams，R. Teacher development：a look at changes in teachers' perceptions across time. *Journal of teacher education*，1982，vol. 23，no. 4，pp. 40-43；Burden P. R. Teachers' perceptions of their personal and professional development. Paper presented at the annual meeting of the Midwestern educational research association. Des Moines，1981.

③ MacDonald，B. & Walker，R. Safari. Colchester，UK：Center for Applied Research in East Anglia，1974；Ball，S & Goodson，I. (Eds.) *Teachers' lives and careers*. Lewes：Falmer Press，1985；Sikes，P.，et al. *Teacher Careers：Crisis and Continuities*. Lewes，UK：Falmer Press，1985.

④ Prick，L. *Career Development and Satisfaction among Secondary School Teachers*. Amsterdam：Vrije Universiteit，1986.

⑤ Ingvarson，L. & Greenway，P. *Portrayals of teacher development. Australian journal of education*，1984，vol. 28，no. 1，pp. 45-65.

⑥ Hamon，T. & Rotman，P. *Tant Qu'il y aura des Profs. Paris*：Editions de Seul，1984.

拿大①等地骤然增多。此前，对教师问题的研究多集中在初始训练和入职方面②。

纽曼、伯登和阿普尔盖特（Newman，K.，Burden，P. & Applegate，J.）是较早将生命周期与教师职业生涯结合起来，探讨教师专业发展阶段的学者③。他们通过访谈，将教师职业生涯分为三个阶段。第一个阶段从 20~40 岁，在这一阶段教师要确定自己在专业中的位置，在这期间教师从事教学的志向也可能会发生很大变化。第二个阶段从 40~55 岁，这时教师从教志向强烈，士气高涨。第三阶段指 55 岁以后，教师意识到即将离开教学岗位和自己的学生，工作劲头和热情开始下降。沿着这样一种静态描述的思路展开的研究还有许多，如克鲁普（Krupp，J.）运用访谈的方法，将教师的职业生涯按照年龄分为七个阶段等④。

在这类研究中，较具特色的是费斯勒（Fessler，R.）的研究⑤。他把教师的职业周期放在个人环境和组织环境之中来考察，教师实际经历的职业周期是教师作为发展中的人与这两个环境影响因素相互作用的结果，他提出的教师职业周期模式是一种动态、灵活，而不是静态、线性的发展模式（参见图 9-1）。

以此为基础，费斯勒把教师职业周期分为八个阶段。第一个阶段是职前阶段（pre-service），这一阶段是教师特定角色的准备期。一般来说，是在师范学院或大学的初始培养阶段，也包括教师担任新角色

---

① Butt，R.，et al. *Individual and collective interpretations of teachers' biographies.* Lethbridge，Canada：University of Lethbridge，1985.

② 参见 Huberman，M. Burnout in teaching careers. *European education*，1993，vol. 25，no3，p. 47.

③ Newman，K.，Burden，P. & Applegate，J. Helping teachers examine their long-range development. *The teacher educator*，vol. 15，no. 4，pp. 7-14.

④ Krupp，Judy-Arin. *Adult development：implications for staff development.* Manchester，CT：Auther，1981.

⑤ Fessler，Ralph，A model for teacher professional growth and development. In Peter J. Burke，& Robert G. Heideman（Eds.），*Career-long teacher education.* Springfield，ILL：Charles C. Thomas，1985.

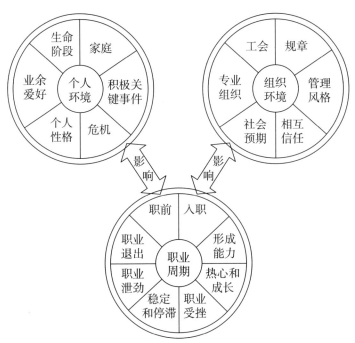

图9-1　费斯勒（Fessler，R.）提出的教师职业周期动态模式①

或工作时的再培训。第二个阶段是入职阶段（induction），是教师工作的最初几年，在这期间，教师要实现教育系统的社会化，并学会做教学日常工作。作为新教师，他们努力得到学生、同事的认可，在处理日常问题方面能够达到令人满意的程度。第三个阶段是形成能力阶段（competency building），在这一阶段教师努力提高教学技能和能力，他们积极寻找新资料、新方法和策略。这一阶段的教师渴望形成自己的技能，易于接受新观念，经常参加各种交流会和教师培训计划。第四个阶段是热心和成长阶段（enthusiastic and growing），处于热心和成长阶段的教师，即使已经达到了较高的能力水平，作为一个专业人

① Fessler, Ralph, A model for teacher professional growth and development. In Peter J. Burke, & Robert G. Heideman（Eds.）, *Career-long teacher education.* Springfield, ILL: Charles C. Thomas, 1985, p. 183.

第三编 教师发展论

员依然不断寻求进步。这一阶段的教师热爱自己的工作，每天急于到校，他们不断创新，改进、丰富自己的教学。热心和高职业满意度是这一阶段的核心内容。第五个阶段是职业受挫阶段（career frustration），这一阶段的特征是教学遭受挫折，教师的职业满意度下降。教师的挫折多数发生在职业生涯的中期。第六个阶段是稳定和停滞阶段（stable and stagnant），这一阶段的教师除了分内的工作之外，不再想多做其他任何事情，他们的工作虽然可以接受，但不再追求优秀和成长，只是满足于做到对教师的基本要求。第七个阶段是职业泄劲阶段（career wind down），这一阶段展现了教师离开教学岗位前的状态。对某些教师来说，这可能是一个较为愉悦的时期，因为他们曾有过辉煌的教学成绩并在心中留下美好回忆；对另一部分教师来说，这也可能是一个较为苦涩的时期，因为他们是被迫离职或迫不及待地想离开教学岗位。最后一个阶段是职业退出阶段（career exit），这是教师退出教学岗位之后的时期。这可能是因为年事已高，正式退休，可能是自愿退职，也可能是因为生小孩暂时离职，还可能是为了寻找自己更为满意的职业。

乍看起来，这一模式所展现的仍是一种从职前培养到职业退出的线性过程。就此，费斯勒以四个场景为例作了特别说明，并再次强调这一过程的动态性质①。他说以上排列的诸阶段并非一定是某个教师职业周期的真实写照，而是在个人和组织环境的作用下教师不断进入或退出诸阶段的动态流变过程。

场景 I

假设有一位处于"热心和成长"阶段的教师，非常热爱自己的工作，她不断寻求新的方法，力图营造活跃的课堂学习气氛。然而，就在她热心工作的巅峰时期，学校通知她不能再继续教学（组织影响——由于削减支出的原因）。在经历"职业受挫"阶

---

① Fessler, Ralph, A model for teacher professional growth and development. In Peter J. Burke, & Robert G. Heideman (Eds.), *Career-long teacher education*. Springfield, ILL: Charles C. Thomas, 1985, pp. 188–189.

段后，这位曾一度热心的教师将会直接进入"职业泄劲"和"职业退出"阶段。

场景 II

假设有一位处于"热心和成长"阶段的教师，发现自己的孩子吸毒（个人环境——家庭危机）。这一精神打击使他的所有精力丧失殆尽。他可能会停留于"稳定和停滞"阶段，以便把更多的精力放在解决家庭问题上。

场景 III

假设第三位是属于第六阶段混天度日的教师，他人虽聪明但把教学只看做是一种工作，而不是追求卓越的承诺。一位非常敏感而又善于助人的督学（组织环境）发现了这一情况，并重新唤起了这位教师的教学热情。于是，他又回到了"热心和成长"阶段。

场景 IV

假如第四位教师是一位将要离职的"泄劲阶段"的教师。这时一件意外的事发生了，她的丈夫突然去世（个人环境危机）。面对个人生活的骤然变化，她可能会对"职业泄劲"的决策重新进行估价，在不同性质的个人和组织环境的作用下，这位教师可能树立教学志向而进入"热心和成长"阶段，也可能退回到"稳定和停滞"阶段。

就所提出的教师职业周期的动态性、灵活性而言，费斯勒的模式的确有其独特之处，但至少有三点，使得这一模式逊色不少。一是尽管费斯勒强调其的模式的动态性、灵活性，但在表现形式上却以循环的形式来表达，似乎教师的专业发展路线只是循环和重复，而没有其他教师专业发展路径的可能。二是与其他多数教师阶段发展理论类似，对于影响教师专业发展的因素和关键事件的分析，多限于偶然、突发因素，而对那些相对稳定、具有持久作用的事件和因素却几乎没有涉及。三是在教师职业周期轨迹的勾勒上，多关注并着力刻画关系教师去留的职业生涯的"转折点"，而对在职业稳定阶段教师专业结构的改进过程所经历的"阶段"缺少描述。

在这类研究中，另外一项颇具影响的是休伯曼（Huberman，M.）等人对瑞士教师的调查研究①。休伯曼等人早在 20 世纪 70 年代就开始了人生阶段研究②，但直到 20 世纪 70 年代末，他们才开始转向对教师职业生涯的研究③。从研究方法的角度说，休伯曼等人的研究不再拘泥于心理学的方法，而是把心理学和社会心理学的方法相结合。该研究另一个突出的特点是探索了教师职业周期中每一个时期的发展主题，并依照每一位教师对各阶段主题解决程度的不同，又区分出不同的发展路线，与此前的教师职业周期路线相比，更真实地反映了教师的实际发展路线。图 9-2 大致描绘出了他们对教师职业周期中每一时期的发展主题和职业发展路线的设想。

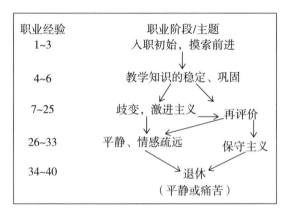

图 9-2　休伯曼（Huberman，M.）等人提出的教师职业周期主题模式④

① Huberman，M.，Grounauer，M. & Marti，J.，translated by Neufeld，J. *The lives of teachers*. London：Cassell villiers house；New York：Teachers college press，1993.

② Huberman，M. *Adult development and learning from a life-cycle perspective*. Paris：Royaumont，1971；Huberman，M. *Cycle de vie et formation*. Vevey：Editions Delta，1974.

③ Huberman，M. & Schapira，A. Cycle de vie et enseignement：Changements dans les relations enseignants－élèves au cours de la carrière. *Gymnasium helveticum*，1979，vol. 34，no. 1，pp. 113－129.

④ Huberman，M.，Grounauer，Marie－Madeleine & Marti，Jurg，translated by Jonathan Neufeld，*The lives of teachers*. London：Cassell villiers house；New York：Teachers college press，1993，pp. 13－16.

休伯曼等人把教师职业周期分为七个时期。第一个时期是入职期（career entry），时间在第 1~3 年，可将这一时期概括为"求生和发现期"。"求生"主题与"现实的冲击（reality shock）"相联系，课堂环境的复杂性和不稳定性、连续的失误等等使得自我能否胜任教学感到怀疑；同时，教师由于有了属于自己的班级、学生和教学方案，又成为专业协会中的一员，所以又表现出积极、热情的一面。第二个时期是稳定期（stabilization phase），时间大约在工作后的第 4~6 年。这一时期教师决定投身于教学工作；教师初步掌握了教学法，由关注自己转向关注教学活动，不断改进教学基本技能，形成了自己的教学风格；表现出自信、愉悦和幽默。第三时期是实验和歧变期（experimentation and diversification），大约在工作后第 7~25 年。自此时期开始教师的发展路线表现出差异性。其原因在于随着教育知识的积累和巩固，教师试图增加对课堂的影响，在教学材料、评价方法等方面开展了不同的个性化的实验；教师改革的愿望强化了对阻碍改革因素的认识，激发了进一步改革的尝试，教师的职业动机强烈，职业志向水平高；对课堂的职责有了初步了解后，教师开始寻找新的思想和挑战。第四时期为重新估价期（reassessment）。在许多情况下，教师不经过实验和歧变阶段，而是代之以自我怀疑和重新估价，严重者可表现为职业生涯道路中的一场"危机"。年复一年单调、乏味的课堂生活；或者连续不断的改革后令人失望的结果都会引发危机。第五时期为平静和关系疏远期（serenity and relational distance）。时间在第 26~33 年左右。这一阶段在教师职业生涯中表现并不明显，主要是 40、50 岁的教师的一种"心理状态"。许多教师在经历了怀疑和危机之后开始平静下来，能够较为轻松地完成课堂教学，也更有自信心。随着职业预期目标的逐渐实现，志向水平开始下降，对专业投入也减少。该阶段的另一个主题是与学生的关系更加疏远，教师对学生行为和作业更加严格。第六时期可称为保守和抱怨期（conservatism and complaints）。这一时期的教师大约 50~60 岁。处于该阶段的教师在经历了平静期后变得较为保守，这可能是第四阶段自我怀疑的进一步发展，也可能是改革失败的结果。多数教师会抱怨学生变得纪律性更差、缺少动机，抱怨公众对教育的消极态度，抱怨年轻教师不够认

真、投入。第七时期是退休期（disengagement）。时间在工作后的第
34~40年前后。其他专业人员在这一时期可能会逐渐退缩，为退休做
准备。而教师迫于社会压力其专业行为没有太大改变，只是更加关注
自己喜欢的班级、做喜欢做的工作。

从图9-2中可以归纳出以下三种教师职业周期路线：

较为和谐的发展路线：

歧变→平静→平静退休

有问题的两条发展路线：

（1）再评价→（痛苦）退休
（2）再评价→保守主义→（痛苦）退休

这类研究提醒我们，教师是生活于丰富的家庭、社会和职业场景
中的（如费斯勒将教师的职业发展周期置于个人和组织场景之下来考
察），教师的专业生活与其专业外的生活是不可分割的，教师的专业
观念和专业行为与其专业之外的活动有着千丝万缕的联系，为我们开
辟了认识教师专业发展过程的新视角。然而这类研究又多注重对教师
人生发展的不同阶段所面临的问题和挑战与教师职业发展各阶段特
征，与教师的职业动机、职业志向和职业满意度等之间的联系的探
讨。相对而言，对教师的日常生活作为其专业生活不可分割的一部分
和基本背景，与教师专业观念、行为之间到底存在着什么样的联系，
日常生活背景是通过何种途径进入教师专业领域的，其影响机制是怎
样的；专业生活又如何影响了教师对人生的思考、如何影响他作为一
般人的生活的态度和质量等等诸类问题欠深入。

（二）心理发展标准及其框架

心理发展框架把教师作为一个成年学习者看待，其分析是建立在皮
亚杰（Piaget, J.）的认知发展（cognitive development）理论、亨特

（Hunt，D.）的概念发展（conceptual development）理论、佩里（Perry，W.）的认识和伦理发展（epistemological and ethical development）理论、柯尔伯格（Kohlberg，L.）的道德判断（moral decisionmaking）理论、洛文杰（Loevinger，J.）的自我发展（ego development）理论等基础上的（参见表9-1）。这类研究假设人的发展是心理结构改变的结果，人的内部心理过程随着年龄和发展阶段的不同而有所变化，这一变化过程有一定的顺序和层级。

表9-1　几种心理发展阶段的划分①

学者	皮亚杰 （1963）	亨特 （1971）	佩里 （1970）	柯尔伯格 （1963）	洛文杰 （1966）
领域	认知	概念	认识论，伦理	价值/道德	自我
阶 段	感知—运动	非社会化冲动		服从—惩罚（1）	前社会冲动
	前运算	具体教条		朴素利己主义（2）	自我保护
	具体运算	依附抽象	二元论者	社会确认（3）	墨守成规
	形式运算亚阶段I		相对论者	维护权威（4）	尽责
	形式运算亚阶段II	自我引导抽象	约定相对论者	原则推理（5和6）	自治

利思伍德曾把自我发展、道德发展和概念发展等方面的阶段论加以汇总，来综合描述教师的发展阶段②。他把教师的发展分为四个阶

① Sprinthall，N. A. & Thies-Sprinthall，L.，The teacher as an adult learner：a cognitive-developmental view，In G. A. Griffin（Ed.），*Staff development*，*the eighty-second yearbook of the national society for the study of education*，part 2. Chicago，IL：University of Chicago press，1983. p. 17. 转引自Burden，P. R. Teacher development：implications for teacher education. In James D. Raths & Lilian G. Katz（Eds.），*Advances in teacher education*，volume2. Norwood，New Jersey：Ablex Publishing，1986. p. 189.

② Leithwood，K. A.，The principal's in teacher development. In Michael Fullan & Andy Hargreaves（Eds.），*Teacher developmen and educational change.* London & Washington，D. C.：The Falmer Press，1992. pp. 86-103.

段。第一阶段的教师的世界观非常简单，对任何事物判断均有非黑即白的倾向。这一阶段的教师坚持原则，把权威当做善的最高准则，认为任何问题只有一种答案。他们不赞成求异思维，而鼓励顺从和机械学习。这些教师的课堂是以教师为主导的。第二阶段的教师主要表现为"墨守成规"，他们特别易于接受他人的预期。这些教师的课堂有着传统课堂的特征，课堂规则十分明确，无论学生之间有什么差异或有什么特殊情况，学生都必须严格遵守规则。心理发展的第三个阶段的主要特征是凭良心尽教师职责，这时教师有了较强的自我意识，能够意识到某些情境下的多种可能性（如学生某一行为的多种解释）。教师已经将规则内化，能够意识到依照具体情况灵活掌握规则的必要性。这一阶段的教师关注学生的未来和成绩，他们的每一堂课均经过精心设计，而且特别注重良好的人际关系。第四阶段的教师较有主见，而且同时又尊重课堂等社会情境中人际关系的相互依赖性。处于这一阶段的教师已经能够较好地协调提高成绩和建立良好人际关系之间的关系，能够从多角度分析遇到的课堂情境并予以综合。由于这一阶段的教师对于制定课堂规则的原理已经有所理解，所以他们在应用规则时显得更加灵活、明智。这些教师的课堂上，师生之间密切合作，强调有意义学习、创造性和灵活性。这时教师自身的认知加工复杂程度提高，所以也鼓励学生有相应的表现。

有许多研究证实，教师的心理发展水平与其专业表现之间的确存在着联系，心理发展水平不同，专业行为表现也有所差异，而且如果有意识地提高心理发展水平，其专业行为表现则也会有所改进。如格拉斯伯格等人（Glassberg, S.）曾提出新的教师教育计划以促进教师的认知发展，在追踪研究中，格拉斯伯格发现教师计划的确有助于教师的心理成熟，进而提高其教学效能[①]。对教师的效能研究表明，具有较高认知发展水平的教师相对于较低认知发展水平教师在教室中能够更好地发挥作用；表现得更加灵活；能够承受更大的压力；适应性更强；能够从多维视角去看问题并采取多种教学策略的应变行为。处

---

① Glassberg, S. & Sprinthall, N. A. Student teaching: A developmental approach, *Journal of teacher education*, 1980, vol. 31, no. 2, pp. 31–38.

于不同认知发展阶段的初任教师在如何看待和处理课堂问题上也有差异。低认知水平教师，不能有效地激发学生的动机，认为课堂中的学生纪律问题应由学校来负责。而高认知水平教师强调要尊重学生，认为对学生应采取灵活和容忍的态度，要理解学生之间的个别差异，强调要促进学生学业和个人的成长。从初任教师的自我陈述报告中，可以看出教师所处认知阶段是决定教师如何看待课堂事件的重要因素。

心理发展框架从心理学的角度探讨了教师专业发展与心理发展基础之间的联系，与职业/生命周期框架比较而言，在很大程度上摆脱了教师专业发展水平与教师的生理年龄之间的对应关系，开始研究心理发展阶段或水平与教师专业发展之间的关系。这样，不同年龄的教师只要心理发展水平接近，仍可能达到相同的专业发展水平。而这种理论框架能够较好地解释教师专业发展中的实际情况。

（三） 教师社会化标准及其框架

教师社会化框架，从教师作为社会人的角度，考察其成为一名专业教师的变化过程，其关注的核心集中在个人的需要、能力、意向与学校机构之间的相互作用，是发生于教师个体的诸种亚社会化之一[①]。确切来说，所谓教师专业社会化，是指"个体成为教学专业的成员，并逐步在教学上担当起成熟角色，通常是获得较高专业地位的变化过程"[②]，显然，这一过程的特征有赖于教学专业的性质和结构。教师专业社会化从时间限度来说是贯穿教师整个专业生涯的过程，就内容范围而言是"人们选择性地获得他们所属集团或想加入这种集团的流行价值观、观点、兴趣、技巧和知识（总之，文化）的过程"[③]。

---

① 郝和平：《个体社会化与教育》，见鲁洁主编，吴康宁副主编：《教育社会学》，598~599 页，北京，人民教育出版社，1990。

② Lacey, C. Professional socialization of teachers. In Lorin W. Anderson（Ed.）, *International encyclopedia of teaching and teacher education*（2nd ed.）. Oxford：Elsevier Science Ltd., 1995. p. 616.

③ 莱西：《教师职业社会化》，见中央教育科学研究所比较教育研究室编译：《简明国际教育百科全书·教学（下册）》，51 页，北京，教育科学出版社，1990。

莱西（Lacey，C.）在对实习教师的研究中，把教师专业化过程分为四个阶段①。第一个阶段为"蜜月"阶段，实习教师体会到做教师的乐趣，同时教学实习使得他们从学生的繁重学习中解放出来，因而乐于从教。第二个阶段是"寻找教学资料和教学方法"阶段，在这一阶段，实习教师通过查找有趣的材料和方法来应付课堂中出现的问题。第三个阶段是"危机"阶段，此时由于课堂出现的问题越来越多，课堂给新教师的压力越来越大，当仅靠查询材料难以应付这些课堂问题时，就会出现"危机"。虽然"危机"对每一位实习生产生的后果不同，但许多教师在这一阶段曾想过要离开教学工作。第四个阶段是"设法应付过去或失败"阶段，这时有的教师对不得不作出的妥协和改变不再感到内疚，能够坦然地以教师的姿态出现在课堂上，而不能做到这一点的教师可能要脱离教学岗位。

王秋绒则把教师专业化过程分为师范生、实习教师和合格教师三个阶段分别来考察，并又把每一个阶段分为三个时期②。师范生的专业社会化第一时期是探索适应期，主要指一年级师范生的专业社会化情况，他们刚刚进入师范院校，处于观望、探索和适应时期，社会化的关键是增进人际关系、适应师范院校的环境。第二时期是稳定成长期，主要限于二、三年级师范生，这时的师范生与同学、教师等的社会关系稳定发展，表现出恰当的社会角色。社会化的重点是学习教育专业知识、专门学科知识，提高人际关系和组织能力。第三个时期为成熟发展期，是四年级师范生的专业社会化时期，其重点在于如何将已有的教学知能应用于教学实践。

实习教师专业社会化的分期基本上采用了莱西的观点。第一个时期为蜜月期，实习教师体会到做教师的快乐，全身心投入教学工作。第二个时期为危机期，当实际中遇到的问题越来越多，面临的现实压

---

① 莱西：《教师职业社会化》，见中央教育科学研究所比较教育研究室编译：《简明国际教育百科全书·教学（下册）》，北京，教育科学出版社，1990，51～68页；Lacey, C. Professional socialization of teachers. In Lorin W. Anderson（Ed.），*International encyclopedia of teaching and teacher education*（2nd ed.）. Oxford：Elsevier Science Ltd.，1995. pp.616-620.

② 王秋绒：《教师专业社会化理论在教育实习设计上的蕴义》，台北，师大书苑有限公司，1991。

力越来越大时，教师则会产生危机感。第三个时期为动荡期，面对现实与理想教师角色之间的差距，有的教师重新自我预期，趋于妥协，有的则准备脱离教学岗位。

合格教师的专业社会化也分为三个时期。第一个时期为新生期，时间从开始工作到工作二三年。这一时期的教师在实习期的基础上，对教学中问题的处理能力有时增加，又有了对教学工作的胜任感和成就感。第二个时期为平淡期，在工作二三年之后，基本适应了教学工作的基本要求，工作不再富有挑战性，而是感到逐渐变得平淡。第三个时期为厌倦期，在工作多年之后，有的教师乐于为教育奉献一生，而多数教师对教学产生厌倦，失去教学动力。

我国的教师和教师教育研究者受教师专业社会化研究框架影响较大，在分析教师的职业成长过程时多采用这一框架。如傅道春将教师的职业成熟分为角色转变期、开始适应期和成长期等三个时期[1]；殷国芳、全日艺将教师成长轨迹分为适应期、稳定期和创新期等三个时期[2]；张向东也把高中教师的成长归为角色适应、主动发展、最佳创造、缓慢下降和后期衰退等五个阶段[3]。

教师专业社会化与教师专业发展的阶段研究虽有许多交叉，但也难以代替对教师专业发展阶段的研究。教师专业社会化与个人的一般社会化类似，教师在社会化过程或者说社会性相互作用过程中实现两种功能，一是社会化功能，即使个人调整自己的行为以适应教师专业的价值、规范；二是个性化功能，即帮助认识自我的专业个性特质，形成自我专业发展意识，进而把握自我专业发展。然而，在教师专业社会化研究中一般更为侧重社会化功能的研究，关心专业社群对教师个人的影响，而把个性化功能作为一种"副产品"来看待。教师专业

---

① 傅道春编著：《教师行为访谈（一）》，116~117页，哈尔滨，黑龙江教育出版社，1995。

② 殷国芳、全日艺：《及时做好角色转换，帮助青年教师缩短"适应期"——青年教师培养问题研究之一》；《做好传、帮、带，引导青年教师度过"稳定期"——青年教师培养问题研究之二》；《交任务压担子，激励青年教师尽早进入"创新期"——青年教师培养问题研究之三》，载《上海教育（小学版）》，1992（5）。

③ 张向东：《高中教师成长规律与结构优化的探索》，载《浙江教育科学》，1995（5）。

发展研究相对则更关注教师如何形成自己独特的专业特质和自我专业发展意识过程，以及这种过程对作为整体的教师专业的影响。另外，教师专业社会化研究较为注重专业社会化的结果，而不是过程。与此相反，教师专业发展研究则更关心教师个人与专业知识技能、专业规范等之间的相互作用过程，以及这种过程对教师个人专业发展的影响。由此可见，教师专业社会化与教师专业发展并不完全相同。

（四）"关注"研究标准及其框架

"关注（concern）"框架的研究是教师专业发展阶段研究中较早出现的一类。对教师专业发展阶段的大量集中研究均是在 20 世纪 60 年代末期富勒的教师"关注"研究之后[①]。为了使得教师教育更加合理，富勒与她在得克萨斯大学（University of Texas–Austin）的同事对教师关注的问题进行了探讨[②]。富勒 1969 年在研究中报告了两项自己的研究，并对他人的相关研究作了回顾，基于这些研究，她提出了教师成长过程中的教师"关注"的三阶段模式。第一阶段为任教之前的无关注阶段，第二阶段为任教初期的自我关注阶段，第三阶段为学生关注阶段。后来，富勒在大量访谈、文献回顾和对教师关注清单进行提炼的基础上，编制出"教师关注问卷（Teacher concerns questionnaire）"。借助该问卷，富勒等人又进行了大量调查和数据分析，对

---

① Fuller, F. Concerns of teachers：A developmental conceptualization. *American educational research journal*, 1969, vol. 6, no. 2, pp. 207–226.

② Fuller, F. Concerns of teachers：A developmental conceptualization. *American educational research journal*, 1969, vol. 6, no. 2, pp. 207–226；Fuller, F. Parsons, J. S. & Watkins, J. E. *Concerns of teachers：research and reconceptualization*. Austin, TX：Research and development center for teacher education, University of Texas, 1973；Fuller, F. & Bown, O. Becoming a teacher. In K. Ryan（Ed.）, Teacher education（The 74th yearbook of the study of education）. Chicago, IL：University of Chicago press, 1975；George, A. *Measuring self*, *task*, *and impact concerns：a manual for the use of the teacher concerns questionnaire*. Austin, TX：Research and development center for teacher education, University of Texas, 1978.

三阶段作了修改，提出了四阶段模式，并对每一阶段作了进一步解释①。第一阶段为任教前关注阶段（preteaching concerns），处于职前阶段的学生只是想象中的教师，仅关注自己。第二阶段为早期求生阶段（early concerns about survival），作为实习教师所主要关注的是自我胜任能力（self-adequacy）以及作为一个教师如何"幸存"下来，关注对课堂的控制、是否被学生喜欢和他人对自己教学的评价。第三阶段是关注教学情境阶段（teaching situation concerns），教师主要关心在目前教学情境对教学方法和材料等限制下，如何正常地完成教学任务，以及如何掌握相应的教学技能。第四阶段是关注学生阶段（concerns about pupils），这时教师开始把学生作为关注的核心，关注他们的学习、社会和情感需要以及如何通过教学更好地影响他们的成绩和表现。从教师专业发展的角度说，富勒等人是把教师所关注内容作为衡量发展水平的标志的，关注自我的教师发展水平较低，关注学生的教师发展水平较高。教师所关注内容由自我到教学任务、再到学生的顺序，或者说教师发展的顺序是比较固定的。如果早期的关注问题没有解决，那么其后的关注则不会出现。从初任教师到一般合格教师必须经历全部阶段。

富勒及其同事后来又进行了许多研究，试图证实以上教师关注的实际存在，并探讨这些关注是如何随着教师教学年限或教师任教年级的不同而变化的②。亚当斯（Adams，R.）为期五年的追踪研究基本

---

① Fuller, F. & Bown, O. Becoming a teacher. In K. Ryan (Ed.), *Teacher education* (*The 74th yearbook of the study of education*). Chicago, IL: University of Chicago press, 1975.

② Adams, R., Hutchinson, S. & Martray, C. A developmental study of teacher corcerns across time. Paper presented at the meeting of the American educational research association, Boston, MA., April 1980; Adams, R. Teacher development: a look at changes in teachers' perceptions across time. *Journal of teacher education*, 1982, vol. 23, no. 4, pp. 40-43; Briscoe, F. G. The professional concerns of first year secondary teacher in selected Michigan public schools: a pilot study (Doctoral dissertation, Michigan State University, 1972), *Dissertation abstracts international*, 1973, 33, 4786A; Pantaniczek, D. A descriptive study of the concerns of first year teachers who are graduates of the secondary pilot program at Michigan State University (Doctoral dissertation, Michigan State University, 1978). *Dissertation abstracts international*, 1979, 39, 5916A.

上支持富勒早期对教师自我关注和教学任务关注的阶段分析，但亚当斯同时提出，富勒的理论中在教师的效果关注或学生关注方面可能有一些问题，因为不同的教龄组之间在效果关注方面不存在显著差异，而是一直处于较高的关注水平。

西特尔和拉尼尔（Sitter，J. & Lanier，P.）对实习教师所关注的问题进行了研究，总体上支持富勒的研究结果①。就实习教师所关注的问题来看与富勒的结果一致，但并不是像富勒的研究中所说那样，这些关注按照一定的顺序出现，而是自我关注、生存关注、教学任务关注、学生学习关注、教学材料关注等等同时出现，而且要求实习教师同时解决这些所关注的问题，即在关注中心发生转换之前，原来的关注问题可能并没有很好地得以解决。这一结果丰富了富勒的理论。

瑞安（Ryan，K.）等人曾运用质的研究方法，通过访谈技术对第一年任教的教师所关注的问题进行了研究②。研究围绕四个问题展开。第一个问题是关于教师的个人关注。第一年教师关注的问题有如何形成教师身份，如何适应新的团体，建立良好的同事关系和结婚。与工作相关的关注是如何能够在满足教学工作基本要求的情况下，享有美好的生活。研究还发现，有经验教师（工作 4~20 年）在教学第一年时也感到缺少自信和灵活性，依赖权威。第二个问题是关于教师的专业关注。任教第一年的教师表现出对与学生关系的关注，他们希望得到学生的尊重和爱戴，同时又能够维持课堂纪律，能够控制课堂。他们还关注是否能够在家长和同事面前留下好的印象，能否有成功的教学表现，而不仅仅是求得生存。在这一问题方面，有经验教师由教材中心转向学生中心，他们感到更加自信，对教学有了较为深刻的见解，能够自如地应对工作中出现的问题。第三个问题涉及任教第一年教师所经历的变化。任教第一年的教师报告说，他们的教学在不同程度上变得应对自如了，对学生的态度有了积极或消极的变化。有经验

---

① Sitter, J. & Lanier, P. *Student teaching*：*A stage in the development of a teacher or a period of consolidation?* Paper presented at the meeting of the American educational research association, New York, March 1982.

② Ryan, K., et al. *Bitting the apple*：*Account of first-year teachers.* New York：Longman, 1980.

教师感到他们更乐于尝试新事物，更加快乐。随着经验的增加，他们有了更多追求自己乐趣的时间。第四个问题涉及对教师培训的启示。任教第一年的教师感到，定向和教师的初始培养应注重在学校和课堂的组织、管理等方面，学校范围的教师培训应主要侧重新的改革计划和政策。有必要制定教师行为表现的基本标准，并且要有了解他们的人给他们提供支持和帮助。有经验教师在此问题上却有不同的看法，他认为任教第一年的教师所需要的是技术性知识。随着经验的不断积累，他们才会逐渐把注意转向教学中的大问题，这时他们需要的是如何创造性地进行教学、创造性地运用不同教学方法的知识。

　　维恩曼对 1960 至 1983 年间关于教师教学工作中所遇到问题的近百项实证研究进行了归纳，认为教师所遇到的问题主要集中于 24 个方面（参见表9-2）。

表 9-2　初任教师最常遇到的 24 个问题①

顺序	问　　　　题	频率
1	课堂纪律	77
2	激发学生动机	48
3	处理个别差异	43
4.5	评价学生作业	31
4.5	与家长的关系	31
6.5	组织班级活动	27
6.5	教学材料和设备欠缺	27
8	处理个别学生问题	26
9	由于没有充分的准备时间而形成的教学负担过重	25
10	与同事的关系	24
11	制订授课和教学工作计划	22
12	有效运用各种教学方法	20
13	对学校政策和规则的意识	19
14	确定学生的学习水平	16
16	学科知识	15

---

　　① Veenman, S. Perceived problems of beginning teachers, *Review of educational research*, 1984, vol. 54, no. 2, pp. 154-155.

续表

顺序	问　　题	频率
16	行政工作负担	15
16	与校长/行政人员的关系	15
18	学校设备不足	14
19	处理学习困难学生	13
20	处理不同文化和贫苦背景的学生	12
21	有效利用教科书和课程指南	11
22	缺少闲暇时间	10
23	缺少指导和支持	9
24	班级规模大	8

　　维恩曼所分析的研究中，60%以上是在美国进行的，然而在美国的研究与美国以外国家进行的研究的结果显示，初任教师所遇到的问题却没有差异。另外，60 年代与 70 年代的研究结果也没有差异。这似乎表明初任教师遇到的问题与社会背景、时代背景没有密切联系，表 9-2 中所列的问题带有一定的普遍性。

　　富勒和鲍恩（Fuller，F. & Bown，O.）以教师所处的关注水平来衡量教师发展的成熟度，开辟了教师专业发展研究中一个颇具特色的研究领域①。这类研究在教师所遇到的共同的问题和不同的发展阶段所遇到的问题等方面，为我们提供了许多有意义的信息。富勒等人开拓的"关注"研究框架虽是围绕教师专业发展的本身展开，但仅仅有关注研究还是不够的。因为，首先，它只是从"反面"研究教师在专业发展过程中所遇到的问题及其变化情况，而没有从正面说明教师到底是如何构建起教师专业发展结构的，教师专业发展结构的构建除了克服遇到的问题之外，还有其他内容。其次，这类研究是一种"点"式的研究，它过于关注教师自身，而对教师周围的学校环境、其他教师的影响等有所忽视；它只注重教师关注的问题及其变化顺序，而忽视关注问题转换的过程、转换的条件和机制。富勒等人研究的贡献，在于她为我们提供了这样一种描述教师专业发展的概念框架，而没有

---

① Fuller，F. & Bown，O. Becoming a teacher. In K. Ryan（Ed.），*Teacher education*（*The 74th yearbook of the study of education*）. Chicago，IL：University of Chicago press，1975.

给我们解答在这一框架下教师为什么会沿着这样的路线发展。第三，"关注"研究框架只是对教师在成长过程中所关注问题的描述，而对教师在相应阶段所关注问题是否真的得以解决，以及解决与否对教师后一阶段的影响如何等缺少研究。富勒和鲍恩的研究虽已经意识到这一问题，在后续的研究也有所改进，但却没有彻底改变原有框架。恰如费斯勒所言，该研究"没有囊括教师发展的方方面面，而只是从教师所关注的事物在教师不同发展阶段的更迭这一个侧面来探讨教师的发展"①，教师专业发展中的许多问题有待进一步研究。

（五）　综合研究标准及其框架

以上例举的研究教师专业发展阶段的职业/生命周期、心理发展、社会化和"关注"框架，从不同侧面向我们展示了教师专业发展的过程。但如果从前面认定的教师专业发展结构来看教师专业发展的话，其中的任何一种仍难以给我们提供关于教师专业发展较为清晰的、综合的纵向发展轮廓。这可能主要有以下两方面原因。

首先，教师本身是一个统一、完整的人，而如果仅从职业/生命周期、心理发展、社会化或"关注"框架等其中的一种角度来分析教师专业发展，难以反映教师专业发展的全部。一则从横向上说，受特定视角的局限，以上几种框架中的任何一种均难以反映专业发展结构各个因素的变化。在以上几种发展理论框架中，"关注"框架试图更直接地触及教师专业发展的核心，即教师在专业知能系统构建过程中遇到的相关问题；职业/生命周期框架是以人生需经历的重大事件及其解决来描述人的发展变化过程的，它要求在特定的年龄（段）解决特定的人生问题；心理发展框架侧重描述人处理抽象关系的思维方式的改变过程，在特定的阶段，人要具备相应的更有效、一般的判断和解决问题能力，以便更清楚地认识自己生活的方向和意义；社会化框架实际是研究教师的角色适应和角色冲突的解决过程。这些框架下的研究，只是与教师专业结构发展的某些方面而不是全部相关联。二则

---

① 转引自杨秀玉著：《教师发展阶段论综述》，载《外国教育研究》，1999（6）。

从纵向发展来说，以上任一框架对于分析专业发展中的某一阶段可能较适合，但难以适应各个阶段的分析。

其次，以上这些阶段发展理论似乎并没有从正面回答教师专业发展到底是怎样一个过程，有了这些研究结果之后，人们对教师专业发展过程仍有"雾里看花"的感觉。因为，这些研究对教师作为专业人员最为重要的专业知能系统（尤其是在实践中获得的部分）和个人对教学专业内部专业自主的获得过程缺少研究。

为了更如实地反映教师专业发展综合、复杂的过程，并为今后的研究提供更加合理理论框架，有许多学者做出了积极努力。利思伍德以及贝尔和格里布里特（Bell，B. & Gillbrert，J.）便是其中的代表①。

利思伍德在归纳和分析已有阶段理论的基础上，突破了对教师专业发展单一维度的思维模式，提出应从多维的角度来综合分析教师专业发展的阶段（参见图9-3）。

利思伍德指出，教师专业发展是一个多维度发展的过程，专业知能发展、心理发展和职业周期发展3个维度既相互独立，又相互依赖，专业知能的发展与心理发展和职业周期发展之间有着密切联系。就总体而言，教师专业知能发展大致经历3个时期：一是首先获得教学的基本技能；二是拓展灵活性，能够依照教学目标、学生具体需要和教学情境适时、灵活地运用这些教学基本技能；三是逐渐摆脱教学常规的羁绊，开始对同事的专业发展承担责任，甚至其专业活动范围超出其所在课堂、学校，参与教育决策。教师这一专业发展过程，自然与教学、教育知识和技能掌握相关，不过它是教师专业发展的必要条件，而不是充分条件。比如，教师专业发展要求教师不断学习新的教学策略，而新的教学策略要求教师放弃对课堂的绝对控制，对学生独立学习或小组学习予以充分的信任。教师掌握这些教学策略的一个必要前提就是教师在心理发展方面至少要达到中间第三阶段的发展水

①　Leithwood，K. The principal's in teacher development. In Michael Fullan & Andy Hargreaves（Eds.），*Teacher development and educational change*. London & Washington，D. C.：The Falmer Press，1992，pp.86-103；Bell，B. & Gillbrert，J. Teacher development：a model from science education. London & Washington，D. C.：Falmer press，1996.

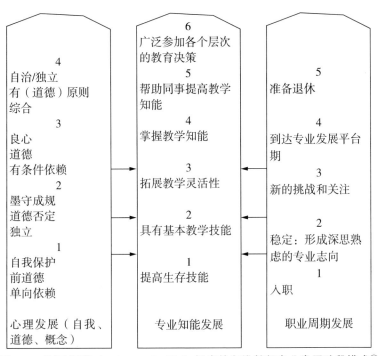

图 9-3　利思伍德（Leithwood，K.）提出的多维教师专业发展阶段模式①

平，即教师主要凭良心尽教师职责，也要有较强的自我意识，能够意识到某些情境下的多种可能性。教师应该已经将有关规则内化，能够意识到依照具体情况灵活掌握规则。又比如，教师第五、六阶段专业知能发展，有赖于教师对多种可能性、人际互动关系的综合处理能力，有赖于解决个人需要与个人责任之间矛盾的能力，以及其他高级心理能力。如果忽视教师专业知能发展与教师心理发展之间相互依赖的关系，促进教师专业发展的教师培训计划就难以取得预期的效果。类似地，教师专业知能发展与教师职业周期发展之间也有着密切的相互关系，比如教师职业周期的前三个阶段与教师专业知能发展的前四

---

①　Leithwood，K. The principal's in teacher development. In Michael Fullan & Andy Hargreaves（Eds.），*Teacher development and educational change*. London & Washington，D. C.：The Falmer Press，1992，p. 88.

第三编 教师发展论

个阶段之间就有着密切联系，而且教师专业知能提高，也确保了教师顺利地完成积极的职业周期。

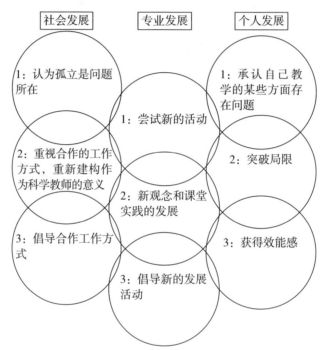

图 9-4　贝尔和格里布里特（Bell, B. & Gillbrert, J.）的教师专业发展演进模式①

　　如果说利思伍德对已有描述教师专业发展框架的突破，是从横向上强调教师专业发展职业周期、心理发展与专业知能发展之间的相互依赖，那么贝尔和格里布里特则是试图在纵向上通过模糊教师专业发展明晰的阶段界限划分，来更如实地反映每一位教师专业发展实际经历的。贝尔和格里布里特明确反对对教师专业发展刻板的阶段模式（stage model），而提出了教师专业发展的演进模式（progression model）（参见图 9-4）。不过严格说来，贝尔和格里布里特在这里所

---

① Bell, B. & Gillbrert, J. *Teacher development：a model from science education*. London & Washington, D. C.：Falmer press, 1996, p.16.

使用的教师专业发展与前面几种教师专业发展框架中所说的教师专业发展已有所不同，后者是教师整个职业生涯所经历的专业发展的宏观过程；而前者是从微观角度说明教师何以取得专业发展，这与后文所言教师专业发展的机制类似。只是贝尔和格里布里特他们自己把"演进模式"与"阶段模式"进行对等比较，所以这里将"演进模式"作为对"阶段模式"的批判与发展，倒也无妨。贝尔和格里布里特指出，阶段模式虽承认教师按照阶段的发展过程可以加速或滞后，但其认为发展的顺序是不变的。而实际上在很多情况下教师却很可能会"跳过"其中的某一个甚至几个阶段，呈现跃进式发展状态。从已有的对个别教师发展的追踪研究结果看，所谓"阶段"只不过是一种概念框架，而不是每一位教师发展过程的真实写照。教师专业发展阶段模式最大的不足，在于它难以反映不同教师所处的不同生活情境的差异。有鉴于此，贝尔和格里布里特提出了教师专业发展的演进模式。在表述形式上，贝尔和格里布里特没有使用"阶段"，而是给出了教师专业发展中所遇到的 3 种情境（situation）：确认与渴望变革（confirmation and desiring change）、重新建构（reconstruction）和获得能力（empowerment）。

（六） 新标准及其框架："自我专业发展意识"与"自我更新"取向教师专业发展

以上介绍了几种分析教师专业发展的框架和阶段划分标准，这些研究从各自不同的角度对教师专业发展进行了描述。由以上诸种教师专业发展阶段研究，我们可以看出：

首先，就教师专业发展与其周围环境关系而言，教师专业发展总是处于一定的环境之中的，离开教师生活的环境，则难以理解教师专业发展。教师生活环境，大至时代背景、社会背景；小至社区环境、学校文化、课堂气氛等，对教师发展有重要意义。教师正是在与周围环境的相互作用的活动中获得专业发展的。

其次，就教师专业发展与个人其他诸方面发展关系而言，教师专业发展作为教师发展的一个侧面，与教师发展的其他方面，如心理发展、职业周期、社会化水平等之间存在着复杂的交互作用关系。研究教师专业发展不应脱离教师所处的特定职业周期、心理发展水平和社会化水平。

第三，就教师专业发展自身而言，教师专业发展又有自己的核心，即教师内在专业结构的发展。所以对教师专业发展过程的研究，包括阶段分期、发展路线和发展机制等方面的研究均应围绕这一核心展开，教师专业发展的阶段框架也不应以教师发展中的其他方面的变化作为构建的基本依据。

然而遗憾的是，以上这些研究框架采用的教师专业发展阶段划分标准并不理想。因为，首先这些标准是外在于教师专业发展本身的，不是直接以教师内在专业结构的改进、以专业发展水平的提高为标准，而是在教师的专业结构之外，寻求标准。这样做的结果往往是要么把教师专业发展作为外在划分标准的副产品（如把教师专业发展归为心理发展的结果），要么以外在标准变化的关键点的描述为主，忽视、掩盖甚至替代教师专业发展内在专业结构的发展阶段和过程的研究（如职业周期框架和心理发展框架皆有这一倾向）；其次这些标准只是从某一特定角度来考察教师专业发展过程，由这一特定角度审视所获得的结果难以反映教师专业发展的全部；第三，综合框架的努力也没有很好地反映教师专业发展实际，因为它没有根本改变原有的阶段划分标准，而只是将原来标准进行或横向或纵向的简单相加、处理；最后，也许由于研究者和研究对象特定国情的原因，这些国外研究多数较关心职业变换过程的关键点的研究，对在从事教师职业时间范围内教师的专业知能如何发展，却不甚关心。相对来说这些国家的教师职业不是"铁饭碗"，教师一旦表现不佳随时有可能被解雇的危险，所以缺少职业安全感。离职、留职成为他们热中的研究话题，一生之中可能要变换数种职业，教师职业可能只是他们其所经历的职业之一，所以其研究也主要限于职业发展阶段的关键点的确定。而对教师内在专业结构的改进和专业知能的成长本身较少关注。

教师的心理、社会和专业发展诸方面发展之间是交互作用的，教师与所处各种环境之间也有着内在联系，这使得教师专业发展路径和阶段呈现动态的、多样化的态势。为了反映这一特征，教师专业发展过程的研究与分析必须从教师心理发展、社会化水平和周围环境等诸方面统一的角度予以考虑，而能够反映这一综合角度的即是教师的专业活动及自我专业发展意识水平。而恰恰是在这一点上，已有的诸种教师专业发展的分析框架均没有涉及。我们试图把教师的自我专业发展意识作为考察教师专业阶段发展的综合标准，以更好地描述、促进教师专业发展过程。教师的自我专业发展意识是影响教师专业发展的重要因素，具有较强自我专业发展意识的教师关注自己的教师专业发展，对自己的专业发展负责，他们易于成为"自我更新"取向教师专业发展的履行者。

所谓"自我更新"取向教师专业发展，是指教师具有较强的自我专业发展意识和动力，自觉承担专业发展的主要责任，激励自我更新，通过自我反思、自我专业结构剖析、自我专业发展设计与计划的拟订、自我专业发展计划实施和自我专业发展方向调控等实现自我专业发展和自我更新的目的。

我们至少可以从三种意义上来使用"自我更新"取向教师专业发展。首先，它是以自我专业发展意识为标准考察教师专业发展过程的一种分析、研究框架。它以自我专业发展意识的发展为基本线索，把教师内在专业结构更新与改进的规律性作为考察的核心。其次，"自我更新"取向教师专业发展可以看做是教师自我专业发展意识的现实化过程。采用"自我更新"取向的教师具有较强的自我专业发展意识，他会随时保持对自己教师专业发展的关注，在将教师专业发展理论与自身发展现状相结合之后，他会依照自己过去的专业发展轨迹和目前实际提出今后的发展规划，随后将其投入实施。在实施过程中，自我发展意识随时保持监控，教师会自觉利用、发现、创造机会和条件，争取规划的实现。最后，"自我更新"取向教师专业发展还可作为一种教师专业发展新的取向和理念。与以往教师教育中的教师相比，这一取向强调教师真正成为自我专业发展的主人，教师将自觉地发掘专业生活中的有利因素，使自己的内在专业结构不断更新。

二、"自我更新"取向教师专业发展立足点的转变

"自我更新"取向教师专业发展，相对于以往对教师专业发展认识与分析，除了强调自我专业发展意识在专业发展中的重要意义，以及在教师专业发展核心——专业发展阶段划分标准和研究框架上发生变化之外，在立足点和立场上也发生了转变。

（一）发挥教师专业发展理论对教师自身发展的价值

教师专业发展理论不仅是教师专业发展促进者、教师教育者促进教师专业发展的理论依据，更对教师自身的专业发展有着重要启发意义。而只有那些善于施行"自我更新"取向专业发展、具有较强自我专业发展意识的教师才会较多地关注自己的专业发展，关注教师专业发展阶段理论，并自觉地利用这些理论引导自己的专业发展。提出"自我更新"取向教师专业发展，是为了提示教师关注专业发展的阶段理论，发挥阶段理论在专业发展中的作用。教师专业发展理论对教师自身发展的意义表现在如下几点。

第一，最重要的意义莫过于教师专业发展阶段理论可提高教师对自我专业发展阶段的反省认知（metacognition），或者说教师专业发展反思意识与能力。所谓反省认知，是指对自己思维、学习过程的意识。就一般人来说，其学习能力会受到学习观和对自己作为学习者的认识（如，对自己所能够学习内容的范围和性质的认识）的限制。有的人可能认为某些内容只有专家才能理解，而自己却只能理解其中属于导论性质的部分内容，还有的人认为他们只能在别人（如，教师）特意设计的情境中才能学会东西。所以学习者学习的效果如何，在一定程度上与学习者对自身学习过程的了解程度相联系。教师作为一名学习者，对自己学会教学过程的了解程度也会影响其学会教学和专业发展的效果。具有较强自我专业发展意识的教师会自觉地学习教师专

业发展阶段理论，这些理论的学习又会进一步强化教师的自我专业发展意识。

第二，教师了解了教师专业发展的一般阶段之后，教师以此为基础来制定自己的教师专业发展计划。教师专业发展阶段的知识，为与其他教师的专业发展阶段进行比较提供了一个参照系。甚至对于职前师范教育阶段的师范生，在得到有关教师专业发展阶段的知识后即可作出职业选择。如果决定做一名教师，那么其专业投入感会增强；如果决定不做教师，那么也减少了初任教师的离职率。

第三，对教师专业发展阶段的描述还可使教师产生一种团体意识，使其不再感到孤单。比如，任教第一年的教师可能会认为只有他才在教学方案设计、课堂管理等方面遇到困难。当他了解到这是任教第一年教师普遍遇到的问题时，他可能会放松许多，进而着手进一步发展、改进教学技能，所遇到的问题也会被克服。

第四，有了教师专业发展阶段知识后，教师还可意识并预计到自己的变化。菲尔德（Field，K.）就曾把教师专业发展阶段看做是一种谱系，依照此谱系，教师可以确认自己现在所在的发展位置，并可以设定自己将往何处发展[1]。格雷戈克（Gregorc，A.）则更进一步地把教师专业发展阶段用以教师专业发展的目标设定[2]。对于初任教师来说，他们在了解了教师专业发展的详细信息后，就会对教师专业发展过程和教学工作的方方面面采取更为现实的态度，进而降低初任教师一般所遇到的不平衡程度。

最后，教师专业发展阶段的概念不仅使教师更清楚地知道在目前的发展水平，他应当怎样做，而且使他们知道了为了将来的进一步发展应当怎样做。

① Field，K. Teacher development：*A study of the stages in development of teachers*. Brookline，MA：Brookline teacher center，1979.

② Gregorc，A. *Developing plans for professional growth*. NASSP bulletin，1973，vol. 57，pp. 1–8.

（二） 由断续的教师教育转向
持续的教师专业发展

"自我更新"取向的教师专业发展模式的提出，也与我们再次认识到教师专业发展的复杂性有关。从影响教师专业发展的因素来看，其范围非常广泛，既有正式因素，也有非正式因素，从时间上甚至可追溯至中小学时期的学习经历，师范生在进入师范学校时头脑中并非一片空白，他们对教学、学习、教师和学生等已形成自己的观念；传统的"知识传授＋实习＋个人综合运用知识"的教师教育模式所隐含的学到知识等于专业发展、个人能够在初任教师阶段自行将所学知识恰当地运用于课堂教学实际场景的假设难以成立；短期的教师教育的效果十分有限。从教师工作的性质来看，传统的教师教育也存在许多不足。教师在学校的教学工作十分复杂，有短暂、不确定、快速变换等特点，要求教师有高度多样化的认知、情感和能力。而这样多方面的要求难以一一具体地排列出来，也难以体现于教师教育的课程之中。即，在职前教师教育以后教师所达到的专业发展水平与所要求的水平之间仍有一定差距。所以，在教师的专业生活过程中，继续保持连续的专业发展显得尤为必要。而"自我更新"取向的教师专业发展模式不仅转变了教师从被动学习者到主动学习者的身份，而且也从局限于特定时空的、断断续续、不连贯的、缺乏内在逻辑与发展关联的教师教育，转到了不受时空限制的、持续的学会教学和教师专业发展。

（三） 把教师看做成人学习者

为促使教师获得更好的专业发展，必须符合教师作为成人学习者的需要和特点。诺尔斯（Knowles，M.）研究认为，以下几个方面原则奠定了成人学习的基础：1. 当成人感到需要和产生兴趣时，才会激发学习的动机。因而这些需要和兴趣是组织成人学习活动的最好出发点。2. 成人的学习定向以生活为中心。所以合理的成人学习应以生活场景为基本单位。3. 经验是成人学习的重要资源。因此，成人教育的核心方法是经验分析。4. 成人有强烈的自我引导学习的需要。所以成人教育者的作用应是让教师也参与到探究过程中来，而不是向他们传递知识而后再评价他们运用的程度。5. 成人之间的个别差异随年龄而加大①。所以，应当因学习者学习风格、时间、地点和速度的差异而提供最适宜的教育。

自然，诺尔斯所提到的成人的学习动机、自我引导学习需要等在教师中间也是存在很大差异的，不能一概而论。不过，总体而言，所列的几个方面基本适用于教师专业发展的情况。如果我们逐条对照一下传统教师教育的做法的话，就会发现以上诸方面传统的教师教育几乎都没考虑到。特别是忽视了教师自身的经验在专业发展中的作用，而就目前已有的研究来看，教师先前的经验、观念、知识在一厢情愿教师专业发展过程又有着十分重要的作用。

比如，威迪恩等人在对"学会教学"过程做归纳时即提出，从总体来看，过去忽视师范生的已有信念，培养教师的基本做法是在大学中教授他们以有关教学的知识，认为教学的意义和智慧是可以由教师教育者传递给师范生的，而后期望其在实习中和以后的工作中自觉并有效地将所学知识与教学实践很好地结合，教师教育者在师范生的实习过程中却要求他们"照我说的，而不要照我做的去做"，以实现教师的最终培养②。这种把学会教学仅仅看做是掌握教学知识的过程的观点从实际来看，这只是一厢情愿。而从能够有效地促进教师专业发展的一些研究结果来看，这些新的方法的核心在于其所采纳的认识论立场：学会教学就其深层意义而言是个人的活动，在这些活动中，个人要将其所有的先前信念与来自大学、中小学、社会和教学情境的期望相协调。有鉴于此，威迪恩建议有效的促进教师专业发展的计划，其实质性的第一步就是首先要让初任教师对其自身的先前的教育信念

① Knowles, M. *The adult learner: A neglected species.* Houston, TX: Gulf, 1978.

② Wideen, M., Mayer-Smith, J. & Moon, B. A critical analysis of the research on learning to teach: making the case for an ecological perspective on inquiry. *Review of educational research*, 1998, vol. 68, no. 2, pp. 130-178.

进行检核。而后，在此基础上在好的教学实践的信念指导下，去努力扮演合格的教师角色。当然，在这一过程中，教师还需要来自外部系统的、长期的支持。我们这里强调的是，当采取"自我更新"取向教师专业发展路径时，教师的专业发展在很大程度上由教师自己负责，而教师本人对自己的专业发展需要比他人更直接，在此基础上的专业发展活动，也更适宜于教师自身。

三、"自我更新"取向教师专业发展的基本特征

教师专业发展阶段内在划分标准的寻求，不单单是为了方便阶段划分，在一定意义上即是对教师专业发展根本性质的探究。不同的教师专业发展分析标准和框架，反映了对教师专业发展实质认识的差异。当我们以自我专业发展意识作为分析教师专业发展的依据时，也反映了我们对教师专业发展根本性质的认识。"自我更新"取向教师专业发展与传统的教师教育模式，以及其他取向教师专业发展比较而言，有着自己的特点。

（一）将自己的专业发展过程作为反思的对象

"自我更新"取向教师专业发展，是教师在了解教师专业发展一般路径的基础上展开的。它要求教师在专业发展过程中，参考教师专业发展的一般路径不断对自己的专业发展过程进行批判性反思，并将此作为采取进一步专业发展行动的依据，而传统的教师教育模式，并不鼓励甚至限制教师对自己专业发展过程的监控，因为它假设只有他人才最了解教师应该学习什么，实际上，该假设根本难以成立。当然，教师的需要主要是反映了他对自我评价和发展中缺失的认识，并非其中所有的需要都是合理的。在教师自我专业发展意识不强，对专业发展的阶段理论尚缺乏了解的情况下，外界的适时帮助也很重要。

在某些情况下，在自发教师专业发展路径或传统教师专业发展路

径中也会有"反思",这主要可归为两种情况,一是所强调的反思范围仅限于教师专业发展的基本循环范围内,主要是对专业行为的反思;二是所谓外在于教师专业发展过程的反思与监控。第一种情况下,虽然对自己的专业行为或过去的教学经历进行反思,但反思之后何去何从依然要完全听从外在的、难以顾及个人需要的他人的安排。或者说,这种情况下只是有反思,而不涉及为什么要反思、为什么而反思。第二种情况下,虽有对教师的专业发展过程的"反思",但它基于一般教师专业发展过程,而不顾及教师个人的具体情况。

(二) 强调教师不仅是专业发展的对象,更是自身专业发展的主人

"自我更新"取向教师专业发展把教师本人看做是自身专业发展的主人,为自己的专业发展负责。这主要体现在三个方面。

一是教师拥有个人专业发展自主。这是"自我更新"取向教师专业发展在教师个人特征上的体现。有许多学者认为,自主(autonomy)是专业的最基本特征之一。对于教学专业来说,教师专业自主也是教学专业的一个基本特征。一般来说,人们把教师专业自主分为个人自主和团体自主两方面,而且把教师个人专业自主理解为教师依其专业知能来从事教学有关工作时,能自由做决定、不受他人干扰控制[1]。我们认为,在教师专业自主中还应包括教师专业发展自主,亦即教师应能够独立于外在压力,订立适合自己的专业发展目标、计划,选择自己需要的学习内容,而且有意愿和能力将所订目标和计划付诸实施。在此过程中教师表现出一种较为强烈的自主意识。这里所说的教师的"自主"意识,是专业发展和获得自我发展能力的自主,所以是有条件的自主。只要有利于个人专业发展、有利于获得自我发展能力,"自主"与外在控制因素之间可以达至协调。

二是实行自我专业发展管理。这是指无论在正式的教师教育情境

---

[1] 参见彭富源:《教师专业自主分析——符合台湾现况的诠释与建议》,载《研习资讯》,1998 (15卷2期)。

下，还是在非正式的日常专业生活中，教师均表现出实施自我教育的意愿和能力。一个拥有个人专业发展自主的人，则应能够实施自我专业发展管理，教师自己作出学习的决策，如需要学习哪些内容、如何学习以及何时学习。教师应能够对自己的专业发展需要作出诊断、选择恰当的学习形式（如阅读有关材料、个人自学、请专家辅导或参加专门的研讨班等）、在学校组织的奖惩制度之外构建对自己有意义的奖励系统、不断回顾自己的专业学习过程以及在个人标准基础上对自己的专业发展实施评价。

三是能够自觉地在日常专业生活中自学。一名"自我更新"取向教师的专业发展不仅仅依赖正式的教师教育来获得专业发展，而且将专业发展与自己日常的专业生活密切结合起来，在日常教学工作中学到有利于专业发展的东西。这样的教师可能会随身携带一个笔记本，记录自己最近想研究的课题，收集相关资料；而后确定包括学习目标、资源和学习方法在内的系统的行动计划，寻求对同样课题感兴趣的合作同事；寻求可能的学习策略；安排专门时间阅读有关资料、反思和写作；在自学过程中，可自觉地从学生或同事那里征得反馈，引导自己的学习过程。

（三）　目标直接指向教师专业发展

从教师对专业发展的目标追求的指向和发展的动力来源来看，它是内在取向的，直接指向教师内部专业结构的成长与改进，而非以职业阶梯的升迁为直接目标。教师专业发展主要有两种目标指向，一种是"阶梯"指向，一种是"专业结构"指向。第一种专业发展指向把教学工作看做是一种职业，而且从组织结构和奖惩制度的角度来看待职业。它把教师专业发展看做是教师职业阶梯的攀升，把教师的"进步"定义为通过一系列等级机制而获得的进展，把"成功"看做是得到处于制度顶端的职位。教师专业发展的动力源于教师内在专业结构改进之外的职业阶梯升迁的需要。而后一种发展指向，亦即"自我更新"取向教师专业发展所采纳的指向，以个人的专业结构改进为本，把教学工作看做是一种专业，教师作为专业人员应追求个人专业结构的不断改进。与前一种观点相反，这种专业发展把获得内在专业结构的不断改进看做是最大的成就，并从中得到满足。它可能没有作为第一种观点核心的纵向或横向的职业阶梯发展路线，其发展的动力来自个人预先设定的专业发展目标或对某一专业发展目标的认同。它把内在专业结构的进步看做是最大的奖励，而把外在的机构对奖励的界定推到背景的位置。由于对教师专业发展要求的变动性，所以教师自我设定的专业发展目标可能会不断调整以适应这种变化，教师总是能够不断从中获得专业发展的动力，保持发展的势头。而相对而言，职业阶梯制度相对稳定，一旦达到既定层次的阶梯，则有可能失去进一步发展的动力①。

---

① McLaughlin, M. W. & Mei-ling Yee, S. Schools as a place to have a career, In Ann Lieberman (Ed.), *Building a professional culture in schools*. New York and London：Teachers college，1988. pp. 23-44.

第十章
"自我更新"取向教师专业发展过程与机制探讨

前面，相对于以往教师所经历的专业素质提高过程和对教师专业发展的研究框架，我们对"自我更新"取向教师专业发展在教师专业发展阶段分析的标准、立场的转变以及基本特征方面作了介绍。本章将探讨"自我更新"取向教师专业发展的展开过程、发展动力和机制。

本章内容包括三部分。第一部分是对"自我更新"取向教师专业发展基本走向的描述，探索由于个人进入专业发展的初始状态、所处环境的不同，可能存在的几种发展轨迹和不同走向。目前尚无直接以自我专业发展意识为阶段划分标准的实证研究，但将尽可能利用已有的有关结果展开探讨。这里对教师专业发展过程的描述和机制的分析包含有假设成分，但决非凭空想象、空穴来风。当然，它们的合理性和解释力仍有待进一步的实证研究的检验。第二部分将探讨"自我更新"取向教师专业发展的机制。先探讨教师的专业生活作为教师专业发展的最直接环境和源泉之一，是怎样提供教师专业发展的机会的、发展机会和可能性又是如何转化为教师的实际专业发展的、个人的自我专业发展意识的发展水平在其中的作用如何；而后再研究教师与环境之间如何相互作用、通过这一过程教师从中得到了什么；接着考察教师专业发展最小、最基本的发展单元要经历的主要过程。第三部分探讨由许多基本发展单元链接而成的教师专业发展的一般理论模型。

在关于人的一般发展理论中，"个体发展是在发展主体与周围环境积极地相互作用中，通过主体的各种活动实现的，其实质是个体生命的多种潜在可能逐渐转化为现实个性的过程"①。就教师专业发展来说，其专业发展又是如何实现的呢？对于这个问题，70 年代以前，西方学者一直尝试在"教师特质"研究中找到答案，即把"教师特质"，作为预测教师以后的专业表现和可能达到专业发展水平的基本依据②。然而，研究并没有得到预期的效果，以后的许多研究也没有证实其最初结果，其研究方法论反而受到了严厉的批判③。以后的研究表明，教师怎样做比教师是怎样的更为重要④。寻找"天生（born）教师"设想的破灭似乎提示，与人的一般发展相比较，个人先天因素以外的因素在教师专业发展中更为重要。本章探讨的问题即集中在教师是如何通过专业活动并在专业活动中获得发展的。

一、"自我更新"取向教师专业发展的阶段特征及其基本走向

教师专业发展过程会表现出一定的阶段性，这已为许多实证研究所证实。教师专业发展阶段特征即是对每一阶段特殊性的写照。每一发展阶段都有特定发展核心、主题和问题，每一阶段核心问题的解决

① 叶澜：《教育概论》，201 页，北京，人民教育出版社，1991。着重号为原作者所加。

② Bobbitt, F. Curriculum making in Los Angeles (Supplementary educational monographs no. 20). Chicago：University of Chicago press，1922；Barr, A. S. *Characteristic differences of good and poor teachers*. Bloomington, Illinois：Public school publishing company，1929；Charters, W. W. & Waples, D. *The commonwealth teacher - training study*. Chicago：The University of Chicago Press，1929.

③ 参见 Chambers, J. H. *Empiricist research on teaching*. Dordrecht：Kluwer academic publishers，1992.

④ 参见 Medley, D. The effectiveness of teachers. In P. Peterson & H. Walberg (Eds.), *Research on teaching：concepts, findings, and implications*. Berkeley, CA：McCutchan，1979；[英] 丰塔纳著，郑桂泉等译：《教学与个性》，北京，春秋出版社，1989。

277

与否、解决程度如何对后一阶段有很大影响，这决定了后来教师专业发展的方向和路径。

前面我们曾经提及教师专业发展即是教师专业发展内在结构的变化过程，教师专业发展的阶段特征，也就是教师专业发展的内在结构要素在每一阶段成长特征的特殊组合和表现方式。我们在描述教师专业发展的阶段特征时，力求在把握阶段总体特征的基础上，描绘在本阶段自我专业发展意识以及其他具有重要意义的单一结构要素的变化特征。对每一阶段自我专业发展意识发展特征的描述，我们将主要从自我专业发展意识所关注的重点与所达到的水平两方面展开。

（一）"非关注"阶段

这是指进入正式教师教育之前的阶段。这一阶段的时间，可从一个人进入接受正式教师教育一直追溯到他的孩提时代。在这一阶段，我们所讨论的"专业发展"的主体是有从教意向者，他们只是有从教的潜在可能，所以，还根本谈不上什么专业发展，更谈不上专业发展意识问题。所以，我们把这一阶段称为"非关注"阶段。这里之所以还要讨论这一阶段是因为对那些后来的确真的从教的人来说，这一阶段的影响却不能忽视。这一阶段的经验对今后教师专业发展的作用究竟有多大，有关的实证研究不多，尚难以得出明确结论，但费曼-内姆瑟（Feiman-Nemser, S.）对有关研究归纳后，认为至少可以从三种不同角度说明，这一阶段对教师专业发展所产生的影响，即使正式的师范教育也难以匹敌。进入师范教育前所形成的"前科学"的教育教学知识、观念甚至一直迁延到教师的正式执教阶段①。

第一种是以斯蒂芬斯（Stephens, J.）为代表的"进化"论角度②。斯蒂芬斯以"进化"理论来解释师范生好为人师的倾向。他认

① Feiman-Nemser, S. Learning to teach. In Lee S. Shulman & Gary Sykes（Eds.）, *Handbook of teaching and policy*. New York and London: Longman, 1983. pp.150-170.

② Stephens, J. Research in the preparation of teachers: background factors that must be considered. In Herbert, J. & Ausubel, D.P.（Eds.）, *Psychology in teacher preparation*. Toronto, Ontario: The Ontario institute for studies in education monograph series no.5, 1969.

为，人类之所以能够幸存下来，即是因为他们有相互纠正错误的本性，他们相互告知对方所知道的东西。这种倾向在家庭、学校中均被保留下来，儿童不仅记住了家长、教师所教的内容，同时也学会了怎样做教师。只要稍微留意一下儿童之间的游戏，就很容易证实这一点。同样，师范生也不例外，只不过他们的为师倾向中多了一份使命感。

第二种是以赖特和塔斯卡（Wright，B. & Tuska，S.）为代表的"心理分析"角度①。赖特和塔斯卡希望从心理分析理论中找到一个儿童成长为教师的合理解释。他们的研究集中在成人（父母、教师）对决定从教和随后执教的影响。成长为教师的过程类似于一个人孩提时代变得与重要他人相似的过程，学生可能会变得与某位教师相像，而教师又可能无意识地变得与某位教师相像。哈里斯（Harris，S.）在对150名准备做教师的大学生调查后也发现，有120人能够对自己难忘的教师作出生动的描述，31人提及的是幼儿园至5年级的教师，55人提及的是中学教师，14人谈到的是大学教授。尽管这些教师给他们留下深刻印象的原因有所不同，但都毫不例外地成为他们今后做教师的典范②。赖特曾专门收集教师写的轶事，其中，有许多轶事的主人公提及在儿童时代对某教师有意识的认同，对其后来如何为师十分重要。以下即是一个典型事例③：

> 一天中最美好的一刻便是老师讲故事的时候。我凝视着她的一举一动，聆听她说话时的发音。回到家里，我就玩学校里的过家家游戏，我一丝不差地照着老师的样子把她讲给我听的故事再原原本本地讲给想象中的小朋友听……虽然这已是多年以前的事了，但至今记忆犹新，因为我知道这位教师对我意味着什么。

---

① Wright, B. & Tuska, S. From dream to life in the psychology of becoming a teacher. *School review*. 1968, pp. 253-293.

② Harris, S. Remember our first love. *Educational leadership*, 1999, vol. 56, no. 8, p. 76.

③ Wright, B. Identification and becoming a teacher. *Elementary school journal*, April 1959, p. 362. 转引自 Feiman-Nemser, S. Learning to teach. In Lee S. Shulman & Gary Sykes（Eds.）, *Handbook of teaching and policy*. New York and London：Longman，1983, pp. 152-153.

　　第三种是"社会化"角度，以洛蒂（Lortie，D.）为代表①。洛蒂特别强调做学生的过程对教师成长的重要价值。在大约 15000 小时与教师的长期接触中，学生头脑中存储了无数课堂场景的活生生画面②。由于"对教师进行心理分析"是学生在班级中"维持生存"的基础，所以这种事常常发生。正是在这种"见习学徒期"中，学生逐渐把教师的教学模式内化到自己身上，而当他们自己执教时这些模式又被重新激活了。这种对教学的"前科学"认识，有持续保持的倾向。如，在正式教师教育之后，师范生对其原来教师的评价并没有发生变化，他们原来所钟爱的教师依然是好教学的典范，师范教育并未使得一个外行人的朴素认识与一名"有知识"的"专业人员"的判断之间表现出什么差异。显然，师范生只记得老师是好教学的化身，但并没有把教师的特定行为纳入到教学理论的分析框架中去理解。

　　帕亚雷斯（Pajares，M.）和理查森（Richardson，V.）在对有关教师信念研究归纳后，认为教师关于教学的信念在师范生入大学之前已经确立③。一般来说成人信念改变起来较为困难，如果发生改变，就要有新的权威代替原有的权威或者使得信念发生格式塔转换。威迪恩等人对 90 年代以来的 25 项研究进行了回顾，认为师范生已有的观念成了他们教师教育阶段学习内容的过滤器，他们在教师教育之后并不会产生新的教育观念，而更多的是为原有的观念进行

---

　　①　Lortie，D. *Teacher socialization*：*the Robinson*，*Crusoe model. The real world of the beginning teacher.* Washington，D. C. ：National commission on teacher education and professional standards，1966；Lortie，D. School teacher：a sociological study. Chicago：The university of Chicago press，1975.

　　②　按中小学阶段 12 年，每学年 40 周，每周 5 个学习日，每天在校 6 小时计算，与教师接触时间为 14400 小时。

　　③　Pajares，M. F. Teachers' beliefs and educational research：cleaning up a messy construct. *Review of educational research*，1992，vol. 62，no. 3，pp. 307-332；Richardson，V. The role of attitude and beliefs in learning to teach. In J. Sikula，T. Buttery & E. Guyton（Eds.），*Handbook of research on teacher education*（2nd ed.）. New York：Macmillan，1996. pp. 102-119.

辩护①。

师范生进入师范学校之前的生活经历对其教育观念，以至学会教学和教师专业发展过程的重要影响似乎已经成为一个不争的事实。问题是，师范生带入教育专业学习阶段的潜在教育观念对其理想教师专业形象形成和在专业学习阶段学习内容预期的影响，教师教育者似乎并未觉察，师范生本人对此亦处于无意识状态。结果可能是他们按照各自对理想教师的"直觉式"理解，去塑造自己。一般来说，在他们眼中，做一名小学教师重要的是热心、耐心和同情心等品质；做一名中学教师也只不过再多学一点专业学科知识，而根本谈不上以教师作为专业人员所必须的内在专业结构来构建理想教师新形象。他们在正式教育专业学习阶段所希望学到的，只是一些基本教学技能、诊断学生问题的方法和班级控制的技巧。如果正式教师教育没能察觉师范生先前对教师和教学的观念并予以修正，那么师范生走向工作岗位后效仿他原来钦佩的老师也就不足为奇了。

表 10-1　中学优秀教师专业能力形成的时间分布②

各种专业能力	大学前（%）	大学期间（%）	职后（%）
语言表达能力	34.69	20.14	44.90
运用教学方法和手段的能力	21.65	12.37	65.98
与学生交往能力	21.43	10.21	68.37
教学组织和管理能力	19.59	11.34	69.08
教育机智	19.19	11.11	69.70
对教学内容的处理能力	18.95	12.63	68.42
教学科研能力	18.18	11.11	70.71

① Wideen, M., Mayer‐Smith, J. & Moon, B. A critical analysis of the research on learning to teach: making the case for an ecological perspective on inquiry. *Review of educational research*, 1998, vol. 68, no. 2, pp. 130–178.

② 王邦佐等主编：《中学优秀教师的成长与高师教改之探索》，46 页，北京，人民教育出版社，1994。表中专业能力已依次按大学前、大学期间和职后三个时期能力形成百分比大小降序重新排列。

　　总体来看，在进入正式的师范教育以前，立志从教者在对教师专业发展"非关注"的状态下，无意识之中以非教师职业定向的形式形成了较为稳固的教育信念，具备了一些"直觉式"的"前科学"知识。这时虽谈不上教师专业能力的发展，但在与教师专业能力密切相关的一般性能力，尤其是语言表达能力、交往能力和组织管理能力方面为正式执教打下了一定基础（参见表 10-1 和图 10-1）。

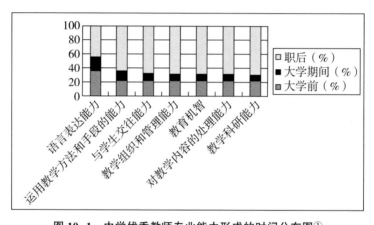

图 10-1　中学优秀教师专业能力形成的时间分布图①

（二）"虚拟关注" 阶段

　　这一阶段所反映的主要是指师范学习阶段师范生的发展状况②。这一阶段专业发展的主体——师范生的身份是学生，至多只是"准教

---

　　①　根据表 10-1 数据绘制。

　　②　这里所指就职前的师范学习阶段，包括实习期在内，相当于 preservice 或 initial training，与 inservice training 或 staff development 相对。由于各国和地区师范教育制度不同，职前阶段的长短有很大差异，如德国规定通过国家考试的学生，须经过为期一年的实习期，期满后还要经过第二次国家考试，而后才能正式执教（参见裴学贤：《美国、德国、法国师范教育 "教育实习" 概况及其对我国的启示》，见（台）比较教育学会、师范教育学会主编：《国际比较师范教育学术研讨会论文集（下）》，529～555 页，台北，师大书苑有限公司，1992。）；而在香港，教师没有完成职前训练也可以从教（黄显华、黄毅英：《教师教育阶段性的探讨》，载《初等教育》，1992 年第 2 卷第 2 期）。

师"。他们不仅自己这样定位，而且实际上在这期间他们周围的一切环境和活动安排也都是把他们作为师范生来看待的，即使在实习期间，他们也是"实习"教师，这使得师范生所接触的中小学实际和教师生活带有某种虚拟性。师范生缺少专业教师的体认，加上"虚拟的"专业学习环境，使得师范生的专业人员意识和自我专业发展意识十分淡漠。尽管在经过师范学习的实习期后，师范生有了自我专业发展反思的萌芽，但仍有"虚拟性"，是对虚拟教学环境中个人专业结构欠缺的反思。所以我们把这一阶段师范生的专业发展特征概括为"虚拟关注"阶段。

由于这一阶段师范生的自我专业发展意识淡漠，而师范教育对此又没有予以特别关注并提供特殊支持环境，进入教师教育之前所形成的教育观念将对师范教育阶段的学习起"过滤器"的作用，导致师范生的专业学习生活中的专业发展可能会出现以下情况。

首先，使得师范生难以接受或有保留地接受新的、更为合理的教育观念，也限制了其教育专业理论学习的范围。在进入教师教育之前的长期学习生涯中，师范生感受到日常生活中到处有"教学"活动，做教师也无须特别的专业准备。而这种肤浅的"经验"之谈，对他们的教学专业学习产生了消极的限制作用。阿马雷尔（Amarel，M.）和费曼-内姆瑟曾对进入师范教育的学生进行问卷调查，他们询问学生"为了以后成功地教学，现在应该学什么"[①]。调查结果显示，师范生最为关心的是学到课堂管理方面的知识，在学生面前能够放松的知识。而且，许多学生简单地认为他们最需要的就是教学实习。他们很少提及专业学科知识、关于学生学习的知识，甚至在正式学习专业课程之前就表现出贬低其价值的倾向。温斯坦（Weinstein，C.）在类似的研究中发现，实习前的师范生对自己处理课堂问题的能力抱有"不切实际的乐观主义（unrealistic optimism）"态度，他们认为许多有经验的老教师可能有管理、纪律或教学方面的问题，而他们不会有

---

① Amarel，M. & Feiman-Nemser，S. *Perspective teachers' views of teaching and learning to teach*. Paper presented at the meeting of the American educational research association，New Orleans，1988.

第三编 教师发展论

这些问题①。这样的学生从老教师身上也不会学到什么东西。

而且问题是，师范教育也往往没有提供强化的理论学习环境。本来，拥有专门的知识体系是一门专业的基本特征，教师作为一名专业人员则必须掌握这一知识体系，师范教育阶段是掌握知识体系基础的最好时机。不过从世界范围内的师范教育课程设置的比例来看，专业课程占35%，普通文化教育课和教育理论课均占25%，教育实践占15%②。我国师范教育中教育类课程所占比例就更小，实际上很难起到为教师做好职前准备的目的。尽管在教育理论界内部对教育理论与实践关系的认识亦有分歧，而且有过广泛的争论③，纯粹坚持"理论决定并指导实践"的观点也已经被放弃，但理论知识能够不断修正改进我们的常识，使之更为合理，使我们对自己的所作所为不断进行严肃的批判④。只有具备了这些知识之后，教师才能在此基础上与其教学实践相互融合，发展出更具价值的专业知识。在这一点上，有经验教师比师范生更有能力判断教育理论的价值⑤。所以，师范生在理论学习阶段由他们先前的教育观念所"过滤"掉的不仅是宝贵的教育知识本身，而且在很大程度上失去了今后对自己教学实践以至自身的专业发展反思的意识和机会。

其次，师范生的专业活动范围仅局限于特定领域。他们主要身份还是学生，本来就对教学专业活动缺少关心，也较少参与教学专业活动，在师范生先前教育观念的影响下，他们把教学专业活动贬低为只

---

① Weinstein, C. Preservice teachers' expectations about the first year of teaching. *Teaching and teacher education*, 1988, vol. 4, pp. 31-40.

② 参见苏真主编：《比较师范教育》，383 页，北京，北京师范大学出版社，1991。

③ 参见赫斯特：《教育理论》，奥康纳：《教育理论是什么》，迪尔登：《教育领域中的理论与实践》，卡尔：《教育理论与教育实践的原理》，分别载瞿葆奎主编，瞿葆奎、沈剑平选编：《教育学文集·教育与教育学》，441~466 页；467~484 页；532~556 页；557~575 页，北京，人民教育出版社，1993。

④ Hirst, P. H. Professional studies in initial teacher education：some conceptual issues. In R. Alexander E. Wormald (Ed.), *Professional studies in teaching*. London：Society for research in higher education, 1979, p. 19.

⑤ 萨瑟兰著，任长松译：《教师的培养与教育理论的学习》，25 页，载《华东师范大学学报（教育科学版）》，1994 (3)。

是包括某些特殊技能、技巧层面内容的活动，这又限制了他们在理论学习阶段本来就有限的、旨在促进"专业发展"的专业活动的范围。师范生在理论学习阶段所参加的难能可贵的专业活动中，多限于进行"教师基本功比赛"，如"三字（钢笔字、毛笔字、粉笔字）一话（普通话）"、教学口语、实验演示、自制教具等，而将专业活动中富于创造性的一面排斥在外。这样，从师范学校出来的未来教师只能是满足于技能、技巧熟练的"教书匠"。

不过，这并不是所有师范生在这一阶段所经历的惟一发展路线。师范生的原有观念不是不可能改变，而是有条件的。这与师范生所接受的师范教育有关。在多数情况下，师范教育忽视了师范生既存的教育观念，而只把促进教师专业发展过程看做是向师范生提供关于教学的知识、技能（而且所提供的知识也有局限），并认为学生在不提供其他帮助的情况下，此后便能够自觉地将其与教学实践结合起来，有效地将其应用于实践。有研究显示，如若在教师专业发展的初期就有意识地对学生原有的教育观念予以干预，师范生在此阶段的专业发展路线可能会有所变化①。这些较为有效地改变师范生原有教育观念的干预计划主要有两个方面的特征：一是干预计划的时间较长（一年以上），以使干预计划中所主张的新观念和相应的干预措施有充分的展开时间，从各种角度对新观念予以强化；二是干预计划采用小组的组织形式，小组成员之间互助合作，他们与师范教育者也有着更为密切的关系，而且也为每一位成员验证其教育观念提供了方便。

师范生自我专业发展意识淡漠的情况，在经过实习期后会有所改变。在这一时期，师范生在教师专业发展方面的一个重要特征是原有的教育信念受到冲击，尝试在与现实的互动协调中重新界定教育信念。由于师范生最初难以适应教学现实环境，感到理论学习阶段并没有为充任教师做好准备，这引起他们对自己应该具备什么样专业知识、能力才符合合格教师的要求等问题作重新思考，对自己专业结构

---

① Wideen, M., Mayer‑Smith, J. & Moon, B. A critical analysis of the research on learning to teach: making the case for an ecological perspective on inquiry. *Review of educational research*, 1998, vol. 68, no. 2, pp. 130–178.

合理性的反思意识初见端倪。但这种反思的范围还只是限于目前自身专业结构与在实践中体验到的理想的专业结构的差距，尚未拓展到与随社会变革和时代要求而处于动态变化之中的专业结构相比较，更没有把自身的教师专业发展全程作为反思的对象。但这毕竟是一个开端，这也是该时期师范生专业发展的又一重要特征。他们虽然意识到自己知识、能力等方面的欠缺，并试图重新建构自己的专业结构，但又迫于实习情境的压力，只能在"速效"的教学技能等方面有所发展，而把专业结构的实质性改善寄希望于未来。不过这种仅由于熟练掌握教学技能而获得实习"成功"的实习教师，其正式任职后的专业发展反而会因此而受到限制。从下面塔巴克尼克、波普凯维茨和泽克纳对有关研究的概括中，我们对实习期间，师范生在功利观驱使下在教学知识、能力方面的发展情况可略窥一斑①：

● 教学实习活动的范围很有限，只限于常规的、短期的教学技能或管理方法。

● 实习生对自己教学活动的合理性认识不足，只是想当然地教某些内容，而从没有意识到为什么要选择教这些内容。

● 实习生把纪律当做是教学的最大问题。让学生有事做，保证他们安静、有序地跟上课本身成了目的，而不是实现特定教育目标的手段。

● 实习生某些技能的熟练程度有了很大提高；然而他们却以全然功利的准则来衡量学生的成功，他们有意让理论与实践保持一定距离，把日常专业活动与其思想分离开来。

经过实习期后，教师的自我专业发展意识在多大程度上被唤醒，与实习期的长短和所经历的过程有着密切关系。如果实习期较长，而

① Tabachnick, B., Popkewitz, T. & Zeichner, K. Teacher education and the professional perspectives of teachers. Paper presented at the annual meeting of the American educational research association, Toronto, March 1978. 转引自 Feiman-Nemser, S. Learning to teach. In Lee S. Shulman & Gary Sykes (Eds.), *Handbook of teaching and policy*. New York and London：Longman, 1983. p. 156.

且经历全部时期，一般来说自我专业发展意识被唤醒的程度要高一些。据雷文（Reven，F.）、卡特赖特（Cartwright，C.）等人研究，师范生在实习阶段的发展大致要经历六个时期①：

实习的第一个时期，可称为预期期，师范生所体验到的主要是畏惧和激动人心的预期。这一时期的师范生往往对中学教师有一种浪漫的幻想，而对自己的改造世界的能力估计过高。

随着时间的推移，师范生对教学工作的原有观点开始发生变化，进入了预期幻灭期。有的实习教师在反思日记中写到："原来教师还要做那么多的文书工作，真不知道指导老师平时是怎么过的！"还有的写到，"现实中的教学工作所要求做的事情比我想象的多多了！""上周五我还激动不已，终于可以到我梦寐以求的地方了。现在，除了这儿，我到哪儿都行！"他们不仅要学习怎样教学，而且要努力学习怎样当老师。在原有对教学工作的预期幻灭之后，他们要重新调整自己适应现实。

在调整阶段之后，实习教师就进入了第三个阶段，重新界定阶段，他们在工作中寻找对教师和教学工作的新解释。有的实习教师写到，"通过这一星期的实习，我才意识到学生也喜欢风趣的老师"，"教学比我想象的要丰富的多，有时与我的设想迥然相异，我发现了真实的教学"，"我每天都有关于教学的新发现"。与前一阶段不同的是，这一阶段所表现出的"重新发现"的特征，有些情况下可能一直持续到入职后数年②。

随着实习教师赋予教学以新的意义，他们对自己作为专业人员的认识也在拓展，这一阶段可称为转型期。实习教师开始尝试把对教学的新认识落实到自己身上，转化为自己的内在专业结构。有的实习教师在反思日记中这样写到，"我刚开始上课的时候真是紧张，过了一段时间后就好多了，自己也更加自信。我已经能够在不同的班级以不同的方式上同一内容的课"。与上一阶段类似，这一阶段所表现出的

---

① Reven，F.，Cartwright，C.，et al. Developmental phases of preservice secondary teachers. *Journal of instructional psychology*，1997，vol. 24，no. 4，p. 240.

② Britzman，D. P. *Practice makes practice*. Albany，N. Y.：State University of New York Press，1991.

特征也可能要持续数年，甚至贯穿教师整个职业生涯。

第五个时期是专业投入。这时，师范生在对作为专业教育者的义务、责任和回报明确认识的基础上，决心献身教学专业。有的师范生写到，"我要成为一名教师的志向这次真正受到了检验，教学尽管有其不令人满意之处，但没有比我教学生更重要的事情了"。在实习期结束时，研究者在访谈中问及实习教师以后是否决定从教，他们多数回答是"为什么不呢？我也曾经动摇过，也曾反复思忖，但我还是决定从教，我能做一个好教师"。

实习教师所经历的最后一个时期是预期更新期，这是实习教师原有教学观念经受现实冲击，对教学、教师和自己的教学能力重新估价之后，对自己今后正式走向工作岗位后专业活动的再次预期。这一时期在学生反思日记和访谈中没有直接反映，但从他们的行动、态度和与同伴、朋友的谈话中可以明显地感受到这一时期的存在。这一时期他们讨论的热门话题是"如果以后我有了自己的班级，我将……"。

在师范教育忽视师范生原有的教育观念对其教师专业学习的重要影响的情况下，师范生的原有的教育观念会对教师教育阶段的学习起到"过滤器"的作用，使专业发展程度受到限制。而在考虑到师范生原有观念并有意识干预的情况下，师范生可以改变原有的教育观念，而接受新的教育观念，其专业知识和能力等也会朝着更为积极的方向发展。此外，如果实习期较长，师范生可能出现自我专业发展意识的萌芽，为进入正式任职阶段打下良好基础。

（三）"生存关注"阶段

刚刚入职的教师所面临的问题丝毫不比老教师少，而且一般会更多，但由于师范教育阶段师范生一直是在经过特殊安排的环境中获得专业发展的，与实际的教学环境有所差异。这一时期是教师专业发展的一个关键期。它不仅面临着由师范生向正式教师角色的转换，面临从大学校园到中学校园的变化，也正是所学理论与实践的"磨合期"，其间需要教师在教学实践过程中对理论、实践及其关系进行"反思"，以克服对于教学实践的不适应。无论是从人生发展还是专业发展角度说，教师均面临着一个全新的阶段，所以这一阶段的突出特点是"骤变与适应"。这种环境的骤变从反面激起了初任教师强烈的自我专业发展的忧患意识，迫使他们特别关注专业发展结构中的最低要求——专业活动的"生存"技能，尚谈不上对"自我更新"能力的关注及其发展。在这一非常态的教师发展时期，教师的自我专业发展意识虽然较强，但由于是在外在的压力下以"被迫"的形式激起的，所以指向的内容主要是"生存"技能，如果教师对此没有较清晰的认识，这里的自我专业发展意识反而对教师以后的专业发展产生不利影响。

在这一阶段，初任教师面临着来自生活和专业两方面的压力。按照莱文森（Levinson, D.）等人的观点，初任时期的教师正面临着人生发展中的两项任务：一是探索成人生活的各种可能性，所以他们总是保持一种开放的心态，避免太过强烈的职业投入，拓展多种选择；二是构建稳定的生活结构，对自己的生活负责①。从教师专业发展的角度看，由师范生至初任教师的导入阶段对教师也至关重要，它不仅决定着教师的去留，而且影响他们将成为什么样的教师。美国国家教育研究所（National Institute of Education）即曾申述该时期的重要性②：

> 一个人第一年教学的情况如何，对他所能达到的教学效能水平有重大影响，而且要持续数年；会影响到整个 40 年教师职业生涯中对教师行为起调节作用的教师态度；也确实影响教师是否继续留在教学专业的决策。

在没有较为明确的导入计划的情况下，总体来说，经受"现实的冲击"仍是教师在这一时期教师专业发展的主题。虽则在实习期，教

---

① Levinson, D., Darrow, C. et al. *The seasons of a man's life*. New York: Alfred A. Knopf, 1979. p. 58.

② National institute of education, Beginning teachers and internship programs. (R. F. P. No. 78-0014) Washington, D. C.: NIE, 1978, p. 3. 转引自 Feiman-Nemser, S. Learning to teach. In Lee S. Shulman & Gary Sykes (Eds.), *Handbook of teaching and policy*. New York and London: Longman, 1983. p. 158.

师对教学现实已经有所了解，但由于当时他们所处的"教学现实"对于实习学校、大学和师范生来说主要作为"学习的"场所对待的，而非以"真实的"场景出现；另外，由于实习的时间有限，也难以学到应对实际中各种问题的能力。所以，当教师带着实习期之后所形成的对自我专业形象的新预期来到学校时，他们依然遇到了"现实的冲击"。在应对"现实的冲击"的主题下，教师所关注的是如何"生存"下来，教师专业发展主要集中在专业态度与动机方面，尚难以过多地顾及专业知识与能力的发展。当然，如若有明确的入职指导，或者在教师培养阶段有其他相应措置（比如美国提出的专业发展学校（professional development schools）培养模式[①]），教师的教师专业发展的经历则会有所不同。

"骤变与适应"在教师专业发展方面即表现为初任教师所遇到的"现实的冲击（［德］*Praxisshock*，*Reinwascheffekt*；［英］*reality shock*，*transition shock*）"。所谓"现实的冲击"，一般系指在师范教育阶段所形成的教学理想在严峻、残酷的日常课堂生活现实面前的彻底破灭[②]。60年代末期，富勒对师范生在实习期关注焦点的变化研究中，即发现师范生感受到对学校的现实环境难以适应的冲击，科科伦（Corcoran，E.）则把初任教师对教学环境的生疏，而无法将大学所学到的观念与技能转化为实际的教学时所具有的无力感称为"过渡期冲击（transition shock）[③]"，温斯坦（Weinstein，C.）则把这种理想

---

① 参见霍姆斯小组：《霍姆斯协会报告：明天的教师（1986）（上）（下）》，范宁编译，杨之岭、林水校，载《外国教育资料》，1988（5、6）；Wideen，M.，Mayer‐Smith，J. & Moon，B. A critical analysis of the research on learning to teach：making the case for an ecological perspective on inquiry. *Review of educational research*，1998，vol. 68，no. 2，pp. 130‐178；毛新勇：《专业发展学校在教师教育中的应用的个案分析——美国三一大学的教学硕士（MAT）培养方案的评估》，载《高等师范教育研究》，1999（1）。

② Veenman，S. Perceived problems of beginning teachers. *Review of educational research*，1984，vol. 54，no. 2，p. 143.

③ Corcoran，E. Transition shock：the beginning teacher's paradox，*Journal of teacher education*，1981，vol. 32. no. 3.

与实际差异所产生的困扰称为"现实的冲击"（reality shock）①。赖克特（Reichert, E.）也曾把新教师难以适应学校实际情境的状况称为"实践的冲击（Praxisshock）"②。维恩曼认为，严格来说用"现实的冲击"来描述初任教师的经历不甚恰当，因为该词汇给人以"现实的冲击"经过短时间就可度过的印象。实际上，"现实的冲击"涉及对复杂现实的同化，在较长时期内会一直缠绕着初任教师。这一复杂现实，要求教师在第一阶段的实际教学中经过长时间努力才能把握。马勒-福布罗特（Müller-Fohrbrodt, G.）等人曾归纳出"现实的冲击"有以下表现③：

●感受到问题：包括主观上感到存在问题、有压力，抱怨工作负担重、应激、身心不适。

●行为的变化：包括与迫于外在压力而产生的又悖于个人信念的教学行为变化。

●态度的变化：包括信念系统的变化（如在教学方法方面由进步的态度转向保守的态度）。

●个性的变化：指情感领域（如易变性-稳定性）和自我概念的变化。

●离开教学岗位：理想破灭，初任教师过早地离开教学专业。

在"现实的冲击"下，初任教师是一种什么形象呢？伯登曾做过

---

① Weinstein, C. Preservice teachers' expectations about the first year of teaching. *Teaching and teacher education*, 1988, vol. 4, pp. 31-40.

② Reichert, E. Der Praxisschock oder die Situation zu Beginn des hehrerberufs. In H. Frommer (hrsg.), *Handbuch Praxis des Vorbereitungsdienstes*, Bd. 2, Dusseldorf: Schwann, 1982. 参见杨深坑：《从比较教育观点论我国实习教师制度之规划》，见（台）比较教育学会、师范教育学会主编：《国际比较师范教育学术研讨会论文集（下）》，486页，台北，师大书苑有限公司，1992。

③ Müller-Fohrbrodt, G., Cloetta, B. & Dann, H. D., Der Praxisschock bei junger Lehrern. Stuttgart: Klett, 1978. 转引自 Veenman, S. Perceived problems of beginning teachers. *Review of educational research*, 1984, vol. 54, no. 2, p. 144.

如下概括①：

- 有限的关于教学活动的知识
- 有限的教学环境的知识
- 符合教师宛如权威的比喻
- 课程与教学的学科中心取向
- 有限的专业领悟和理解力
- 感到变幻莫测、疑惑和不安
- 不愿意尝试新的教学方法

"现实的冲击"影响着初任教师这一阶段的教师专业发展诸方面的表现。与之联系最为密切的莫过于专业态度和动机的变化。如果我们浏览一下多数初任教师在这一阶段所遇到的问题，就不难发现，列在所遇到问题前五位的依次是课堂纪律、激发学生动机、处理个别差异、评价学生作业、与家长的关系，而这五项无一不与教师的内在专业结构有关。初任教师感到自己并未做好充任教师的专业准备，由此而引发了初任教师强烈的职业焦虑和无助感，进而把这种不安和焦虑作为自己专业选择错误的标志。这导致初任教师的专业动机下降至最低点，一个直接的更严重后果就是离职。据有关调查显示，这一时期的离职率在30%~40%左右，任教两年内教师的离职率与任教10年内的离职率相比"不成比例"的高②。

在经历"现实的冲击"前后，教师教育信念也有所变化。有许多

---

① Burden P. R. 'Teachers' perceptions of their personal and professional development. Paper presented at the annual meeting of the Midwestern educational research association. Des Moines, 1981, p. 7. 转引自 Feiman-Nemser, S. Learning to teach. In Lee S. Shulman & Gary Sykes (Eds.), *Handbook of teaching and policy*. New York and London: Longman, 1983, p. 162.

② Marso, R. N. & Pigge, F. L. A longitudinal study of persisting and nonpersisting teachers' academic and personal characteristics. *Journal of experimental education*, 1997, vol. 65, no. 3, p. 243; Marlow, L., Inman, D., et al. Beginning teachers: Are they still leaving the profession? *Clearing house*, 1997, vol. 70, no. 4, p. 211; Moskowitz, J. & Stephens, M. (Eds.) From college to first-year teaching: how the United States compares to several other countries. Washington, D. C.: U. S. Department of Education, 1997.

研究认为，在职前培养阶段，师范生对教育的态度会越来越趋于理想、进步、自由，而进入实习和第一年正式教学后其态度会朝着相反的方向转化，变得愈加传统、保守或主张控制。有许多追踪研究支持这一转换趋势。马勒-福布罗特（Müller-Fohrbrodt，G.）等人曾研究了德国教师的态度变化过程①。他们追踪研究的持续时间从接受师范教育的第一年一直到任教第三年。他们发现，在进入师范教育之前，他们的态度非常"保守"。此后，在师范教育阶段，师范生进入了一个相当快速的"解放"期。随后，任教第一年，教师态度又朝着相反的方向改变。在学生观方面，由先前的学生中心倾向，转到专制倾向。据伯格曼（Bergmann，C.）等人的研究，大约有57%的初任教师报告说他们由最初的学生中心转到专制倾向②。沃尔特（Walter，H.）在研究中也发现，有94%的初任教师说他们最初曾尝试采用较为民主的教学方式，而在遭遇困难之后，91%的初任教师承认他们不得不作出让步③。哈里斯（Harris，L.）在美国进行的一项全国性调查也有类似的结果④。任教之前，有93%的教师认为学生有学习能力，而任教一年后下降为88%，任教两年后下降到86%。28%的教师认为许多学生进校时的问题太多，很难成为一个好学生，任教一年后这一

---

① Müller-Fohrbrodt, G., Cloetta, B. & Dann, H. D., Der Praxisschock bei junger Lehrern. Stuttgart：Klett，1978；Dann, H. D., Cloetta, B., Müller-Fohrbrodt, G. & Helmreich, R. Umweltbedingungen innovativer Kompetenz. Stuttgart：Klett-Cotta，1978；Dann, H. D., Müller-Fohrbrodt, G. & Cloetta, B. Sozialisation junger Lehrer im Beruf："praxisschock" drei Jahre später. *Zeitschrift für entwicklungspsychologie und pädagogische psychologie*，1981，13，251-262. 参见 Veenman, S. Perceived problems of beginning teachers. *Review of educational research*，1984，vol. 54，no. 2，p. 146.

② Bergmann, C., Bernath, L., et al. Schwierigkeiten junger Lehrer in der Berufspraxis. Giessen：Zentrum für Lehrerausbildung der Justus Liebig-Universitt，1976. 参见 Veenman，S. Perceived problems of beginning teachers. *Review of educational research*，1984，vol. 54，no. 2，p. 144.

③ Walter, H. Auf der Suche nach dem Selbstverständnis：Studium und Beruf im urteil der Junglehrer. In H. J. Ipfling（ed.），*Verunsecherte Lehrer Ein*，*Stand zwischen Anspruch und Wirklichkeit*. München：Ehrenwirth，1974. 参见 Veenman, S. Perceived problems of beginning teachers. *Review of educational research*，1984，vol. 54，no. 2，p. 144.

④ Harris, L. *The metropolitan life survey of the American teacher*，1992. New York：Louis Harris and Associates，Inc，1992.

比例上升到 47%，而任教两年后则高达 50%。与上述变化相联系，在教学观上初任教师依然维持了原有的观念，即认为教学只是一种知识传递过程，教师在课堂上主要是讲述知识，而学生主要是记忆这些知识。基于这一理解，这一时期初任教师的知识、能力也都是围绕如何更好地传递知识构建的。

为了顺利度过"生存关注"阶段，初任教师不得不设法克服"现实的冲击"，为此就要迎头解决课堂纪律、激发学生动机、处理个别差异、评价学生作业、与家长的关系等在实际中所遇到的一系列问题。而这些问题的出现又与缺乏基本的教师专业知识（如有关学生的知识、学科教学法知识）和基本教学能力（如学科教学能力、教学组织能力）相联系。所以，如果说初任教师在知识与能力方面的进步的话，那就在于他们把原来学到的理论知识与教学实际作了一定程度的"结合"，或者是求教于有经验教师，或者自己在教学实践中通过"试误"、"做中学"，但无论如何他们找到了应急的、维持最低水平教学的、最基本的教学"求生"知识和能力。

在"现实的冲击"的压迫下，初任教师的自我专业发展意识发生了一些消极的变化。如果说在实习期，师范生意识到自己内在专业结构的不足，试图今后对其进一步改进还是一种积极的自我专业发展意识的话，那么在初任期教师的自我专业发展意识则表现出向消极方向转移的倾向。初任教师多是通过个人"试误"，独自应对"现实的冲击"的，这种"单干"的形式，可能造成初任教师对教学产生一种"畸形"的、窄化的理解，并对自己教学的成功与失败作出错误的诠释。就当时来说，这缓解了教师的压力，但就长远来说，这可能对教师专业发展产生不利影响。因为，初任教师可能由此而认为所谓好的教学就是个人在不同情境下，经过不断尝试而获得成功的教学。不同教师之间的教学除了风格上的差异之外，没有什么不同。这样，虚心向其他教师学习，寻求教学的更高标准都没有必要了。即使勉强维持自我专业发展，也只是具体教学方法的量上的增加，而没有实质性进步。另外，这一时期恰逢初任教师步入成人世界的初始阶段，希望尝试各种可能性，所以职业的选择并未绝对确定。即使是那些曾一度渴望成为一名教师的年轻教师，也不一定准备把教师专业作为终身的职业①。这些无疑均会使教师的自我专业发展意识更加淡漠，对教师的专业发展产生负面影响。

（四）"任务关注"阶段

在度过了初任期之后，决定留任的教师逐渐步入了"任务关注"阶段。这是教师专业结构诸方面稳定、持续发展的时期。随着教学基本"生存"知识、技能的掌握，教师的自信心也日渐增强，由关注自我的生存，转到更多地关注教学上来；由关注"我能行吗?"转到关注"我怎样才能行?"上来。这一阶段的自我专业发展意识相对于上一阶段来说，在指向上，由仅仅关注"生存"技能，转到更广范围的专业发展上来，但这一转向在很大程度上受到职业阶梯、他人评价等某些外在因素的制约，这也同时反映着自我专业发展意识的强度还较弱，发展尚不成熟。教师对专业发展的重视，多是因为进修是专业的要求，是为了更好地完成教学任务，以获得职业阶梯的升迁和更高的外在评价。鉴于此，我们把这一阶段概括为"任务关注"阶段。

从"生存关注"到"任务关注"的过渡是有一定条件的，只有满足或基本满足这些条件，教师才可能进入稳定的专业发展时期。休伯曼等人在对瑞士教师的调查中，归纳出六项教师职业生涯中进入"稳定期"的必要条件②：

● *彻底承诺献身教学：不再在多种职业之间犹豫不决，而是把注意和精力集中在一种上——教学专业。*

---

① 参见 Nias, J. Reference group in primary teaching: talking, listening and identity. In Stephen J. Ball & Invor F. Goodson（Eds.）, *Teachers' lives and careers*. Lewes: Falmer Press, 1985. pp. 105-119; Cole, M. "The tender trap?" Commitment and consciousness in entrants to teaching. In Stephen J. Ball & Invor F. Goodson（Eds.）, *Teachers' lives and careers*. Lewes: Falmer Press, 1985. pp. 120-137.

② Huberman, M., Grounauer, M. & Marti, J., translated by Neufeld, J. *The lives of teachers*. London: Cassell villiers house; New York: Teachers college press, 1993, p. 37.

● 成为受益者：签订长期合同，享有多种福利。

● 拥有管理妥善的班级和满意的师生关系：教师可以在自己最希望教学的年级、班级上课。

● 掌握了至为关键的一整套教学技能：包括拥有恰当的维持课堂纪律策略，具有学年教学规划能力，储备了大量可引发学生兴趣的练习和活动，善于在混合班级教学。

● 与其他作为专业人员的同事保持密切联系：可以与他们一起讨论、合作，得到他们的帮助。

● 恰当处理工作需要和家庭需要之间的关系（样本中的女教师尤其如此）：特别是与孩子要保持身心接触。

如果以上某些条件缺失，那么教师在随后的时期就要设法重新获得，以争取稳定的教师专业发展。如果不能满足这些要求，那么教师就可能会以消极的词汇来形容其专业生活：痛苦、挫折、冲突。

在伯登的一项教师专业发展研究中，有一位处于这一时期的教师谈了如下感受：①

　　我感到我能够了解周围所发生的一切了……与以前相比能够提前一些时间准备好［课］。现在也能够较快地"解读"我的班级、了解学生的需要了。我感到在处理问题情境时有了更多的可利用资源，知道了该教什么、如何处理人际关系。

由于这一阶段的自我专业发展意识还比较脆弱，所以在某些情况下会屈服于外在的评价，有时难以协调各种关系、创造条件以获得专业发展，还有时产生自我怀疑失去自我发展的动力。由此而导致专业发展的另一分支的发展路线。造成这种情况的原因可归为个人与环境

---

① Burden P. R. Teachers' perceptions of the characteristics and influences on their personal and professional development (Doctoral dissertation, The Ohio State University, 1979). *Dissertation abstracts international*, 1980, 40（5404A）, p. 122. 转引自 Feiman - Nemser, S. Learning to teach. In Lee S. Shulman & Gary Sykes (Eds.), *Handbook of teaching and policy*. New York and London：Longman, 1983. p. 162.

两方面。就个人方面而言，主要是教师入职后才逐渐发现教育的专业地位并不像曾经认为的那样高，自己感到失望；长期、平淡、重复的教学带来厌倦心理，导致教师重新估价自己职业选择的合理性；职业发展阶梯漫长、艰辛，且其间有何变故难以预料；在教育观念上与同事迥然有异；某些新的教学方法的尝试难以施行，或总是遭受失败。就学校环境而言，其原因主要在于学校对教师专业发展的支持不够；教师用于备课的自学的时间不足；所在学校校长压制创造性①。这时的教师主要表现为专业活动的士气下降，缺乏进取心，敷衍塞责，专业发展动机和信心不足。哈蒙和罗特曼（Hamon，T. & Rotman，P.）曾对这一时期的教师有如下"画像"②：

> 他们只是按明文规定的规章制度、课程表和课时计划行事，决不多做。碍于正式文件和规定，他们才严格地维持最低限度的勤勉工作……曾一度燃起他们热情的对工作的挚爱已近乎燃烧殆尽的死灰……他们变得轻率、玩世不恭，无奈地被缚于锈色合同。

随着教师对常规教学的逐渐熟悉，教师的专业自信心也越来越强，注意力也可以更多地转移到常规教学以外的对象。这时教师开始尝试通过自己的教学对学生产生影响。在教学中，教师逐渐发现仅仅"教书"是不够的，心中必须要有学生，教的内容必须适应学生的现有水平和需要，这时教师的学生观在有限度的范围内又向职前阶段的学生观回复。教师原来的知识"灌输"教学观，随着学生意识的增强也有所改变，变得不再仅强调"灌"，而是要让学生理解教学内容。不过，这时教师还只是在教学方式、方法方面的变更，教学目的限于

---

① Marlow, L., Inman, D., et al. Beginning teachers: Are they still leaving the profession? *Clearing house*, 1997, vol. 70, no. 4, p. 211; George, N. L. & George, M. P. An exploratory study of teachers of students with emotional and behavioral disorders: to leave or to stay? *Remedial & special education*, 1995, vol. 16, no. 4, p. 227.

② Hamon, T. & Rotman, P. Tant Qu'il y aura des Profs. Paris: Editions de Seuil, 1984, p. 162. 转引自 Huberman, M., Grounauer, M. & Marti, J., translated by Neufeld, J. *The lives of teachers*. London: Cassell villiers house; New York: Teachers college press, 1993, p. 8.

知识学习的认识没有发生根本变化。教师在自发状态下通过自己的教学实践的积累，"发现"学生、进而改变学生观和教学观的过程较为缓慢，而且各位教师之间也表现出很大差异。如果教师能够持续得到有意识的帮助和指导，学生观和教学观的改变相对较快。

就教师知识结构的改进来说，在前一时期关注课堂纪律维持方面的知识和能力之后，教师的专业学科知识和一般教学法知识成为发展的重点。尽管教师在职前阶段已经学了不少专业学科知识，在初任期也学到了一些相关的基本的实用知识，然而，这些还是不够的。因为大学中师范生学习的"专业学科知识"与中学生所用教材中所蕴涵的知识不存在对应关系，而且中学教材中的许多知识教师可能根本没有听说过，需要教师自己先学习然后再教给学生[①]。另外，专业学科知识并不一定能够保证自动地转化为有效教学行为[②]，随着对教学场景的逐渐熟悉，教师认识到"教好书"并不意味着教学任务的完成，意识到学生的存在，这时才开始对课堂上教给学生的"专业学科知识"重新定位，有意识地尝试把专业学科知识与教学法知识相结合，帮助学生学习这些专业学科知识。教师的教学目标不同，理解、处理教材的角度也会有所不同。教师的教学目标由"灌输知识"转向增进学生知识的理解时，理解教材的角度也要产生变化，但这一过程十分缓慢。如果这一时期给教师提供强化专业学科知识学习机会，并保证教师对学科知识的持续学习，则对教师专业学科知识的发展十分有利[③]。

与前一时期形成的另一个鲜明对比是，教师专业态度较为积极、稳定，至少从心理上接纳了教学工作，决心为此做出自己的贡献。教

---

① 参见 Grossman, P. L., Wilson, S. M. & Shulman, L. S. Teachers of substance: subject matter knowledge for teaching. In Reynolds, M. C. (Ed.), *Knowledge base for the beginning teacher*. Oxford: Pergamon Press, 1989; Shulman, L. S. & Grossman, P. L. Final report to the Spencer Foundation (Knowledge growth in a professional technical report). Stanford, CA: school of education, Stanford university, 1987.

② Wideen, M., Mayer–Smith, J. & Moon, B. A critical analysis of the research on learning to teach: making the case for an ecological perspective on inquiry. *Review of educational research*, 1998, vol. 68, no. 2, p. 155.

③ 参见 Borko, H. & Putnam, R. T. Learning to teach, In David C. Berliner & Robert C. Calfee (Eds.), *Handbook of educational psychology*. New York: Macmillan, 1996, p. 690.

师自我专业发展意识又向积极方向发展，这时教师的眼界开阔，积极吸收外界的一切好的研究结果为自己发展服务。在自我专业发展意识方面，教师以教师职业阶梯作为自己成长的路线，对照自己目前所处阶梯，以新的阶梯为目标逐渐上升。他们还自觉地寻求各种教师专业发展活动，如阅读教育报刊，与其他教师交流、参加教师进修辅导课等，在这些活动方面他们有着很高的热情和积极性。同时，在个人感到专业发展前途暗淡，学校支持力度不够时，也会出现教师专业发展的另一条路线。

（五）"自我更新关注"阶段

如果沿着前一阶段的积极专业发展前进的话，接下来就进入了"自我更新关注"阶段。这时，教师的专业发展动力转移到了专业发展自身，而不再受到外部评价或职业升迁的牵制，直接以专业发展为指向。同时，教师已经可以自觉地依照教师专业发展的一般路线和自己目前的发展状况，有意识地自我规划，以谋求最大程度的自我发展。而且这也成为教师的日常专业生活的一部分，成为一种专业生活方式，也就是经常保持专业发展的"自我更新"取向。

在这一时期仍决定留任的教师，全心致力于专业知能的提高。他们在经过一番努力，全然掌握了教学机制和课堂管理策略之后，更加关注课堂内部的活动及其实效，关注学生是否真的在学习，是否真的在学老师教的东西，教的内容是否适合学生等。与"生存关注"期只能关注眼前的问题，如今天的教学活动安排，某一个学生或某一节课等不同，现在教师能够对问题予以整体、全面的关注。这一时期教师的特征是自信和从容。

"自我更新关注"的教师，在学生观上的一个重要转变是不仅仅因为学生是自己工作的对象而予以重视，而且认识到学生是学习的主人。教师除了要让学生理解所教的内容之外，还意识到要鼓励学生自己去发现、构建"意义"。在教学观上，这一时期教师不再把教学看做是"教给"学生如何去理解的过程，而是教师帮助学生去理解、构建"意义"的过程。教学不再仅限于帮助学生学习知识，而且要在师生互动过程中使得学生获得多方面发展。

在这一时期，教师知识结构发展的重点转到了学科教学法知识及其在教学实践中的应用上来，教师不再把专业学科知识作为重点。处于该阶段的一位艺术教师曾这样说①：

> 开始教学的时候我是一个学科本位的教师，那时总是把学科放在首位。……随着时间的推移，我感到我是教艺术的，我首先应当是个老师而不是艺术家……

所谓学科教学法知识（pedagogical content knowledge，PCK），按照其概念提出者舒尔曼的理解，系指使待教的课题"让他人理解的呈示和阐述方式……［它］还包括如何理解导致学生特定概念学习或难或易的原因：不同年龄和背景的学生进入学习过程时所具有的概念和前概念"②。我们至少应从以下几方面理解学科教学法知识：它的核心内容是就特定内容向特定学生有效呈现和阐释的知识；作为教师知识系统中的一个独立组成部分，它不同于专业学科知识、一般教学法知识等知识，但与它们有着密切联系；从其构成来看至少包括关于特定学科性质、课程安排、学生前概念和错误概念的知识等；教师学科教学法知识的获得有一个动态的发展过程，它并不是随着专业学科知识和一般教学法知识的获得而自然获得的。学科教学法知识这一概念把某一学科领域的专家教师与该学科领域的专家区别开来。从学科教学法知识的有关研究来看，教师学科教学法知识的学习基本有以下顺序：教师首先必须掌握学科教学法知识的基础知识，如关于学生的知识、课程的知识等；而后开始在教学中尝试运用，再到熟练运用；最后发展至能够在某种特定的新的教育信念，如以帮助学生理解为目的

---

① Sikes，P. The life cycle of the teacher. In Stephen J. Ball & Invor F. Goodson（Eds.），*Teachers' lives and careers*. Lewes：Falmer Press，1985，p. 47.

② Shulman，L. S. Those who understand：Knowledge growth in teaching. *Educational researcher*，1986，vol. 15，no. 2，p. 9.

框架指导下，灵活运用学科教学法知识①。处于"自我更新关注"阶段的教师，在不同程度上掌握了学科教学法知识。

个人实践知识是这一阶段教师知识拓展的又一重要方面。个人实践知识一般是指教师关于课堂情境和在课堂上如何处理所遇到的困境的知识。个人实践知识与专业学科知识、一般教学法知识和学科教学法知识不同，它更集中地反映了课堂教学的复杂性和互动性的特征②。这也是建立在前一时期专业学科知识和一般教学法知识基础上的，是一种体现教师个人特征和教学智慧的知识。康内利等人对教师实践知识做了明确阐述：教师知识是出自个人经验的，即它不是某种客观和独立于教师之外而被习得或传递的东西，而是教师经验的全部，是"为使我们谈论教师时把他们作为博学而博识的人来理解经验这一概念而设计的术语。个人实践知识存在于教师以往的经验中，存在于教师现时的身心中，存在于未来的计划和行动中。个人实践知识也贯穿于教师的实践过程，也即对任何一位教师来说，个人实践知识有助于教师重构过去与未来以至于把握现在"③。教师在"自我更新关注"阶段拥有了"个人实践知识"，标志着教师专业发展的重大进步，意味着教师开始了有自己个人特点的专业知识结构的构建。因为这时教师的专业发展不再仅仅是接受前人总结出来的、普遍适用的"原理"或"规律"，或书本上的知识，而是自己在探索、形成富有"个人特征"的知识结构；它不仅是教师从别人那里直接接受的过程，而且对个人而言是一个积累、发展和创造的过程。

随着专业知能的日渐熟练，教师有了更多的时间和机会对自己的教师专业发展进行反思，也有了较为明确的自我专业发展意识。这一

---

① 参见 Carter, K. Teachers' knowledge and learning to teach. In W. R. Houston（Ed.）, *Handbook of research on teacher education.* New York：Macmillan, 1990. pp. 291-310；Borko, H. & Putnam, R. T. Learning to teach, In David C. Berliner & Robert C. Calfee（Eds.）, *Handbook of educational psychology.* New York：Macmillan, 1996. pp. 673-709.

② 参见 Carter, K. Teachers' knowledge and learning to teach. In W. R. Houston（Ed.）, *Handbook of research on teacher education.* New York：Macmillan, 1990, p. 299.

③ 康内利、柯兰迪宁、何敏芳：《专业知识场景中的教师个人实践知识》，载《华东师范大学学报（教育科学版）》，1996（2）。

时期教师的自我专业发展意识与初任时期的自我专业发展意识有所不同，这一时期教师的自我专业发展意识是一种自觉的意识，而且单纯地指向专业结构的改进和提高，而不是在探索成人生活可能性的压力下被动产生的、对个人专业发展的关注意识。这时教师找到了指向拓展内在专业结构之路，而不仅是沿着职业发展阶梯前行。教师专业知能发展的范围由内及外，不断拓展。他们能够迅速把握课堂，而且能够把自己的班级与学校联系起来。还有的教师其视野范围更加开阔，甚至开始考虑教师角色与社会发展的关系。他们追求卓越和专业成熟，有少数随着与其他教师交流的不断增加，逐渐意识到教师专业发展的路径的规律性，尝试以此来规范、引导自己的专业发展。这一时期的多数教师能够保持一种开放的心态，接纳新的教育思想和观念，为我所用。

这一时期也有的教师期望或被选择到领导岗位，以自己专业发展的经验来影响其他教师[①]：

> 我准备脱离教学工作，或者说不专职教学。因为我现在的兴趣集中在理论和教学法学习、集中在对学校的组织和教师的管理方面，以便能够最大程度地发挥教师的作用——当然，他们的职业满意度至关重要……我现在真想有一个副校长之类的职务，可以有时间到教师的课堂上帮助他们，改变他们……

（六）"自我更新"取向教师专业发展的几种轨迹和走向

综观教师专业发展的整个过程，其中充满了艰辛和困难，每一时期问题的解决与否、程度如何对后期的发展有重大影响。以下就依照不同时期问题解决程度对后期教师专业发展产生影响的差异、问题解

---

① Sikes, P. The life cycle of the teacher. In Stephen J. Ball & Invor F, Goodson（Eds.），*Teachers' lives and careers*. Lewes：Falmer Press，1985，p. 48.

决与否对后期发展影响的性质以及所造成的直接后果之顺序，逐一作一简单探讨。

从不同时期的对比来看，对教师专业发展影响较大的时期主要集中在初任期和再评价期两个时期，而且尤以前一时期为重要。在初任期，由于职前对理论学习期理想中的教学与现实中的教学产生巨大反差，入职教师经历着强烈的"现实冲击"，如果这一时期能够顺利度过，则对今后专业发展十分有利，否则将对教师造成严重心理创伤，甚至导致离职。再评价期的教师感到难以完全按自己的想法教学，而且切身感到教师职业的社会和经济地位并非像原来想象的那样高，机械、重复的劳动很多等等，教师开始怀疑自己对教师职业的选择。决定留任者，可能会重振旗鼓，决定离职者，可能会灰心沮丧，直至离任。与人的一般发展类似，影响教师专业发展的不利因素亦容易产生累积效应，不利因素排除越早，越有利于教师专业发展，否则问题的阴影会笼罩后期的发展过程。从有关研究来看，目前也多集中于初任期①，或者说，初任期问题的解决与否和解决程度对教师专业发展来说有着更为重要的意义。而且不仅如此，即使那些自行通过初任期的教师，其通过的方式对今后将成为什么样的教师也有限定作用。麦克

① 如 Fuller, F. Concerns of teachers: A developmental conceptualization. *American educational research journal*, 1969, vol. 6, no. 2, pp. 207-226; Fuller, F. F., Parsons, J. S. & Watkins, J. E. Concerns of *teachers: research and reconceptualization*. Austin, TX: Research and development center for teacher education, University of Texas, 1973; Fuller, F. & Bown, O. Becoming a teacher. In K. Ryan (Ed.), *Teacher education* (*The 74th yearbook of the study of education*). Chicago, IL: University of Chicago press, 1975; George, A. *Measuring self, task, and impact concerns: a manual for the use of the teacher concerns questionnaire*. Austin, TX: Research and development center for teacher education, University of Texas, 1978; Bush, R. The beginning years of teaching: attention, focus and collaboration in teacher education. In Eric Hoyle & Jacquetta Megarry (Eds.), *World yearbook of education* 1980: *Professional development of teachers*. London: Kogan Page, 1980. pp. 350-360; Veenman, S. Perceived problems of beginning teachers. *Review of educational research*, 1984, vol. 54, no. 2, pp. 143-178; Huberman, M., Grounauer, M. & Marti, J., translated by Neufeld, J. *The lives of teachers*. London: Cassell villiers house; New York: Teachers college press, 1993; Mau, R. Y. Concerns of student teachers: Implications for improving the practicum. *Asia-Pacific journal of teacher education*, 1997, vol. 25, no. 1, p. 53; Arthur, J., Davison, J. & Moss, J. *Subject mentoring in the secondary school*. London & New York: Routledge, 1997.

唐纳（McDonald, F.）的研究即认为，初任教师应对初任期问题的策略将成为其以后永久性教学风格的基础：①

> 初任教师关注的是"完成任务"所必做之事——管理班级、备课、批试卷、上课。效能（effectiveness）意味着上述诸方面完成的相当不错，没有遇到麻烦；意味着被学生接受，甚至是喜欢。达至此目的的教学实践逐渐融合成一种风格——不管它还有哪些优点——至少对初任教师有效。这就是他的风格，他将使其合理化而忽视其局限。

初任期和再评价期的教师所面临的问题皆涉及教师专业知能与专业动机匮乏，但相对而言，初任期教师所面临问题的核心更在于缺少可应用于教学实践的专业知能，因为在初任期刚开始时，初任教师往往伴有短暂的"蜜月期"，应该说，最初初任教师的专业动机还是比较强的。如若急需的专业知能问题难以及时解决，则在"现实的冲击"作用下，最可能引发的问题主要是专业发展动机的削弱，严重者导致离职。再评价期的问题核心相对来说在于缺少专业动机，这一时期如若问题没有彻底解决，可能导致教师对自己的专业发展失去信心，而使得专业发展处于停滞状态。

从教师专业发展的过程中可以明显地看出，初任期和再评价期问题的解决程度对后期可能造成的影响的性质主要可归为两方面，一是教师专业动机和态度方面，二是专业知能方面。实际上这两个方面存在着交互作用，专业动机的下降会影响专业知能的学习，而专业知能的获得会提高专业动机，反之亦然。

从问题解决与否或问题解决程度对后期发展影响的直接结果来看，大致有 3 种可能性：有的教师从此会变得"稳定和停滞"；有的

---

① McDonald, F. *The problems of beginning teachers: a crzsis in training*（vol. 1）. *Study of induction programs for beginning teachers*. Princeton, N. J.: Educational testing service, 1980, p. 44. 转引自 Feiman-Nemser, S. Learning to teach. In Lee S. Shulman & Gary Sykes（Eds.）, *Handbook of teaching and policy*. New York and London: Longman, 1983, p. 161.

则由于角色适应受挫而抵抗学校；还有的教师会离开教学岗位，在教育领域之外寻求新的职业①。

出现稳定和停滞状态的，往往是那些对教学实践的基本模式和可能发生的问题能较熟练把握的教师。这一状态可出现在任何时间，但据克鲁普研究，更多情况下是出现在职业生涯的中期②。这些教师已经实现了原定的职业目标，有了几年的教学经验之后，他们不用花太多精力便可达到教学工作的最低要求。如果这些人在整个职业生涯中一直留在教学专业中的话，他们只不过是一名被动的旁观者，他们只能从教学专业生活之外去获得个人满足。一般来说，在学校专业生活中他们拈轻怕重，只做那些无足轻重或例行公事式的工作，而忽视富于挑战性的工作。在课堂上，他们无视学生的个别需要，一直沿用已经使用了数年的教学方法。作为提高学生成绩重要因素的教师的教学热情不见了。虽然不能说他们无能，但其表现的确是平常无奇。据布什（Bush，R.）的研究与推测，初任教师在经过1~2年的痛苦挣扎，获得"求生"的基本教学知能以后，他们也知道了如何"求生"，并满足于以获得的求生知能来走完以后的专业生活③。表现在专业发展曲线上，则是一条平坦的折线（参见图10-2）。布什在研究中认为，从现有研究来看，教师专业发展的关键期可能在初任阶段的前5年左右，这一阶段教师教育的质量将对教师发展产生重大影响。在教师任教的前3~5年左右，如果采用某种革新的教师教育模式，教师的发展可能会呈现新的高比率增长曲线。从我国有关研究来看，教师的专业结构在经历了迅速发展之后，一般也会出现"高原期"④。如果教师本人对此并无自觉，又没有他人的有效帮助，那么在长时间内只能是

---

① 参见 Burke, P. J., Fessler, R. & Christensen, J. C. *Teacher career stages*: *Implications for staff development*. Bloomington, Ind.: Phi Delta Kappa educational foundation, 1984.

② Krupp, J. A. Understanding and motivating personnel in the second half of life. *Journal of education*, 1987, vol. 169, no. 1, pp. 20-45.

③ Bush, R. The beginning years of teaching: attention, focus and collaboration in teacher education. In Eric Hoyle & Jacquetta Megarry (Eds.), *World yearbook of education* 1980: *Professional development of teachers*. London: Kogan Page, 1980. pp. 350-360.

④ 张继安：《教师能力发展中的高原现象》，载《中小学管理》，1992（5）。

"教书匠"。由此可见，在教师经受过"现实的冲击"之后，在教学实践中获得维持教学正常进行所需的最基本专业结构乃教师专业成长之必需，但这其中也隐含着就此停滞的潜在危险。

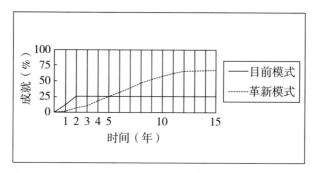

图 10-2　布什（Bush，R.）对"学会教学"曲线的推测①

抵抗学校的教师在同样的职业转折点遇到挫折之后，他们选择了行动而不是被动承受。这些教师不一定无能。如果通过提供给他们发展机会等方式使挫折感得以较好的疏导的话，他们可能成为对学校和学生的有利因素。但如果没有得到疏导，课堂则会成为教师挫折发泄的场所。他们可能表现为对那些在课堂上做怪样的学生非常敏感，也可能经常批评学生。而这其中无论哪种情况对学生的学习都很不利②。

如果综合考虑教师的自我专业发展意识、在专业生活实践中所遇到的问题解决程度以及外界教师教育环境对教师支持的适时性和力度等因素对教师专业发展的共同作用的话，它们与教师专业发展的几种可能轨迹和走向的关系可以表 10-2 来简单概括。

---

① Bush，R. The beginning years of teaching：attention，focus and collaboration in teacher education. In Eric Hoyle & Jacquetta Megarry（Eds.），*World yearbook of education*，1980：*Professional development of teachers*. London：Kogan Page，1980，p. 356.

② 参见 Tracy，S. J. Linking teacher growth and student growth. *Clearing house*，1990，vol. 64，no. 2，p. 80.

表 10-2　教师专业发展的几种可能轨迹和走向

发展性质	发展方向	发展的可能条件或原因		
		自我专业发展意识	遇到问题的解决程度	外界支持的力度
正向	低—高	强	高	大
中性（不变）	高—高	强	中	大
		强	差	大
	低—低	弱	中	大
		弱	高	小
负向	高—低	弱	差	小

二、"自我更新"取向教师专业发展机制

在这一部分我们将主要探讨教师在日常专业生活中何以获得专业发展，即专业发展的动力和机制。

教师在学校中的专业活动有多种形式，如与学校领导的互动交流、同事之间的合作、与家长的接触等等①。但可以说，教室是教师在学校的基本活动场所，课堂教学也是教师的最基本的专业活动形式。对教师专业发展机制的探寻也应该根基于教师课堂上的专业生活。尽管每一位教师都在经历几近相同的课堂教学活动，但它们对每一位教师的意义却大相径庭，对教师专业发展所实际产生的影响也有天壤之别。有的教师在教师岗位数十载，其专业发展水平可能还不如入职 5、6 年的新教师。究其原因自然又是来自多方面，如果我们把课堂作为教师专业生活的基本场所的假设大致不谬，那么将原因探寻

---

① 参见 Kelchtermans，G. Teachers and their career story：a biographical perspective on professional development. In C. Day，J. Calderhead & P. Denicolo（Eds.），*Research on teacher thinking*：*Understanding professional development*. London & Washington，D. C.：Falmer press，1993. p. 216 尾注 2.

的视角首先定位于教师的课堂专业活动也应是合情合理。

（一）课堂中专业生活与教师专业发展

在教师的专业发展过程中，的确有许多重复性的工作，教师并非能从专业生活经历的时时、事事中都发现对自身专业发展的意义。而只有课堂专业生活的某些特定事件以及特定时期和特定人物，对教师专业发展才会产生重大影响，这就是所谓的"关键时期（critical phases）"、"关键事件（critical incidents）"和"关键人物（critical persons）"[1]。

关键时期、关键事件和关键人物是一组相互关联的概念。所谓"关键时期"，顾名思义系指关键事件发生的敏感期，教师内在专业结构多在这一时期出现改变，即教师专业发展多在这一时期产生。米索（Measor，L.）曾依照其所由形成的因素的差异，将关键时期分为3类：第一类是"外在"关键时期，是指由于重大历史事件所引发的关键时期，如世界战争爆发、教育制度或政策的调整等引发的关键时期。在这种情形下，教师被迫做出某种改变原来专业结构的决定。第二类是"内在"关键时期，指教师专业发展的自然演进过程中所出现的关键期。如在教师的实习期、初任期和再评价期等，教师均要就以后的专业发展作出某种选择和决策。第三类是"个人"关键时期，指由于家庭中的突发事件、结婚、离婚、子女生病等诱发的关键时期，这也可能导致教师对自己的专业发展作出新的选择[2]。按照关键时期的发生属性，我们也可以把关键时期分为非常态或突发态关键时期与

---

① 参见 Measor, L. Critical incidents in the classroom: identities, choices and careers. In Stephen J. Ball & Invor F. Goodson (Eds.), *Teachers' lives and careers*. Lewes: Falmer Press, 1985. pp. 61-77; Sikes, P., et al. Teacher Careers: Crisis and Continuities. Lewes, UK: Falmer Press, 1985; Kelchtermans, G. Teachers and their career story: a biographical perspective on professional development. In C. Day, J. Calderhead & P. Denicolo (Eds.), *Research on teacher thinking: Understanding professional development*. London & Washington, D. C.: Falmer press, 1993.

② Measor, L. Critical incidents in the classroom: identities, choices and careers. In Stephen J. Ball & Invor F. Goodson (Eds.), *Teachers' lives and careers*. Lewes: Falmer Press, 1985. pp. 61-77.

常态关键时期两类。从上可以看出，第一类和第三类关键时期是由突发事件引起的，带有一定程度的不可预测性，这两个时期内的突发事件一旦发生，教师则在很大程度上难以抗拒。这两类关键时期属于突发态关键时期。上述第二类关键时期是教师在正常的专业发展过程中一般均要遇到的关键时期，主要属于常态关键时期。

"关键事件"的概念是沃克（Walker, R.）在研究教师职业时提出的①。关键事件就是指"个人生活中的重要事件，教师要围绕该事件作出某种关键性的决策。它促使教师对可能导致教师特定发展方向的某种特定行为作出选择"②。在较早的研究中，研究者对关键事件的理解较为狭窄，他们认为从教师专业发展过程来看，专业发展过程中既有渐变发展的过程，亦有突变的发展过程。在突变的发展过程中，关键事件扮演着重要角色。后来，有些研究者发现，把关键事件限于所经历的专业发展的急剧变化过程，与实际并不十分相符。就其所研究的对象而言，多数教师所体验到的专业发展过程是一个渐进的过程。但这并不意味着他们没有对他们的专业发展曾有重大影响的经历。如，他们可能对某些曾经对他们产生影响的某些经历或情境记忆犹新，这些情境与一般情境有着明显不同。所以关键事件也可能发生在教师专业发展较为平稳的"任务关注"阶段或"自我更新关注"阶段。以下是关键事件的两个实例。

凯尔克特曼斯曾经提及这样一个实例：阿妮塔（Anita）是一位一所小学一年级的教师，她任教的班级是有名的乱班，这个班的人数较多，彼得（Peter）是班上一名有问题行为的学生。那年正是阿妮塔怀疑自己的能力的时候，她几乎放弃教学。下面这一关键事件集中反

---

① Walker, R., et al. *Innovation, the school and the teacher* (1). Open University course E203 unit27, Milton Keynes: Open university press, 1976.

② Sikes, P., et al. *Teacher Careers: Crisis and Continuities*. Lewes, UK: Falmer Press, 1985, p.57.

第三编 教师发展论

映了阿妮塔所遇到的冲突及其处理办法①：

> ……有一天，我跟彼得打起来了，是真打。随后，我站在那里……浑身发颤。那天，我分发试卷准备让学生做写作练习。彼得接过试卷，随手一扔，扔到了地板上。我命令他捡起来，他不捡，把头枕在胳膊上动也不动。我再次发出命令让他把纸团捡起来，他还是不动弹。于是我说："听着，要是不把它捡起来就别想回家。"这时他就开始打架了，他抄起撑书架就砸我，我又强行让他坐下来。我说："彼得，把纸捡起来。"最后，他照做了……这才是问题的核心所在……我制服了他。此后，这个孩子就很少找我麻烦了。**困难就在于坚持你的原则。放弃原则很容易，但你将会不断地遇到同样的麻烦……**

经历过此事之后，阿妮塔清楚地认识到，她还有能力对付这个难办的班级，有能力做好教学工作。

如果说以上是突发状态下的关键事件，那么下面一位中学语文教师所经历的一件事，则是在常态的教师专业发展过程中关键事件的一个典型实例。这位教师虽然没有经受像前面事件那样惊心动魄的过程，但这一事件对其教育观念的形成、改变或强化同样有着重要意义②：

"山鹰"起飞了

> 这是一件微不足道的小事，然而它却一直留在我的记忆深处。
> 一天我正在办公室里批改作文，办公室的门开了，高三（6）班学生刘勇走到我面前，声音很小，脸上带着一点不安的神色对我说："杨老师，请你帮我看一首诗。"说完就把他写的《山鹰》

---

① Kelchtermans, G. Teachers and their career story: a biographical perspective on professional development. In C. Day, J. Calderhead & P. Denicolo (Eds.), *Research on teacher thinking: Understanding professional development*. London & Washington, D. C.: Falmer press, 1993, p. 208.

② 傅道春编著：《教师行为访谈（一）》，38～39 页，哈尔滨，黑龙江教育出版社，1995。

递给我。

"呵，你怎么不给赵老师看?"

他低着头，没有吱声。

"他是你的班主任，又是语文老师。"我一边看诗，一边唠叨着。

"赵老师看过，说我是癞蛤蟆想吃天鹅肉。"说着，眼角边含着的泪珠差点儿要滚出来。

"癞蛤蟆……这是什么意思?"

"说我期中考试有两门不及格，还写什么诗!"

"噢!"我望望刘勇，他好像很委屈。

"很好。"诗前面的"题记"一下就抓住了我的心——"山里的孩子最喜欢什么? 山鹰! 我一个山里的孩子，也像山鹰一样，有着博击长空的雄心与信心。"这哪里是"题记"，是理想之光! 是童心在闪耀! 看后，我鼓励了刘勇一番，并指出了诗的缺点以及如何修改的意见。刘勇带着希望和信心离开了办公室。

第二天，刘勇就将修改稿送来了。我给他写了一段评语，并将诗与评语寄给山西的《语文报》。

这一次，除了跟他谈诗以外，还和他谈了要学好其他各科，争取考一所重点大学。我还告诉他，我跟赵老师讲过他的情况，赵老师说，上一次批评他并无其他坏意，是恨铁不成钢。我叫刘勇主动去找赵老师交交心。

过了不久，《语文报》在"发表园地"专栏里用红标题将《山鹰》登出来了。

《山鹰》发表后，刘勇还陆陆续续收到了来自全国各地的鼓励信 100 多封。

"山鹰"起飞了，我为他祝福。

这年放寒假，刘勇的班主任赵老师告诉我，期末考试，刘勇升到前列，还说谢谢我助了他一臂之力。

"山鹰"真的起飞了! 忽然一个念头闪进我的脑子: **教师若能及时发现学生心灵中的闪光点，肯定他正确的见解和点滴的进步，恰当地加以点拨，往往会收到意想不到的成效。**

在对这位教师的访谈中，当问及为何对这件"微不足道"的小事记忆这么深时，这位老师回答道："您别看它事情小，然而却能小中见大，平中见奇。这件事像翻开的一本思想教育大辞典，形象地告诉了我们一条教学的基本原则：要善于捕捉教育的机遇，细心地发现学生心灵上的闪光点，重视与肯定学生每一个微小的进步。稚嫩的小树需要精心栽培，闪光的火花需要氧气助燃，否则，火苗就会熄灭。"①

吴伟国是上海控江中学的一位数学教师。他也曾经历过一件属于常态发展状态下的关键事件②：

> 那天上完课，吴伟国走出教室，小王——一位学习成绩平平，日常表现一般的学生追上来，匆匆将一张纸条塞进他手里，他疑惑地打开纸条，一行写得很大的字跃入眼中："老师请您注意我！！！"那三个惊叹号特别醒目。他心中一惊，不禁自问：怎么，我没有注意他？他已觉察到我没注意他？吴伟国的心中不由得沉坠下去。这张纸条促使他想得很多很多。

这一事件激起了吴老师对自己原有的观念的反思。与其他多数教师一样，他也总是喜欢思维敏捷的好学生，而遗忘了"中不溜秋"的学生。小王的纸条，使"我的心从沉寂中走出"，"关注每一个学生，做每一个学生的知心朋友，将是我毕生的座右铭"。

"关键人物"是从关键时期、关键事件中派生出来的、影响教师专业发展的又一重要概念。在赛克斯等人的研究中，已经隐含有关键人物的思想③，凯尔克特曼斯则明确地提出了这一概念④。凯尔克特

---

① 傅道春编著：《教师行为访谈（一）》，39～40页，哈尔滨，黑龙江教育出版社，1995。着重号为引用者所加。

② 傅道春、林奇青、齐晓东编著：《中国杰出教师行为访谈录》，87～88页，上海，上海教育出版社，1995。

③ Sikes, P., et al. *Teacher Careers: Crisis and Continuities*. Lewes, UK: Falmer Press, 1985.

④ Kelchtermans, G. Teachers and their career story: a biographical perspective on professional development. In C. Day, J. Calderhead & P. Denicolo (Eds.), *Research on teacher thinking: Understanding professional development*. London & Washington, D.C.: Falmer press, 1993. pp. 198–220.

曼斯及其同事在研究中发现，有许多教师都提及在其专业发展过程中有某个人物的影响特别大。这些人物可能是原来师范学校里的老师，也可能是指导教师、所在学校的同事、校长等。关键人物在教师专业发展的早期尤为重要，实习生或初任教师最初教学时一般总要自觉或不自觉地选择某一位教师，作为认同的对象和教学行为的基本参照。此后，教师即在此基础上不断改造和更新，中间还可能以新的关键人物代替原来的认同对象，但最终要摆脱关键人物的窠臼形成独特的专业结构。

关键事件对教师的重要意义在于它其中隐含了教师在经历关键事件时，他要作出自我职业形象和自我职业认同的抉择。关键事件给教师创造了一些选择的机会，让教师确认自己行为或个性中的哪些部分适合于教师角色、哪些不适合教师角色。教师经历关键事件时，要作出某种选择和改变，关键事件中集中体现着教师对自我已有内在专业结构合理性、适应性的评价和最终决策。自然，这其中可能也包含着教师对长期累积的经验的体悟。所以，关键事件能否成为关键事件并不取决于其本身，而是在于由其所引发的自我澄清过程、个人思维的清晰化过程，也就是包括教师个人教育观念在内的教师专业结构的解构与重构①。不存在绝对的关键事件和关键时期，关键事件其本身也无法替代教师作出新的专业结构的选择。

综合而言，教师专业发展的动力的来源可来自三个方面：一是教师在日常专业生活中所遇到的必须解决的问题或者说关键情境；二是在自我专业发展意识引导下教师自身对专业发展的主观追求；三是外界的各种教师教育的支持。但任何形式的发展动力和机会，是否真正导致教师专业发展，外在促进因素是否对教师专业发展产生影响以及影响程度如何，还取决于教师是否有"反思"、反思的指向（专业行

---

① 参见 Kelchtermans, G. Teachers and their career story: a biographical perspective on professional development. In C. Day, J. Calderhead & P. Denicolo (Eds.), *Research on teacher thinking: Understanding professional development*. London & Washington, D. C.: Falmer press, 1993. p. 202; Measor, L. Critical incidents in the classroom: identities, choices and careers. In Stephen J. Ball & Invor F. Goodson (Eds.), *Teachers' lives and careers*. Lewes: Falmer Press, 1985, p. 68, p. 75.

为或专业发展）和反思的深度，取决于教师的自我专业发展意识。

（二） 教师专业发展的基本循环

在此，教师专业发展的基本循环是从教师专业发展各个不同阶段发展实际存在的循环中抽象出来的较为一般的循环。当然，如果细加区分，那么各个阶段的发展又可从两个维度分为四种情况。首先是从教师专业发展的模式维度上，可区分出被动"专业发展"模式与主动专业发展模式；其次是从教师专业发展的所处时期的特征上，可区分出常态（"任务关注"和"自我更新关注"阶段）和非常态（如"生存关注"阶段）。两种维度交叉，形成四种情况。每一情况下的具体循环可能会有所差异，如不同教师专业发展模式之间的差异主要在于教师专业发展过程中的反馈、调节是源于自我反思、自我专业发展意识，还是来自外在的硬性干预（因为没有考虑到教师的实际的发展状况和需要）；不同专业发展时期下的教师专业发展循环的区别主要在于发展内容的差异。

对于不同的教师来说，实际上也存在着类型上的差异。这里只是尝试以简化的形式来勾勒以上诸种类别教师专业发展所共同经历的、最基本循环的大致轮廓。

的确，并非每一个经历过关键时期和关键事件的教师都会出现相应的专业发展，也并非每一次经历关键时期和关键事件都会有相同的专业发展。教师要在关键时期、从关键事件中获得专业发展，除了要具备对教师具有潜在教师专业发展价值的关键时期、关键事件之外，教师自身还必须有一个自我澄清过程——对自己过去已有专业结构的反思、未来专业结构的选择以及在目前情形下如何实施专业结构重构的决策过程。这样才构成一个教师专业发展的基本循环。否则，所谓的关键时期、关键事件只能对教师有潜在的专业发展意义，而难以实际推动教师专业发展。

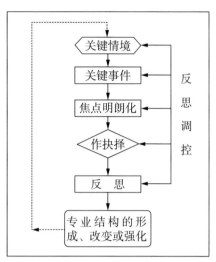

图 10-3 教师专业发展的基本循环

教师专业发展的基本循环简要地勾画了教师个人之外的其他因素，通过关键事件，将外在的影响因素与原有的教育信念、知识等内在结构的不一致明晰化、尖锐化，再经过对各种作用因素关系的反思，作出决断和选择，决定对原有的内在专业结构做局部修改、调整或全部更新，以至最终获得专业发展。这样，便构成了教师专业发展的一个基本循环（参见图 10-3）。此后，教师又会在众多因素作用下，遭遇新的冲突情境和关键事件，进而开始新一轮的专业发展过程。

三、教师专业发展的一般模型

应当说，在经历过关键时期和关键事件，而且教师经过自觉的反思，形成专业发展的小循环之后，教师的专业知识、能力、态度与动机以至教育信念等中的某些方面发生变化，最终获致内在专业结构某种程度的改变应该不在话下。然而，自然地链接在一起的小循环并不一定是教师专业发展一般路径的全部、真实反映，因为这样一来，教师专业发展只是失去前进方向的自发的发展过程。而在传统的教师教育模式下，还存在着一个调节机制，只不过它是一种外在的调控机制，而且对现实中的每一位教师实际产生的控制程度不同罢了。有了调节机制，才能构成教师专业发展的一般模型。

现在看来，教师专业发展的路径主要有三条，自发的教师专业发展路径、外控的教师专业发展路径和内控的教师专业发展路径。这三条路径各自的特征很明显，自发路径没有调控机制，教师专业发展走向何处不明确，处于自发状态；外控的教师专业发展路径虽对教师专业发展的方向加以控制，但完全根据教师教育者的设想对教师发展路径给予限制，不能顾及每一位教师的特点和实际需要；内控的教师专业发展路径即自我专业发展意识调控下的发展路径，既将调控置于教师专业发展阶段理论之下，又较充分地考虑教师自身的需要，是较为理想的一种教师专业发展路径（参见图10-4）。

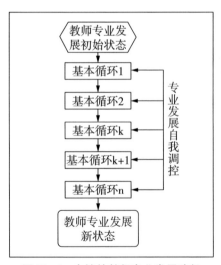

图10-4　内控的教师专业发展路径

需要特别强调的是，反思调控在教师专业发展中有重要作用，但有两个不同层面的反思调控：一是指向教师专业行为与活动的反思，它的作用是直接促进教师对专业行为改进，提高教学成效；另一种是指向教师的专业成长过程，这种反思把教师自身的专业发展作为对象，它将以改进教师的专业结构为主要目标。这也就是在自我专业发展意识的引导和专业发展理论指导之下，所引发的对目前自我专业发展状况和发展水平的思考，这种思考可使教师更加清晰自己今后的专业发展的方向。

行动研究以及反思教学倡导者所强调的行动研究和反思教学对教师专业发展价值，多是从其对教师专业行为层次或专业结构中某一方面的促进而言的，其意义限于在教师专业发展的基本循环内对教师特定专业行为的改进，而没有提及反思对教师专业整体结构的价值，也没有涉猎反思作为教师自我专业发展意识对教师专业发展产生影响的联系中介，直接以自我专业发展为反思对象的问题。传统的教师教育模式虽则客观上对教师专业发展过程实行了监控，但由于对教师专业发展的轨迹了解不够清楚，其调节也难以符合教师发展的路径和实际需要。

四、教师专业发展"自我更新"取向的实践性建议

"在即将到来的 21 世纪，以高新技术为核心的知识经济将占主导地位，国家的综合国力和国际竞争能力将越来越取决于教育发展、科学技术和知识创新的水平，教育将始终处于优先发展的战略地位"[1]，而教育发展的关键又在于教师素质和专业发展水平的提高。教育部在《面向 21 世纪教育振兴行动计划》（1998 年 12 月 24 日）中提出要实施"跨世纪园丁工程"，提高我国中小学教师的整体素质，为基础教育的振兴提供人才支持。我们认为，在目前形势下，大力度帮助、促进教师专业发展的努力十分必要，但从教师的专业发展轨迹来看，要获得较为满意的专业发展结果，短期的、一次性的支持是远远不够的。而且，如果对教师专业发展的促进方式上没有多大改变，那么被

---

[1] 中华人民共和国教育部编：《面向 21 世纪教育振兴行动计划学习参考资料》，3 页，北京，北京师范大学出版社，1999。

寄予厚望的"园丁工程"对教师而言，将是又一次外在的、被动的专业化过程。我们呼吁并期盼，任何新的教师进修计划都将不仅考虑到以新的教育知识、技术"武装"教师，而且在计划的设计上要尊重教师专业发展的规律性；不仅把促进教师专业发展纳入计划，而且要帮助教师形成自我专业发展意识和自我专业发展能力，让教师成为自己专业发展的主人，使他们在日常专业生活中不断自觉地发掘专业发展机会与条件，获取专业结构的"自我更新"。

为了更好实施"自我更新"取向教师专业发展，我们向教师提出以下建议。

（一）保证自我反思经常化、系统化

教师对自我专业发展的反思是"自我更新"取向教师专业发展的基础，没有教师对自我专业发展过程的反思，也就没有"自我更新"取向教师专业发展。所以应保证教师对自我专业发展的反思不被遗忘。为此，教师的自我反思可以安排在固定的时间（如每周五下午），使反思制度化。另外，在反思的内容上，教师可以参照有关教师专业发展阶段和高成效教师成长研究的结果，列出一个教师专业结构发展的时间序列表，教师将自己目前的教师专业发展内容和所达到的水平，与序列表中的相应的专业发展时期的发展内容和水平相比较，找出发展较弱的方面，而后重新规划予以补救。再者，教师还需要对隐含于自己日常专业行为背后的教育信念和关于自己学会教学过程的观念（如自己在学会教学过程中可能的作用的认识、对学会教学的有效学习方式的认识等）予以价值澄清，尽量避免由于不恰当的信念或观念而阻碍专业发展。最后，教师还可以建立自我剖析档案，或绘制自我专业发展剖析图，以便更好地了解自己专业发展的变化和进步情况，并采取相关措施。

（二）利用多种检测手段，了解自己专业发展的起点

要制定自我专业发展的目标和计划，就必须对自己的目前专业发展有较为准确的了解。由于教师专业发展总是处于循环之中，所以了解专业发展的水平并不是一次性的。对教师专业发展起点的检测内容大致可归为两方面，一是对教师内在专业结构的检测，二是对教师自我专业发展意识的检测。通过前一种检测，可以了解教师内在专业结构的不足，以便更有针对性地制定目标和计划，有意识克服原有的专业结构可能对专业发展带来的不利影响；通过后一种检测，可以得知目前教师本人所具备的专业发展准备程度和自我发展能力。就前一种检测来说，我国有的学者已经编制了成套的测量工具，国外的有关量表亦可参考；就后一种检测来说，古利尔米诺（Guglielmino，L.）所编制的"自我引导学习准备量表（Self-directed learning readiness scale，SDLRS）"[1]，奥迪（Oddi，L.）的"继续学习调查表（Continuing learning inventory，OCLI）"均具参考价值[2]。

（三）记录关键事件，经常与自我保持专业发展对话

经常记录自己认为对自己专业发展影响较大的关键事件，不仅可以为事后回顾、反思自己的专业发展历程提供基本的原始素材，而且叙述过程本身就是对自己过去的教学经历予以归纳、概括、反思、评价和再理解的过程。在这一过程中，教师会更为清晰地看到自我成长

---

[1] Guglielmino, L. Development of the self-directed learning readiness scale. Unpublished doctoral dissertation, University of Georgia, 1977. *Dissertation abstracts international*, 38 (11A), 6467.

[2] Oddi, L. Development of an instrument to measure self-directed continuous learning. Unpublished doctoral dissertation, Northern Illinois University, 1984. *Dissertation abstracts international*, 46 (01A), 49.

的轨迹和内在专业结构的发展过程，进而为能够更好地实行专业发展的自控和调节奠定基础。对关键事件的记录，也是发掘其对自我专业发展的价值与意义的过程，因为任何事件本身是无法呈现自身"意义"的，只有在事后的反思中才能断定它是否"关键"事件。这一过程也是个人向自我呈现关键事件，与自我进行专业发展对话，提高自我专业发展意识以及今后自己对日常专业生活中关键事件敏感性的过程，对教师个人的后续专业发展有着重要意义。当然，也可组织专门的活动让教师相互交流个人关键事件记录，达到对自我专业发展的再反思和相互促进、提高的目的。

（四）　与其他教师相互合作、交流

"自我更新"取向教师专业发展并非是主张让教师把自己孤立起来，其本意是让教师自己主动地、积极地追求专业发展，保持开放的心态，随时准备接受好的、新的教育观念，更新自己的教育信念和专业知能。为此目的，教师可能要充分发掘、利用各种可利用的有助于自我专业发展的资源。依此来看，打破相互隔离，在了解教师专业发展的一般路径之后，敢于承认自己在专业发展过程中所存在的问题，寻求与同事的合作与帮助，反而是"自我更新"取向教师专业发展的具体策略之一。

如果实施"自我更新"取向教师专业发展的话，其道路也不是一帆风顺的，可能会遇到许多困难和障碍。如教师往往遇到各种关于教与学的不同甚至相互矛盾的信息；社会上，包括师范教育者在内，一般都把改革成功的希望寄托在教师身上，为此，教师总是处于不断学习新的教学思想、方法以替代自己习惯的教学思想、方法的过程之中。有经验教师更是有过之而无不及，即使在教育改革的平稳期，他们也要体察课堂是否有新的需求，进而改进教学。最后，在教师努力自我革新的过程中还面临着种种个人和环境的不利因素。个人不利因素方面，如已有的关于教学、学习和学生的观念；学科知识的欠缺；对所任学科实质理解的失误等。在环境因素方面，包括教师在师范教育阶段没有做好充分的知识准备，师范生自己从来没有过"意义学习"的体验；中小学及其紧张的工作节奏没给教师留出足够的反思时间以及与其他教师交流的机会；初任教师在最需要帮助的时候却很少得到任教学校的帮助和支持等等。

我们期望，"自我更新"取向教师专业发展成为每一位教师的日常专业生活方式，无论对于优秀教师还是非优秀教师均是如此，即便对那些学历尚未达标的教师也不例外。就我国目前情况来说，中小学教师的总体素质的状况并不乐观，学历达标依然是一项重要任务。据《人民日报》报道，目前我国 592 个国家级贫困县中，共有中小学教师 170 万人左右，约占全国中小学教师总数的 19%，其中有 12 万名小学教师和 11 万名初中教师学历不达标，合格率均低于全国平均水平，约有 1/4 专任教师尚未具备基本教学能力①。教育部已启动的中小学教师综合素质培训计划，将从 21 世纪对中小学教师素质的要求出发，从教育观念的转变与更新、职业道德的构建与培养、提高教育教学质量的策略与方法、教育信息技术的掌握与应用、教育科研能力的培养和提高、心理健康教育与教师心理素质等方面对这些中小学教师进行培训。如果在实现达标任务的过程中，同时渗透"自我更新"取向教师专业发展思想，亦将对这些教师的后续专业发展产生积极影响。

应当指出，倡导"自我更新"取向教师专业发展，并不因此而绝对否认传统教师教育之价值，而是试图以"自我更新"取向教师专业发展作为传统教师教育的重要补充，并成为职后教师专业发展的思想核心。特别是在职后阶段的稳定期、成熟期，应着重对教师自我更新意识的培养。较为理想的教师专业发展，是以"自我更新"取向为教师专业发展基本理念，在教师专业发展的各个阶段帮助教师形成内在专业结构和自我更新意识、自我专业发展意识，教师自身也在自我更新意识指导下谋求专业发展，以至走完整个职业生涯。

---

① 参见尹鸿祝著：《教育部决定对民族贫困地区中小学教师进行培训》，《人民日报》，2000−04−12。

结语

在学校改革研究性实践中造就新型教师

——以新基础教育探索性研究为例

一、问题与假设

21世纪是人类对教育充满期望的世纪：期望有新型的学校，期望有新的高质量的教育，期望培养出适应和推进社会发展的新人。显然，为实现这些期望，必然要求有新型的教师，这几乎已经成为世界各国的通识。在中华人民共和国的境内也不例外。自20世纪90年代中叶始，中国教育界无论是有关行政领导还是学术专家，都对教师教育的问题给以越来越多的关注和研究。人们不仅研究新型教师"新"在哪里这个重要问题，而且寻找新型教师从何而来以及现有的教师如何实现向新型教师转化的现实途径。中国的中小学生以亿计算，教师则以千万计算，要实现中国基础教育的现代转型，若找不到后一个问题的答案，势必成为一句美丽的空话。所以，如何造就新型教师不仅是一个关涉新世纪教师培养的理论问题，也是当代中国教育进入新世纪迫切需要解决的现实问题。

目前，就一般而言，主要采取两种方式建设教师队伍。一是队伍重组。包括大量招收新的青年教师、调整一部分不合格或不能胜任岗位的教师及老年教师的逐步退休。这在教师队伍年轻化和提高基本文化素养方面有较明显的效应，但是，它并不自然保证教师队伍中成员能具备符合时代精神的新教育观、具有较高教育学素养及在新观念指导下开展教育、教学活动及研究的能力，因为中国师范教育改革近年来虽有很多进展，但就整体而言还处在滞后状态，至于综合性大学毕业生中补充到师资队伍的成员，在上述几方面总体上说来更缺乏优势。二是在职教育。其中又可细分为两大类：一类是提高在职教师的学历水平，如小学教师向大专、本科学历，中学教师向本科、研究生学历"挺进"，各种各样接受成人学历教育的人中，教师是一支源源不断的队伍；另一类是短期的、不同层次的在职教师的培训，如新教师上岗培训、骨干教师培训、高级教师专题研修班等，国内在1999年启动的园丁工程就是典型代表。这确实是必要和重要的途径。但也存在着难以克服的不足。一方面，它在同一时期内的受益面不会太广，因为培训总包含着一段"脱产"学习的时间，学校不可能停下来，等大量教师培训好了再进行，故只能采取轮训方式，每个教师都轮到一遍所需的时间又因教师数量之多而拉得较长。另一方面，培训大多以课程的方式进行，故教师能否受益，一受课程质量限制；二受课程所作一般论述不能直接触及每个教师的内隐理论和教育行为的限制，于是有可能出现"听课时觉得有道理，做起来还是老样子"的弊病。

因此，在我看来，还需要大力提倡、拓展目前一些学校已经采取的一条新的途径。那就是在学校教育改革的实践中造就新型教师，实现教师从现有状态向时代发展需要的新型教师转化。

从发展趋势看，由宏观的教育改革深入到学校改革在中国已成必然之势，尤其在 1999 年全国教育工作会议的决定发布之后。学校改革实践的广泛性和现实性，为大量教师在同一时期内，因参与改革而自身得更新的可能性提供了基础性条件。我相信，只要是真实的、有质量的、有力度的学校改革实践，就会在改变、发展学校的同时，改变、发展教师。这种学校与教师在实践中产生"同期互动"的改变与发展效应，是突破创建新型教育缺乏新型教师难题的不可缺少的基本方法。在一定的意义上，新进入到教师队伍中的成员及经过培训以后的成员，要在教育观念与行为上达到新型教师的要求，也只有通过参与学校改革的实践才能完成和体现。

以上假设，在中国学校改革先行的一些中小学中已经有所实践，但尚未作深入的研究。本文将结合由我主持的《面向 21 世纪新基础教育探索性研究》课题所提供的经验，对如何在学校改革实践中造就新型教师问题作出我们的、相对系统的回答。

二、新基础教育探索性研究概述

新基础教育探索性研究是我主持的一项全国教育科学规划"九五"重点课题。这个项目力图以理论研究与实践研究紧密结合、相互推进的研究方式，探究在当代中国现实的土地上，创建面向 21 世纪的、实施九年义务教育的新型学校的改革之路。之所以称其为"探索性"研究，是因为研究因素的多元和多变性、时间的紧迫性，更主要是因为研究性质的整体、综合及原创性。这使我们不可能在一切都设计好以后才开始研究，研究过程中问题和经验会不断生成、涌现出来，就像一切复杂事物的形成过程一样，"每一个这样的系统都是一个由许多平行发生的'作用者'组成的网络"①。他们之间的行为在相互作用中得到确定、产生效应、作出调整，决不是像工程师设计图纸、技工完成制作那样简单，它只能通过探索过程来实现认识的丰富与清晰。

该课题自 1994 年 9 月始，其启动标志是理论研究方面，我发表了有关该课题的系列论文中的第一篇——《时代精神与新教育理想构建》②；实践研究方面，确定了第一所试验学校和试验班——上海市外高桥实验小学，并在新学期开始了试验。研究结束于 1999 年 9 月，其标志是第一批参与试验的小学和第二批参与试验的初中试验班的首届学生均毕业。

该项研究在学校改革的实践方面，集中指向教师和学生每天都要进行的学校活动上。一是课堂教学改革。试验以小学的语文、数学和思想品德，初中以语文、数学、外语各三门课程为具体改革的内容，目标是通过改革实践改变教师中心、教材中心和以完成教案为实际终极目标的课堂教学状态，努力实现"把课堂还给学生，让课堂充满生命活力"。二是班级建设，从班级制度、组织、日常管理与活动、文化建设等着手，改变班级中普遍存在科层制的管理和教师主宰、少数学生受重用，大多数被管理的状态，努力实现"把班级还给学生，让班级充满成长气息"。

以上两大方面的改革，最终目标是通过改变学校日常活动来改变人，改变师生在学校的生存方式，其中，首先是教师在学校的生存方式和职业角色定位，改变教师作为大纲等被动执行者和已有知识的传递者的传统角色，而是努力实现"把创造还给教师，使教育成为充满智慧的事业"。惟有如此，学生在学校中才能获得精神生命发展的主

---

① ［美］米歇尔·沃尔德罗普著，陈玲译：《复杂》，197 页，北京，生活·读书·新知三联书店，1997。

② 叶澜：《时代精神与新教育理想构建》，载《教育研究》，1994（10）。曾获上海市哲学社会科学（1995～1996 年）优秀论文一等奖。

动权，使学校的事业充满勃勃的生机；才能实现学校变革与新型教师的形成在过程中的统一。

课题采取了多种研究结合的方式开展。主要方式有理论研究，其中部分是有关教育观念、培养目标、教师素养、学校文化使命等研究；部分是对二类教育活动的研究，一是改革试验总方案设计、试点学科教学及班级建设改革的设计，它涉及到内容、方法、过程、类综合模式等多方面，设计要求体现课题提出的指导思想，二是在总方案指导下形成分学科、分年级的改革整体目标与方案设计，该设计成为教师执行方案设计的基本依据。以上两种研究都具有行动前研究、从理论到方案两个层面指导改革实践的价值。此外，还有一种重要的研究方法是实地研究。主要包括三种类型：一是每周一次、每次一天到市内试验小学的随堂听课、评课及研究下一周课的教学设计活动；二是对设计方案实施状态的观察、分析与反馈、完善；三是中、小学阶段性的校际、班际实地研讨交流活动，一般每月一次，每次一天。实地研究对于教师的转化具有落实与重要的推进作用。最后一种研究方法是阶段性总结、方案修订及假期培训，形式一般有学期中的小结、期末的总结与方案修订及细化，假期集中 2~3 天进行交流、研讨及为下学期改革进行所必须的培训活动等。上述五大研究方式的结合，既构成了研究从理论设计到行动实践再到反思提炼的全过程，又使理论与实践研究产生积极的双向互动，在实践发展的同时，理论研究也有了丰富的积累和新的生长点，不断推向深入①。

五年的研究结果就整体而言，无论在理论研究和实践改革方面，在学生发展和教师变化方面，均产生了与研究目的相符的显明的和有积极成效的变化。课题评审组专家对研究给予了高度评价，认为这是"一项理论先行、理论与实践紧密结合的基础教育改革开拓性研究项目"②，"该课题另一突出特点，在于将新基础教育理论转化为学校教

---

①　限于本文的主题与篇幅限制，在此不可能对新基础教育探索性研究作展开式介绍。这一研究的理论文章、研究报告等已结集出版，书名为《"新基础教育"探索性研究报告集》（上海，上海三联书店，1999 年版），详情可从报告集中查阅。

②　叶澜：《"新基础教育"探索性研究报告集》，296 页，上海，上海三联书店，1999。

育创造性实践活动，并在实践中不断丰富和完善理论构想。尤其是教育理论工作者和第一线教师、校长密切配合，相互学习、超越自我，使试验课堂充满活力"①。专家组认为"这正是创建中国新时代教育理论和学校实践模式的希望之路，也是铸造我国新一代教育家的必由之路"②。自然，这也是一条艰苦地探究之路，教师转化之路。

教师的转变在观念层面首先表现为对教师劳动性质的重新认识。在参与试验前，大部分教师都不把教师职业当做是一项需要创造性劳动的职业，也没有强烈的专业人员意识，自己的教育、教学行为经常受他人或自己的经验支配。试验使他们看到和体验到了，教育是一个需要创造和充满创造可能的职业，对学生的研究、对知识的重组和活化的加工、对教学过程和教育工作的事先策划、设计，对课堂教学过程的动态生成性的把握以及对自己教育、教学行为的反思等都离不开创造的精神和能力，也正是这种创造活力的激发，使教师在工作中体验到职业的内在尊严与欢乐，使改革试验在实践中取得成效。其次，在观念上的变革还表现在对教育价值观、培养目标观、学生观和教育活动观上，教师在试验过程中认真学习相关的理论，并与自己头脑中原有的一些观念作比较，他们认识到过去的教育活动中的主要问题在于：偏重于知识，重视对学生智力和能力的培养，而不重视对儿童生命发展，尤其是主动发展需要的满足和能力的培养。然而这对于人生来讲却是十分重要的。新基础教育强调教育的生命价值和学生潜能的开发给了他们强烈的震动。由此而带来的是教育活动观和教师教育教学行为的变化。这是在改革实践过程逐步发展起来的积累性变化。变化以后的教学行为，最主要特征是课堂上给学生主动学习的时间大幅度增加，代替了过去教师讲为主，或以一问一答式为主的教学状态；课堂上出现积极的师生互动，教师在教学中给人的感觉，不是高踞于学生之上的发号施令者，而是身处学生之中的共同活动者，师生在课堂上的角色都趋向多元化，学生的思维活跃、积极性高涨，能捕捉住学生提供的重要信息，关注学生课堂学习中的创造和问题的教师，就

---

① 叶澜：《"新基础教育"探索性研究报告集》，296~297 页，上海，上海三联书店，1999。
② 同①，297 页。

会使课堂出现动态生成的局面，焕发出生命活力。班级建设方面也朝着期望的目标发展。在这个过程中教师独立研究的能力也得到提高。他们每学期都写研究小结，最初只是写工作小结，逐渐地开始写专题小结，再进一步开始写出专题论文和调研报告。这些论文都是他们在改革实践中做出来后再写的，是一种包含着体验的论文。我们在结题前，请每一位试验教师至少再写一篇论文（其中个别的还是才进入试验班任教的教师），以《华东师范大学学报教科版（增刊）》的方式结集出版。平时，他们也有文章发表于报刊杂志，在区、县、校组织的教学评比中，试验教师中获奖者不少，有些还得到了荣誉称号，担任了教研组长、科研室主任等工作，成为学校中教学教育工作的业务骨干。总之，教师的精神面貌、职业观念、教育观念、教育能力与教育艺术、从教育实践中汲取、反思、科研与创造的意识与能力等，都有了不同程度和不同方面的提高。

自然，教师转化不是一个风平浪静、直线向上的过程。有一定教龄、教学成效不错的教师，参与新基础教育试验，需要反思和超越自己已有的经验，这是一个反复甚至痛苦的过程。对于相对缺乏经验、教龄短的新教师而言，他们往往热情高、肯学习，但由于缺乏基本经验，也会出现情绪的波动，尤其在开初阶段，如果测验、考试成绩不如非试验班，焦虑就立即产生。只有当他们能把握新基础教育的精神、掌握新基础教育提出的"类综合"教学模式后，才会心里踏实；只有当他们看到学生因主动性发挥而带来的巨大进步以后，他们才会由衷地赞成和投入这项改革；只有在投入中感受到自己变化成长时，才会成为一个自主自觉的探究者和创造者。可以说，对改革过程的曲折性我们是有思想准备的，但具体的、真切的、细致的、可分析的体验，也只在经过了一轮试验以后才形成。试验过程还受到一些非试验因素的影响，但我们一起坚持着走了过来，用五年的研究性学校改革实践，兑现了试验初对自己提出的创建新型实践与形成新人、新型教师的要求："参加试验的人员首先要转变自己的教育观与目标观，而后才能创造新的模式……这是一项深刻、艰巨而富有挑战性的试验，它的结果不仅是为了形成上述'三新'（教育理念、教育目标和培养模式的更新），而且根本上是为了形成新人——新的能适应21世纪社会发展需要的学生和创造新教育的新型教师。全体试验人员在试验中，既是创造者，又是学习者；既是教育者，又是研究者；既改变旧的教育模式，也改变自己。"①

三、学校改革实践如何促使新型教师的形成

新基础教育探索性研究的积极效果，证明了研究性的学校改革实践对于新型教师的形成具有实质性意义。但并不等于说任何有关学校的改革实践对新型教师的形成都具有同样的影响力。新基础教育探索性研究，在学校改革实践如何才能强有力地促使新型教师的形成方面，至少提供了如下几点有益的启示与经验。

首先，学校改革任务与教师日常工作越贴近，越有利于促进教师转变。

学校改革实践的性质本身是能否促使教师变化的重要相关因素。一般而言，在学校内部进行的教育改革，可分为两大类：一类是学校管理改革，主要的直接承担者是管理人员；另一类是学校教学、教育工作改革，其主要的直接承担者是教师。两类改革相关，学校的成员都有权参与，但作为主要直接承担者有差异这一点是明显的。

在每一类改革中，根据改革项目的复杂性和关涉面，又可以分为整体、局部、个别三个层面。其排列可用以下的表简要说明：

责任主体 改革层次	管理人员为主	教师为主
整体	学校综合改革	教师教学、教育工作综合改革
局部	学校某一工作系统改革	教师某一工作系统改革
个别	学校某项具体工作改革	教师工作的单项改革（方法、内容或其他）

---

① 叶澜：《"新基础教育"探索性研究报告集》，7 页，上海，上海三联书店，1999。

从第二部分的介绍中可见，新基础教育探索性研究的学校实践改革是处在第二类改革的第一层面上。我们认为这是学校改革中最能触动和促使现有教师向新型教师转化的一种改革，其主要的原因除了这项改革主要由教师作责任主体、需要他们直接参与以外，还有如下几点。

1. 改革的综合性。新基础教育研究学校改革实践部分以班为单位开展，其改革又是在学校生活的两大主要领域：课堂教学与班级建设同步进行，其中每一部分又包含着许多关联的方面和活动过程，其性质属于复杂的综合性改革。只要指导思想是一致，综合改革就会产生渗透性效应，它比局部和个别层次的改革更具有师生之间及不同改革项目之间相互促进的价值。新基础教育两大领域的改革坚持贯彻促进每个学生主动发展的原则，使大部分学生在较短的时间里得到多方面的尊重和锻炼，产生主动活动的积极性，并在主动活动中能力得到提高，身心得到发展。因而对教师从最初的不完全自觉、自信地进行改革，向自觉、自信地投入改革的转化起到了积极的作用。一个热爱教育和学生的教师，学生的成长状态总是重要的工作动力。另外，每一项改革中的综合性，使教师不是处在点状变革的水平上，而是以教育、教学活动为中心，综合、整体式、全过程地策划和实施改革，使改革产生合力，教师对改革指导思想的认识也逐渐深化，这都是非综合改革之力所不能及的。

2. 改革的日常性。任何重大改革的深入，必然要涉及到越来越广的范围和人，也就是说要逐渐进入到日常的层面。在一定意义上，重大改革的成功和在现实中是否确实立足，日常状态是否发生变化是重要指标。新基础教育研究追求的目标是实现学校教育由近代向现代的转型，因此，把改革指向学校的日常教育、教学生活，而不是仅指向某一类点缀式的、耀眼的活动。日常的活动天天要进行，正如"滴水穿石"一般，能产生真正的因不间断而带来的积累效应。这种效应是潜移默化之"化"式效应，而不是轰轰烈烈之"闹"式效应。另外，日常活动的变革若达到观念、思维方式、内在需求和活动模式变革的程度，而不是外表行为的简单模仿，它就在改变观念与行为方式的同时，在实质上形成了一种新的生存方式。人怎样生活，就会使他成为怎样的人。这就是日常教育工作变革之所以能对教师转型产生重要价值的实践性依据。

3. 改革与每位教师的"贴近性"。所谓"贴近性"是指改革指向的领域对每一位教师而言，并不是陌生的、没有接触过的新领域，需要变革的不是领域本身，而是怎样去重新认识这些领域内每天所要进行工作的意义与性质，怎样用新的观点去重新发现学生和重新设计工作。正因为如此，在感到"不陌生"的同时，又能感受到"冲击力"。这是要求观念更新后的重新认识，重新认识指导下的行为更新，因行为更新带来的更新体验，进而加深重新认识。正是这种"重新"认识、设计和熟悉领域的实践变革，才能有效促使教师观念与行为改变的积极互动和良性循环，推进教师转化的螺旋式上升。教师的转型，只有在触及他自身内在隐性的观念体系，只有在新的观念体系能转化成他新的行为方式时，才可能真实地发生。观念与行为构成内隐与外显的不可分割的联系。新基础教育改革体现了上述改革与每位教师的工作之"贴近性"的要求，因此产生了主要靠标新立异造成"轰动"效应所不同的"转化"效应。

新基础教育探索性研究在学校改革实践多种层面中选择教师教育、教学工作综合层面进行研究性实践并非出于偶然，而是出于对中国基础教育改革发展趋势与任务的判断。我们深信，教育改革不深入到学校日常活动层面，不改变教师的观念和行为，就不可能真正实现，培养面向 21 世纪新人的要求也将成为只是一种美好的愿望。为了使愿望变为新的真实，我们选择了这一相对广泛且艰辛的，但却是能与中小学教师一起来进行改革实践的层面，五年的实践证实了这一选择的价值和效益，为此，我们感到欣慰与庆幸。

其次，理论研究与试验研究结合，有利于新型教师的形成。

在教育研究中，如何处理实践问题研究与理论研究之间的关系是个难题，偏重学科理论研究的专业人员往往小看或不熟悉实践问题的研究；在实践中开展研究的第一线人员，或认为理论没什么用，实践问题解决主要是操作问题从而不重视、排斥理论，或因缺乏理论而不知从何研究。我们认为，当前中国迫切需要的探究创建面向 21 世纪现代学校的改革研究，不能没有理论研究，不能没有与理论研究相结合的改革性试验研究，而且新的理论形成总是与能否解决实践中产生的新问题密切相关，从这个意义上，不仅理论研究能起引导实践的作用，而且实践研究中出现的诸多新问题和创造，本身就具有产生和滋养新理论的作用。面向未来的改革实践研究最需要理论研究与实践研究相结合，最可能使理论与实践在改革的过程中获得共生共荣。新基础教育探索性研究采取了这一研究策略。研究实践支持了我们的假设，同时，也让我们看到了这种结合的方式对于新型教师形成所产生的、其他研究方式不能取代的特殊作用，其主要表现在如下几个方面。

第一，理论研究先行，为教师认识当代世界和中国社会发展与教育改革必要和必然性提供了理性依据，使教师对学校教育改革必要性的认识不囿于经验的范围，增加了对社会背景和发展趋势的认识，从而有助于提高参与改革的自觉性。另外，养成广阔的视野，认识时代发展与教育改革的关系，这本身也是对新型教师的要求之一。在一个飞速发展变化的时代，教师不再是作为保守力量的代表，而应该是对时代变化富有敏感性的、新文化积极的传播与共同创造新人的重要力量。新基础教育理论研究的开篇就涉及这一主题，我们在教师进入改革前组织了学习，它起到了上述导向、打破就事论事谈改革的局限性的作用。试验教师在整个试验过程中重视理论学习，结合实践中产生的问题学习理论，成了这一研究与其他研究不同的特点。这与其起始阶段就有了为新基础教育的诞生而进行的理论研究成果是密切相关的。

第二，理论研究为教师提供了在日常工作实践中进行改革的基本原则与思路。这无论对于教师的观念还是行为变革都有积极价值。在一项复杂的综合性改革中，若无清晰的基本原则和思路，那么，要想产生合力与综合渗透效应都很难。所以，新基础教育研究在进入实践研究前，先提出了《面向21世纪新基础教育探索性研究学校改革试验总方案（草案）》，策划了基本研究思路与要求。此后，在研究进行一年后，又提出了《面向21世纪新基础教育探究性研究理论纲要》。这在许多实践性研究中是不具备的。《理论纲要》中所列的十点，从整体上十分简要地阐述了新基础教育的教育信念和研究目标，在学校改革实践中起到了指导实践行动纲领性作用。许多试验班教师正是通过对这一"理论纲要"的学习和结合自己教育实践的思考，开始领悟到新基础教育之"新"在何处，从而也初步认清了自己作为新型教师需要努力的方向。

以上两点所提到的理论对于教师转化的作用只是初步的，它使试验前准备阶段和进入试验初期的教师，通过关涉研究整体的理论学习而产生的一种视野、心态和追求目标上的变化，对新基础教育的一般原则与改革思路具有框架式的初步理解。随着实践和理论研究的同步深入，当这种研究方式进入到具体工作的层面上对教师的转化产生积极作用，就是下面要谈到的这一点。

第三，以学校教学、教育活动为中心的理论与实践研究的同步深入，有助于教师对于教育观念与行为的关联性体验的形成，从而促使教师在观念与行为相结合的水平上发生转化。

在与试验教师的直接多次接触中，我们逐渐发现，教师中不少人还不善于把理论与自己的教育行为结合起来。他们往往认为理论是道理，我听懂了，或赞成了，就是接受了这种理论，而后，他们还期待着有一个实践的可操作模式，这个模式的普适性越广越好。其实质还是把改革看成是执行别人的要求，而不是自己的创造。为了改变这种情况，我们采取了定期听课和评课的方式，使新基础教育的理念与教师日常的教育行为产生"碰撞"。这种随堂听课、即时的讨论和评课，在教师观念和行为的转变中起了十分重要的作用。听课，对于理论工作者来说，也是研究、体验真实的课堂生活的重要途径，课堂常常能激发出理论研究人员许多关于教学问题的深层次思考。评课是一种针对教师刚进行过的教学行为的讨论，通常是首先从整体上评价这节课所展现的特点与效果，进而提出认为可改进的方面。评议不局限在教育行为的评价上，而且指出这种教育行为实际上是因某种传统的教育观念而产生的，指出教师头脑中"内隐理论"的具体观点，我们把这个由外显行为追溯内隐理论的过程戏称为"捉虫"，捉头脑中的虫，这种"捉虫"过程的更重要的价值是使教师形成了观念与行为互为内外的真实体验，从而提高反思自己教学行为的能力与水平。然后，评课者再进一步提出如果改变头脑中的观念，可以采取怎样的教学行为之建议，这又是为教师提供有关新教育观念与新教育行为关联的例证。在评课中，教师往往在这个时刻会有顿悟的反应，发出"喔，原来是这样的"感叹。我们把在教师头脑中这一建立起新观念与新教育行为关联的认识效应戏称为"喔"效应。这一"捉虫"与"喔"效应的两段过程，都指向观念与行为的关联性。我们认为是教师实现"转化"的关键一步（自然也不是一次能完成）。在这个过程中，理论研究人员起了"诊断"、"分析病理"和"开药方"的作用，随着教师能力的发展，这一过程就会转化为教师的"自我诊断"与"自我治疗"的过程。

上述的评课与讨论，并不局限于教师与理论工作者之间，它还在教师与教师之间，在不同的学校之间围绕所听的同一节课开展。在达到一定阶段以后，理论工作者与教师之间又进入到一个新的水平的合作，那就是共同设计新课，探究课堂教学的类综合模式。常常是一个方案出来，经过几个教师的教学达到相对完善，这时的听课、评课增加了更多合作、"创造"与"发展"的成分。

第四，在改革实践中形成的新理论，受教师的欢迎，他们愿意学习，还能在学习中感受到一份亲切，因为它与教师的教育实践贴近，对教师的实践具有直接触动的作用。另一方面，教师从观点与行为的关联性中也逐渐认识到，学校教育、教学领域是他们最好的、最可能发挥智慧与创造力的舞台，是他们自己的领地，不必等他人来指挥和发令。于是，研究、创新的需要和能力也在改革的实践中提高，这也是教师能逐渐写出论文，在应用理论上有所创新的重要原因。

第五，理论与实践研究结合，使教师在改革中得到较快的提高，在教育观念和行为较为根本性的方面上发生变化，并带来了学生的解放与发展，教学与班级工作的面貌逐渐更新，这些都让教师产生成就感和成长感，他们把这些变化都看做是参加、主动投入改革的自身积极实践的产物。这就改变了在不少实践改革中教师仅作为执行者，甚至被当做消极的力量、被改革的对象的角色地位，他们把改革看做是自己创造新型学校的努力，也是自己获得发展的必然途径。所谓的"防教师"的改革，以及"随教师"的改革，都不是我们所信奉的改革目标。我们认为教育是一个需要信念、理论和自觉追求、不断探究和创造的事业，所以，教师的发展与事业的发展需要通过理论与研究性实践结合的研究来推进，尤其当我们处在一个变革的时代和呼唤新教育的时刻，更是如此。

　　新基础教育探索性研究在如何造就新型教师方面还给我们提供的一点重要启示是：新型教师队伍的形成，是学校管理改革中最为重要的问题，要想使教师能长期坚持研究改革性实践，学校领导乃至更高的行政部门要作出支持教师研究、探索新教育的决策与政策，对走在前面的教师给予支持，并参与校内研究，成为知情、知难、知心、能给教师力量和懂得欣赏教师创造的领导。惟有如此，学校改革研究才能持续进行，科研才会成为推进学校发展的重要力量；惟有持久的努力和创造性地开展教育实践活动，现有教师向新型教师的转化才能实现。

附　　录

一、几种教师专业发展阶段划分理论①

1. 职前教师的专业发展阶段理论

（1）富勒和鲍恩的教师关注阶段论②

阶段名称	时限	主要特征
1. 任教前关注阶段 （preteaching concerns）		职前阶段的学生只是想象中的教师，仅关注自己
2. 早期求生阶段 （early concerns about survival）		实习教师所主要关注的是自我胜任能力（self-adequacy）以及作为一个教师如何"幸存"下来，关注对课堂的控制、是否被学生喜欢和他人对自己教学的评价

---

①　在编制过程中参考了以下资料：杨秀玉：《教师发展阶段论综述》，载《外国教育研究》，1999（6）；Huberman, M. Burnout in teaching careers. *European education*, 1993, vol. 25, no. 3, p. 47; Burden, P. R. Teacher development：implications for teacher education. In James D. Raths & Lilian G. Katz（Eds.）, *Advances in teacher education*, volume2. Norwood, New Jersey：Ablex Publishing, 1986. pp. 185–219；Arthur, J. , Davison, J. & Moss, J. *Subject mentoring in the secondary school*. London & New York：Routledge, 1997; Christensen, J. C. Adult learning and teacher career stage development. In Peter J. Burke & Robert G. Heideman（Eds.）, *Career–long teacher education*. Springfield, ILL：Charles C. Thomas, 1985. pp. 158–180.

②　Fuller, F. & Bown, O. Becoming a teacher. In K. Ryan（Ed.）, *Teacher education（The 74th yearbook of the study of education）*. Chicago, IL：University of Chicago press, 1975.

阶段名称	时限	主要特征
3. 关注教学情境阶段 （teaching situation concerns）		教师主要关心在目前教学情境对教学方法和材料等限制下，如何正常地完成教学任务，以及如何掌握相应的教学技能
4. 关注学生阶段 （concerns about pupils）		教师开始把学生作为关注的核心，关注他们的学习、社会和情感需要以及如何通过教学更好地影响他们的成绩和表现

（2）卡鲁索（Caruso，J.）的教师发展阶段论①

阶段名称	时限	主要特征
1. 焦虑/欢快期 （anxiety/euphoria）		
2. 混乱/清晰期 （confusion/clarity）		
3. 胜任/不胜任期 （competence/inadequacy）		
4. 批判/新意识期 （criticism/new awareness）		
5. 更有信心/更不胜任期 （more confidence/greater inadequacy）		
6. 失败/缓解期（loss/relief）		

---

① Caruso, J. Phases in student teaching. *Young children*, 1977, vol. 33, pp. 57-63.

（3）亚格尔和默滕斯（Yarger，S. & Mertens，S.）的教师发展阶段论①

阶段名称	时限	主要特征
1. 教师教育之前的学生阶段（preeducation student）		处于这一阶段的学生对教学职业进行考察，但尚未正式投入
2. 师范生阶段（the education student）		已经明确决定从事教学职业并具备基本教学技能的大学高年级学生

（4）萨克斯和哈林顿（Sacks，S. & Harrington，G. N.）的教师发展阶段论②

阶段名称	时限	主要特征
1. 预想期（anticipation）		
2. 进入实习期（entry）		
3. 定向期（orientation）		
4. 试误期（trial and error）		
5. 整合/巩固期（integration/consolidation）		
6. 掌握期（mastery）		

---

① Yarger, S. & Mertens, S. Testing the waters of school-based teacher education. In D. C. Corrigan & K. R. Howey (Ed.), *Concepts to guide the education of experienced teachers*. Renton, VA: Council for exceptional children, 1980.

② Sacks, S. & Harrington, G. N. Student to teachers: *The process of role transition. Paper presented at the meeting of the American educational research association*, New York, March 1982.

2. 在职教师的专业发展阶段理论

（1）卡茨（Katz，L.）的教师阶段发展论①

阶段名称	时限	主要特征
1. 求生阶段（survival）	任教开始一、二年	原来对教学的设想与实际有差距，关心自己在陌生环境中能否生存
2. 巩固阶段（consolidation）	任教第二、三年	有了处理教学事件的基本知识，并开始巩固所获得的教学经验和关注个别学生
3. 更新阶段（renewal）	任教第三、四年	对教师重复、机械的工作感到厌倦，试图寻找新的方法和技巧
4. 成熟阶段（maturity）	任教三至五年	习惯于教师角色，能较深入地探讨一些教育问题

（2）伯登（Burden，P. R.）的教师阶段发展论②

阶段名称	时限	主要特征
1. 求生阶段（survival stage）	第1年	教师教学活动和环境的知识有限；他们关注学科教学却又感到没有多少专业见解；缺乏信心而且不愿意尝试新的方法
2. 调整阶段（adjustment stage）	第2～4年	学到了许多有关组织课堂、学生、课程和方法等方面的知识；开始注意到学生的复杂性，并学习新的技能以满足各方面的需要；对待孩子更加开放和真诚，感到更有能力满足学生的需要，逐渐有了信心
3. 成熟阶段（mature stage）	第5年或5年以上	教师感到能更好地控制教学活动和教学环境；以学生为中心；充满自信和安全感，乐于尝试新的教学方法；已经有了自己的专业见解，能够处理可能出现的新问题

---

① Katz, L. Developmental stages of preschool teachers. *Elementary school journal*，1972，vol. 73，no. 1，pp. 50−54.

② Burden P. R. Teachers' perceptions of the characteristics and influences on their personal and professional development（Doctoral dissertation，The Ohio State University，1979）. *Dissertation abstracts international*，1980，40（5404A）.

附

录

（3）彼德森（Peterson，A.）的教师阶段发展论①

阶段名称	时限	主要特征
1. 第一时期（first phase）	20～40岁	在这一时期教师的教学志向、工作士气等有很大变化。教师正处于建立职业自我、寻找最理想的学校环境和关注家庭的时期。经过一番周折，教师终于找到了自己可以扎根的学校，开始了专业投入和成长期
2. 第二时期（second phase）	40～55岁	这一时期是专业发展的高峰，显示出高昂的士气和教学志向
3. 第三时期（third phase）	55～退休	随着精力和热情的减弱，教师退出教学专业，教师可能会保持较高的士气，但已经意识到年事已高

（4）麦克唐纳（McDonald，F.）的教师阶段发展论②

阶段名称	时限	主要特征
1. 过渡阶段（transition stage）		效能感低下；了解学生；学习管理和组织的基本知识
2. 探索阶段（exploring stage）		在运用教学基本技能方面有效能感；能有效管理教学
3. 创新和实验阶段（invention and experimenting stage）		教师创造和尝试新的教学策略和技巧；寻求发展机会；形成批判性判断能力
4. 专业教学阶段（professional teaching stage）		具有解决问题能力，能帮助其他教师也富有创造性

---

① Peterson，A. *Career Patterns of secondary school teachers*：*An exploratory interview study of retired teachers*（Doctoral dissertation，The Ohio State University，1978）. *Dissertation abstracts international*，1979，39（4888A）.

② McDonald，F. *A theory of the professional development of teachers*. Paper presented at the meeting of the American educational research association，New York，March 1982.

（5）斯特菲（Steffy，B.）的教师阶段发展论①

阶段名称	时限	主要特征
1. 预备职业生涯阶段（anticipatory career stage）		理想主义；有活力；富创意；接纳新观念；积极进取；努力向上
2. 专家职业生涯阶段（expert master career stage）		教师已有较高水平的教学能力与技巧；能够有效地管理班级；对学生有高期望；在工作中能激发自我潜能，达到自我实现
3. 退缩职业生涯阶段（withdrawal career stage）		在初始退缩时期，教师在学校的表现不好不坏，漠视教学革新，效绩平平，教师一般沉默寡言，消极行事；持续退缩时期，教师有倦怠感，经常批评学校和家长，抗拒改革，他们一般独来独往，行为极端；深入退缩时期的教师在教学上表现出无力感，有时会伤及学生，但自己却认识不到这些缺点
4. 更新职业生涯阶段（renewal career stage）		以积极的措施应对厌烦表现的征兆，学习新知识，并致力于专业成长
5. 退出职业生涯阶段（exit career stage）		离开教师岗位，有的教师安度晚年，有的则继续追求专业成长

---

① Steffy，B. Career stages of classroom teachers. Lancaster，PA：Technomic Publishing Company，Inc.，1989. 参见杨秀玉：《教师发展阶段论综述》，载《外国教育研究》，1999（6）。

（6）休伯曼等人的教师职业生活周期论①

阶段名称	时限	主要特征
1. 入职期（career entry）	第 1～3 年	可将这一时期概括为"求生和发现期"。其中，"求生"与"现实的冲击（reality shock）"相联系，课堂环境的复杂性和不稳定性、连续的试误等等使得自我能否胜任教学感到怀疑；同时，教师也感到有所"发现"，他们有了自己的班级、学生和教学方案，成为专业协会中的一员，所以又表现出积极、热情的一面
2. 稳定期（stabilization phase）	第 4～6 年	教师决定投身于教学工作；教师初步掌握了教学法，由关注自己转向关注教学活动，不断改进教学基本技能，形成了自己的教学风格；表现出自信、愉悦和幽默
3. 实验和歧变期（experimentation and diversification）	第 7～25 年	自此时期开始教师的发展路线表现出差异性。其原因在于随着教育知识的积累和巩固，教师试图增加对课堂的影响，在教学材料、评价方法等方面开展了不同的个性化的实验；教师改革的愿望强化了对阻碍改革因素的认识，激发了进一步改革的尝试，教师的职业动机强烈，职业志向水平高；对课堂的职责有了初步了解后，教师开始寻找新的思想和挑战
4. 重新估价期（reassessment）		在许多情况下，教师不经过实验和歧变阶段，而是代之以自我怀疑和重新估价，严重者可表现为职业生涯道路中的一场"危机"。年复一年单调、乏味的课堂生活；或者连续不断的改革后令人失望的结果都会引发危机

---

① Huberman, M., Grounauer, M. & Marti, J., translated by Neufeld, J. *The lives of teachers*. London：Cassell villiers house；New York：Teachers college press. 1993.

阶段名称	时限	主要特征
5. 平静和关系疏远期（serenity and relational distance）	第26~33年	这一阶段在教师职业生涯中表现并不明显，主要是40、50岁的教师的一种"心理状态"。许多教师在经历了怀疑和危机之后开始平静下来，能够较为轻松地完成课堂教学，也更有自信心。随着职业预期目标的逐渐实现，志向水平开始下降，对专业投入也减少。该阶段的另一个主题是与学生的关系更加疏远，教师对学生行为和作业更加严格
6. 保守和抱怨期（conservatism and complaints）		这一时期的教师大约50~60岁。处于该阶段教师在经历了平静期后变得较为保守，这可能是第4阶段自我怀疑的进一步发展，也可能是改革失败的结果。多数教师会抱怨学生变得纪律性更差、缺少动机，抱怨公众对教育的消极态度，抱怨年轻教师不够认真、投入
7. 退休期（disengagement）	第34~40年	其他专业人员在这一时期可能会逐渐退缩，为退休做准备。而教师迫于社会压力其专业行为没有太大改变，只是更加关注自己喜欢的班级、做喜欢做的工作

二、教师关注问卷[①]

指导语：请阅读以下叙述，并确定就您自己的教学而言，您对这些叙述给予了多大程度的关注。1＝很少或无关注；2＝有些关注；3＝

[①] 该问卷由麦科马克（McCormack，A.）在富勒编制的"教师关注问卷（Teacher concerns questionnaire）"的基础上改编而成，用于调查体育教师。从问卷的题项设置中，我们可以看到教师专业发展阶段的"关注"研究框架所"关注"的基本问题。源自 McCormack，A. Exploring the developmental view of the perceived concerns. *Asia-Pacific journal of teacher education*，1996，vol. 24，no. 3.

中等关注；4＝很关注。

题项	程度
1. 缺少教学材料	1　2　3　4
2. 感到有很大的时间压力	1　2　3　4
3. 学监在场时好好表现	1　2　3　4
4. 满足不同学生的需要	1　2　3　4
5. 非教学的任务太多	1　2　3　4
6. 诊断学生存在的问题	1　2　3　4
7. 感到适合做教师	1　2　3　4
8. 激励缺少动机的学生	1　2　3　4
9. 为专业人士所接受	1　2　3　4
10. 每天要应付的学生太多	1　2　3　4
11. 引导学生在智力和情感方面的成长	1　2　3　4
12. 是否满足了每一个学生的需要	1　2　3　4
13. 得到积极的教学评价	1　2　3　4
14. 教学情境中的例行和常规工作	1　2　3　4
15. 维持对课堂的适度控制	1　2　3　4
16. 缺少有效的设施/装备	1　2　3　4

其中，"自我关注"的题项是 3，7，9，13，15；"任务关注"的题项是 1，2，5，10，14，16；"学生关注"的题项是 4，6，8，11，12。

参 考 文 献

中文

1. 王正平：《人民教师的道德修养》，北京，人民教育出版社，1993。

2. 赵立伯主编：《教师论》，北京，教育科学出版社，1992。

3. ［德］第斯多惠著，袁一安译：《德国教师培养指南》，北京，人民教育出版社，1990。

4. ［苏］苏霍姆林斯基著，杜殿坤编译：《给教师的建议》，北京，教育科学出版社，1984。

5. 中央教育科学研究所比较教育研究室编译：《简明国际教育百科全书·教学》（上），北京，教育科学出版社，1990。

6. 孟宪承编：《中国古代教育文选》，北京，人民教育出版社，1985。

7. ［苏］赞科夫著，杜殿坤译：《和教师的谈话》，北京，教育科学出版社，1980。

8. 陶行知：《中国教育改造》，上海，东方出版社，1996。

9. ［美］麦金太尔著，龚群、戴扬毅等译：《德性之后》，北京，中国社会科学出版社，1995。

10. 王正平、朱敏彦：《善的智慧——中国传统道德论探微》，上海，复旦大学出版社，1996。

11. 高国希：《走出伦理困境——麦金太尔道德哲学与马克思主义伦理学研究》，上海，上海社会科学院出版社，1996。

12. 赵中建编：《教育的使命——面向二十一世纪的教育宣言和行动纲领》，北京．教育科学出版社，1996。

13. 华东师范大学比较教育研究所译：《学会生存——教育世界的今天和明天》（联合国教科文组织国际教育发展委员会编著），北京，教育科学出版社，

1996。

14. 秦弓：《中国人的德行》，北京，华龄出版社，1997。

15. 朱贻庭主编：《中国传统伦理思想史》，上海，华东师范大学出版社，1994。

16. ［德］奥伊肯著、万以译：《生活的意义与价值》，上海，上海译文出版社，1997。

17. ［德］雅斯贝尔斯著、王德峰译：《时代的精神状况》，上海，上海译文出版社，1997。

18. ［美］杜威著、傅统先、邱椿译：《人的问题》，上海，上海人民出版社，1965。

19. 罗国杰、张岂之主编：《东方伦理道德与青少年教育》，上海，上海教育出版社，1994。

20. 国家教育发展与政策研究中心编：《发达国家教育改革的动向和趋势——美国、苏联、日本、法国、英国 1986~1988 年期间教育改革文件和报告选编》，第 2 集，北京，人民教育出版社，1987；《发达国家教育改革的动向和趋势——〈美国 2061 计划〉、〈美国 2000 年教育战略〉等》，第 4 集，北京，人民教育出版社，1992；《发达国家教育改革的动向和趋势——日本、英国、联邦德国、美国、俄罗斯教育改革文件和报告选编》，第 5 集，北京，人民教育出版社，1994。

21. 张汝伦：《坚持理想》，上海，上海人民出版社，1996。

22. （台）比较教育学会、师范教育学会主编：《国际比较师范教育学术研讨会论文集（上）（下）》，台北，师大书苑有限公司，1992。

23. 陈桂生：《"教育学视界"辨析》，上海，华东师范大学出版社，1997。

24. 陈永明主编：《国际师范教育改革比较研究》，北京，人民教育出版社，1998。

25. 冯契：《人的自由和真善美（冯契文集第三卷）》，上海，华东师范大学出版社，1996。

26. 国际 21 世纪教育委员会著，联合国教科文组织总部中文科译：《教育——财富蕴藏其中》，北京，教育科学出版社，1996。

27. 黄显华、黄毅英："教师教育阶段性的探讨"，《初等教育》，1992（2 卷第 2）。

28. 霍姆斯小组：《霍姆斯协会报告：明天的教师（1986）（上、下）》，范宁编译，杨之岭、林水校，《外国教育资料》，1988（5、6）。

29. 金生鈜：《理解与教育——走向哲学解释学的教育哲学导论》，北京，教育科学出版社，1997。

30. 瞿葆奎主编，李涵生、马立平选编：《教育学文集·教师》，北京，人民教育出版社，1991。

31. 瞿葆奎主编，王佩雄、黄河清选编：《教育学文集·美育》，北京，人民教育出版社，1989。

32. 卡内基教育和经济论坛"教育作为一种专门职业"工作组的报告：《国家为培养21世纪的教师作准备（1986年5月）》，见国家教育发展与改革中心编：《发达国家教育改革的动向和趋势（第二集）——美国、苏联、日本、法国、英国1986~1988年期间教育改革文件和报告选编》，北京，人民教育出版社，1987。

33. 李子建、黄家鸣：《职业教师对反思教学的感知：反思水平的初步探究》，载《初等教育学报》，1996（6卷第1、2）。

34. 联合国教科文组织编著，罗进德等译：《世界教育报告1998：教师和变革世界中的教学工作》，北京，中国对外翻译出版公司，1998。

35. 林永喜：《师范教育》，台北，台湾文景出版社，1986。

36. 陆有铨：《躁动的百年——20世纪的教育历程》，济南，山东教育出版社，1997。

37. 彭富源：《教师专业自主分析——符合台湾现况的诠释与建议》，载《研习资讯》，1998（15卷第2）。

38. ［日］三轮定宣著，臧俐译：《面向21世纪的日本师范教育改革及其展望——尊重个人尊严（人的尊严）的教育》，载《华东师范大学学报（教育科学版）》，1998（1）。

39. ［日］上寺久雄，赵一奇等译：《教师的心灵与风貌》，北京，春秋出版社，1989。

40. 沈莉、陈小英、于漪：《"师徒帮带"的教师培训模式——中美英青年教师职初岗位培训比较研究》，载《外国教育资料》，1995（5）。

41. 舒尔曼、王幼真、刘捷编译：《理论、实践与教育的专业化》，载《比较教育研究》，1999（3）。

42. 王邦佐等主编：《中学优秀教师的成长与高师教改之探索》，北京，人民教育出版社，1994。

43. 王枬：《教学语言艺术——课堂教学的主旋律》，桂林，广西师范大学出版社，1998。

44. ［德］席勒著，冯至、范大灿译：《审美教育书简》，北京，北京大学出版社，1985。

45. 杨恩寰主编：《审美教育学》，沈阳，辽宁大学出版社，1987。

参考文献

46. 杨明森：《教师美学》，北京，职工教育出版社，1989。

47. 杨秀玉：《教师发展阶段论综述》，载《外国教育研究》，1999（6）。

48. 姚全兴：《审美教育的历程》，上海，上海社会科学院出版社，1992。

49. 叶澜：《新世纪教师专业素养初探》，载《教育研究与实验》，1998（1）。

50. 叶澜：《教育概论》，北京，人民教育出版社，1991。

51. 曾荣光：《教师专业组织、国家权力与科层权威：香港教师专业化路向的剖析》，载《（香港中文大学）教育学报》，1990（12 卷 1 期）。

52. 曾荣光：《教学专业与教师专业化：一个社会学的阐释》，载《（香港中文大学）教育学报》，1984（12 卷 1 期）。

53. 张承芬、程学超：《教师心理》，济南，山东教育出版社，1984。

54. 张继安：《教师能力发展中的高原现象》，载《中小学管理》，1992（5）。

55. 张武升：《当代中国教学风格论》，南昌，江西教育出版社，1993。

56. 张武升：《教学艺术论》，上海，上海教育出版社，1993。

57. 张相轮、钱振勤：《教学美学》，南京，江苏教育出版社，1998。

58. 张向东：《高中教师成长规律与结构优化的探索》，载《浙江教育科学》，1995（5）。

59. 赵祥麟、王承绪编译：《杜威教育论著选》，上海，华东师范大学出版社，1981。

60. 甄德山、王学兰主编：《教学成效的相关研究》，天津，天津人民出版社，1997。

61. 郑关根：《青年教师职业成熟的过程和途径初探》，载《浙江教育科学》，1997（3）。

62. 中华人民共和国教育部：《面向 21 世纪教育振兴行动计划学习参考资料》，北京，北京师范大学出版社，1999。

63. 周宪：《20 世纪西方美学》，南京，南京大学出版社，1997。

64. 周艳：《教师专业社会化研究》，未发表博士学位论文，华东师范大学，1998。

65. 朱光潜：《西方美学史》，北京，人民文学出版社，1964。

英文

Ball，S & Goodson，I.（Eds.）Teachers' lives and careers. Lewes：Falmer Press，1985.

Berliner，D. C. & Calfee，R. C. Handbook of educational psychology. New York：Simon & Schuster Macmillan，1996.

Berry, G. Towards an alternative model for the professional development of teachers in Papua New Guinea, *Papua New Guinea journal of education*, 1992, vol. 28, pp. 53-57.

Brookhart, S. M., & Freeman, D. J. Characteristics of entering teacher candidates. *Review of educational research*, 1992, vol. 62, pp. 37-60.

Bullough, R. V., Jr., with Baughman, K. Continuity and change in teacher development: first year teacher after five years. *Journal of teacher education*, 1993, vol. 44, no. 2, pp. 86-95.

Burke, R J. & Heideman, R. G. (Eds.) *Career-long teacher education.* Springfield, ILL: Charles C. Thomas, 1985.

Carter, K. & Gonzalez, L. Beginning teachers' knowledge of classroom events. *Journal of teacher education*, 1993, vol. 44, no. 3, pp. 223-232.

Cheng May Hung, May, et al. *Learning to teach: perceived needs and support of student-teachers in the teaching practice.* Paper presented at the international teacher education conference 1998, East China Normal University, Shanghai, China, 1998.

Conkle, T. Inservice physical educators' stages of concerns: A test of Fuller's model and the TCQ-PE. *Physical educator*, 1996, vol. 53, no. 3, pp. 122.

Corcoran, E. Transition shock: the beginning teacher's paradox, *Journal of teacher education*, 1981, vol. 32, no. 3.

Fullan, M. & Hargreaves, A. (Eds.) *Teacher development and educational change.* London & Washington, D. C.: Falmer press, 1992.

Harris, S. Remember our first love. *Educational leadership*, 1999, vol. 56, no. 8, p. 76.

Houston, W. R. (Ed.). *Handbook of research on teacher education.* New York: Macmillan, 1990.

Hoyle, E. & Megarry, J. (Eds.) *World yearbook of education 1980: Professional development of teachers.* London: Kogan Page, 1980.

Huberman, M., Grounauer, M. & Marti, J., translated by Neufeld, J. *The lives of teachers.* London: Cassell villiers house; New York: Teachers college press, 1993.

Huling-Aust, L. Research on learning to teach: implications for teacher induction and mentoring programs. *Journal of teacher education*, 1992, vol. 43, no. 3, pp. 173-180.

351

Katz, L. Developmental stages of preschool teachers. *Elementary school journal*, 1972, vol. 73, no. 1, pp. 50-54.

Lucas, K. B. Addressing factors affecting ongoing professional development in community teachers' colleges in Papua New Guinea, *Asia-Pacific journal of teacher education*, 1996, vol. 24, no. 3.

McCormack, A. Exploring the developmental view of the perceived concerns. *Asia-Pacific journal of teacher education*, 1996, vol. 24, no. 3.

Marlow, L., Inman, D., et al. Beginning teachers: Are they still leaving the profession? *Clearing house*, 1997, vol. 70, no. 4, p. 211.

Mau, R. Y. Concerns of student teachers: Implications for improving the practicum. *Asia-Pacific journal of teacher education*, 1997, vol. 25, no. 1, p. 53.

Moskowitz, J. & Stephens, M. (Eds.) *From college to first-year teaching: how the United States compares to several other countries*. Washington, D. C.: U. S. Department of Education, 1997.

Raths, J. D. & Katz, L. G. (Eds.) *Advances in teacher education, volume*2. Norwood, New Jersey: Ablex Publishing, 1986.

Reven, F., Cartwright, C., et al. Developmental phases of preservice secondary teachers. *Journal of instructional psychology*, 1997, vol. 24, no. 4, p. 240.

Reynolds, M. C. (Ed.) *Knowledge base for the beginning teacher*. Oxford: Pergamon Press, 1989.

Sachs, G. T. & Tony M. *Not just another workshop: an inquiry into the process of teacher professional development*. Paper presented at the international teacher education conference 1998, East China Normal University, Shanghai, China, 1998.

Stinnett, T. M. *Professional problems of teachers* (3rd ed.). London: Macmillan, 1968.

International Bureau of Education (IBE) *Strengthening the role of teachers in a changing world: issues, prospects and priorities*, 1996. ED. 96/CONF. 206/LD. 4; ED/BIE/CONFINTED 45/3.

Tsui, Amy B. M. *Professional relevance and the de-profession of teacher education*. Paper presented at the international teacher education conference 1998, East China Normal University, Shanghai, China, 1998.

UNESCO, International Labour Organization (ILO) *Recommendation Concerning the Status of Teachers* (Adopted by the Special Intergovernmental Conference on the Status of Teachers, Paris, 5 October, 1966).

U. S. Department of Education, National Center for Education Statistics. *Toward better teaching*：*Professional development in* 1993 – 1994. Washington，DC.：U. S. Department of Education，July 1998.

Veenman，S. Perceived problems of beginning teachers. *Review of educational research*，1984，vol. 54，no. 2，pp. 143−178.

策划编辑 罗永华
责任编辑 罗永华
版式设计 孙欢欢
责任校对 刘永玲
责任印制 叶小峰

图书在版编目（CIP）数据

教师角色与教师发展新探/叶澜等著. —北京：教育
科学出版社，2001.10（2024.8重印）
（世纪之交中国基础教育改革研究丛书/叶澜主编）
ISBN 978-7-5041-2134-9

Ⅰ.教…　Ⅱ.叶…　Ⅲ.①中小学—教师—角色理
论—研究　②中小学—教师—素质教育—研究
Ⅳ.G635.1

中国版本图书馆CIP数据核字（2001）第031546号

出版发行　**教育科学出版社**

社　　址　北京·朝阳区安慧北里安园甲9号　　市场部电话　010-64989009
邮　　编　100101　　　　　　　　　　　　编辑部电话　010-64981252
传　　真　010-64891796　　　　　　　　　网　　址　http://www.esph.com.cn

经　　销　各地新华书店
制　　作　北京金奥都科技发展中心
印　　刷　唐山玺诚印务有限公司
开　　本　720毫米×1020毫米　1/16
印　　张　22.5　　　　　　　　　　　　　版　　次　2001年10月第1版
字　　数　328千　　　　　　　　　　　　印　　次　2024年8月第25次印刷
定　　价　69.00元　　　　　　　　　　　印　　数　78 001—79 000册

如有印装质量问题，请到所购图书销售部门联系调换。